Bilhar carambola: Mais enigmas e quebra-cabeças

Problemas e situações que melhorarão sua análise tática e habilidades de jogo.

Allan P. Sand
PBIA Instrutor de Bilhar Certificado

ISBN 978-1-62505-338-1
PRINT 7x10

ISBN 978-1-62505-502-6
PRINT 7.5x9.25

Copyright © 2019 Allan P. Sand

All rights reserved under International and Pan-American Copyright Conventions.

Published by Billiard Gods Productions.

Santa Clara, CA 95051

U.S.A.

For the latest information about books and videos, go to:
http://www.billiardgods.com

Acknowledgements

Wei Chao created the software that was used to create these graphics.

I want to specifically thank the following for help in making this book work:
Raye Raskin
Bob Beaulieu
Darrell Paul Martineau

Bilhar carambola: Mais enigmas e quebra-cabeças

Índice

INTRODUÇÃO 1
Configuração de Tabela 1
Explicação de bolas de bilhar 2
Opções da Tabela 2
Como estudar 2
Desafios para diversão e lucro 2
EXEMPLOS DE OPÇÕES 3
   Grupo 1, conjunto 6 (diagrama 2) 3
   Grupo 5, conjunto 11 (diagrama 3) 4
GRUPO 1 5
Grupo 1, conjunto 1 5
Grupo 1, conjunto 2 7
Grupo 1, conjunto 3 9
Grupo 1, conjunto 4 11
Grupo 1, conjunto 5 13
Grupo 1, conjunto 6 15
Grupo 1, conjunto 7 17
Grupo 1, conjunto 8 19
Grupo 1, conjunto 9 21
Grupo 1, conjunto 10 23
Grupo 1, conjunto 11 25
Grupo 1, conjunto 12 27
GRUPO 2 29
Grupo 2, conjunto 1 29
Grupo 2, conjunto 2 31
Grupo 2, conjunto 3 33
Grupo 2, conjunto 4 35
Grupo 2, conjunto 5 37
Grupo 2, conjunto 6 39
Grupo 2, conjunto 7 41
Grupo 2, conjunto 8 43
Grupo 2, conjunto 9 45
Grupo 2, conjunto 10 47
Grupo 2, conjunto 11 49
Grupo 2, conjunto 12 51
GRUPO 3 53
Grupo 3, conjunto 1 53
Grupo 3, conjunto 2 55
Grupo 3, conjunto 3 57
Grupo 3, conjunto 4 59
Grupo 3, conjunto 5 61
Grupo 3, conjunto 6 63
Grupo 3, conjunto 7 65
Grupo 3, conjunto 8 67
Grupo 3, conjunto 9 69
Grupo 3, conjunto 10 71

Grupo 3, conjunto 11 73
Grupo 3, conjunto 12 75
GRUPO 4 77
Grupo 4, conjunto 1 77
Grupo 4, conjunto 2 79
Grupo 4, conjunto 3 81
Grupo 4, conjunto 4 83
Grupo 4, conjunto 5 85
Grupo 4, conjunto 6 87
Grupo 4, conjunto 7 89
Grupo 4, conjunto 8 91
Grupo 4, conjunto 9 93
Grupo 4, conjunto 10 95
Grupo 4, conjunto 11 97
Grupo 4, conjunto 12 99
GRUPO 5 101
Grupo 5, conjunto 1 101
Grupo 5, conjunto 2 103
Grupo 5, conjunto 3 105
Grupo 5, conjunto 4 107
Grupo 5, conjunto 5 109
Grupo 5, conjunto 6 111
Grupo 5, conjunto 7 113
Grupo 5, conjunto 8 115
Grupo 5, conjunto 9 117
Grupo 5, conjunto 10 119
Grupo 5, conjunto 11 121
Grupo 5, conjunto 12 123
GRUPO 6 125
Grupo 6, conjunto 1 125
Grupo 6, conjunto 2 127
Grupo 6, conjunto 3 129
Grupo 6, conjunto 4 131
Grupo 6, conjunto 5 133
Grupo 6, conjunto 6 135
Grupo 6, conjunto 7 137
Grupo 6, conjunto 8 139
Grupo 6, conjunto 9 141
Grupo 6, conjunto 10 143
Grupo 6, conjunto 11 145
Grupo 6, conjunto 12 147
TABELAS EM BRANCO 149

Introdução

Você tem mais oportunidades para ampliar suas habilidades. Aprenda a lidar com uma grande variedade de posições de bola que aparecem em jogo após jogo. Esses layouts oferecem a você uma chance de fazer uma extensa experimentação. Essas situações de testes pessoais fornecem benefícios competitivos pessoais significativos:

- Treinamento intelectual - Avalie os layouts e considere quantas opções estão disponíveis. Faça esboços de caminhos e (CB) velocidades e giros para a tabela de prática. Isso aumenta suas habilidades analíticas e táticas.

- Confirmação de habilidades - à medida que você testa cada conceito, sua experimentação ajuda a determinar se ele é viável (dentro de suas habilidades) ou inútil (muito difícil ou fantástico). Essa comparação entre imagens mentais e tentativas físicas ajuda a determinar a largura e a amplitude de suas habilidades.

- Avanço de habilidades - Se um caminho parece promissor, mas a execução falha, trabalhe com várias velocidades / rodadas para descobrir o que funciona. Vários sucessos consecutivos adicionarão isso à sua biblioteca pessoal de competências.

Pratique isso com qualquer jogo de bilhar de carambola.

Configuração de Tabela

Os anéis de reforço de papel mostram os locais de cada bola. Coloque-os de acordo com o exercício de treinamento que você deseja praticar.

Explicação de bolas de bilhar

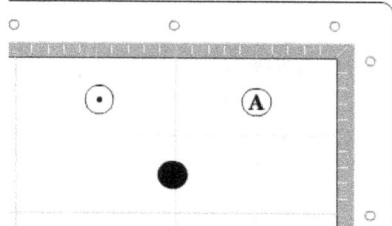

Ⓐ (CB1) (primeira bola de bilhar)

⊙ (CB2) (segunda bola de bilhar)

● (RB) (bola de bilhar vermelha)

Opções da Tabela

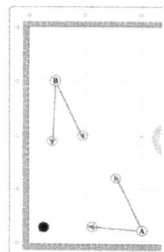

Cada layout de tabela fornece quatro (4) maneiras diferentes de marcar pontos.

- CB1 > RB > CB2
- CB1 > CB2 > RB
- CB2 > RB > CB1
- CB2 > CB1 > RB

Como estudar

Comece com a análise da poltrona. Olhe para cada layout de tabela e considere as possíveis opções de jogo. Imagine tentar suas idéias. Avalie a velocidade e giro apropriados. Faça esboços e anotações, conforme necessário.

Como alternativa, leve este livro à sua mesa de bilhar. Coloque os anéis de reforço de papel na posição. Mentalmente determine quantas maneiras diferentes você pode reproduzir o layout. Em seguida, tente suas idéias e veja se sua imaginação é igual à sua habilidade. Faça anotações de suas ideias.

Na mesa de bilhar, aplique suas ideias. Em um tiro perdido, faça ajustes em suas velocidades / giros e ângulos. É assim que você se torna um jogador de bilhar mais duro e perigoso.

Desafios para diversão e lucro

Considere montar uma competição amigável entre seus amigos. Selecione vários desses layouts e aproveite o desafio.

Use um formato round-robin. Todos tentam (1, 2 ou 3) tentativas. O vencedor recebe o dinheiro e outra rodada começa.

Exemplos de opções

Grupo 1, conjunto 6 (diagrama 2)

Sua fantasia pode combinar com sua realidade?

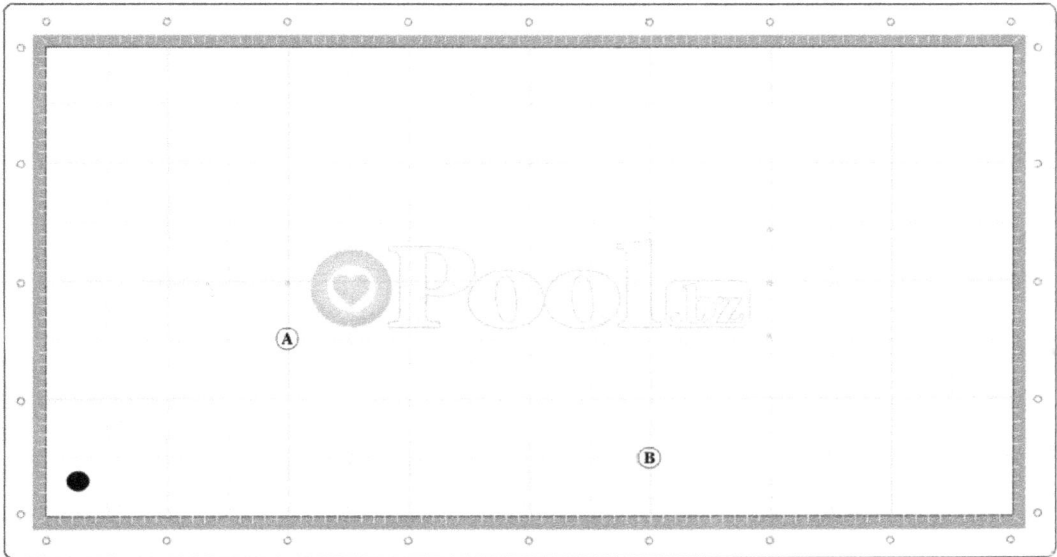

Dado o layout, você tem 4 escolhas práticas possíveis que você pode experimentar e tentar várias soluções.

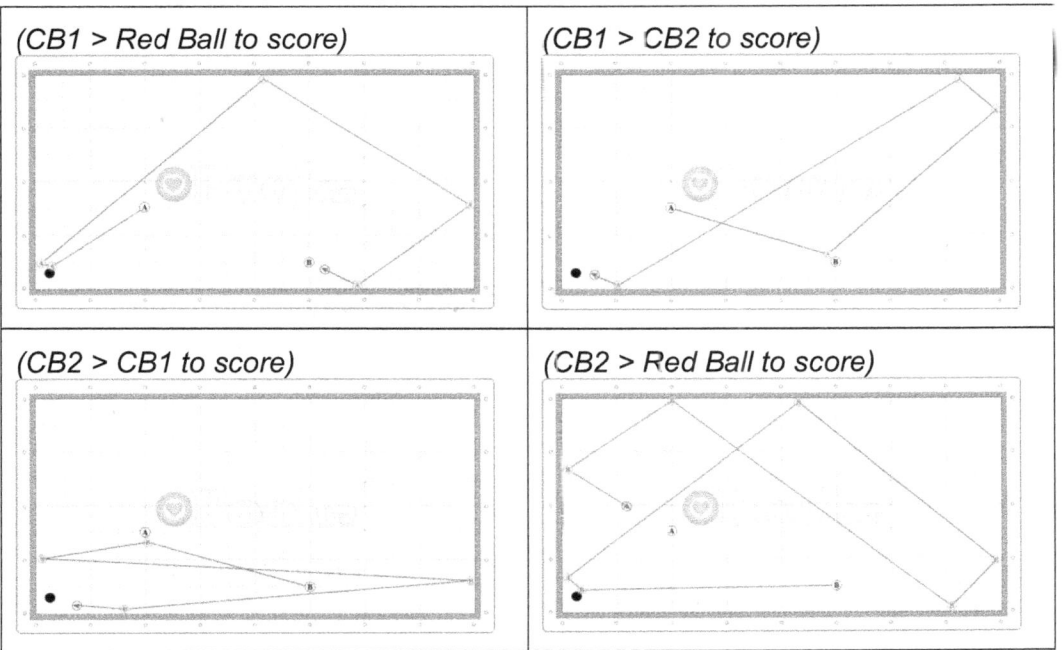

Grupo 5, conjunto 11 (diagrama 3)

Cada diagrama é uma oportunidade para experimentar e testar sua imaginação e suas habilidades de tiro.

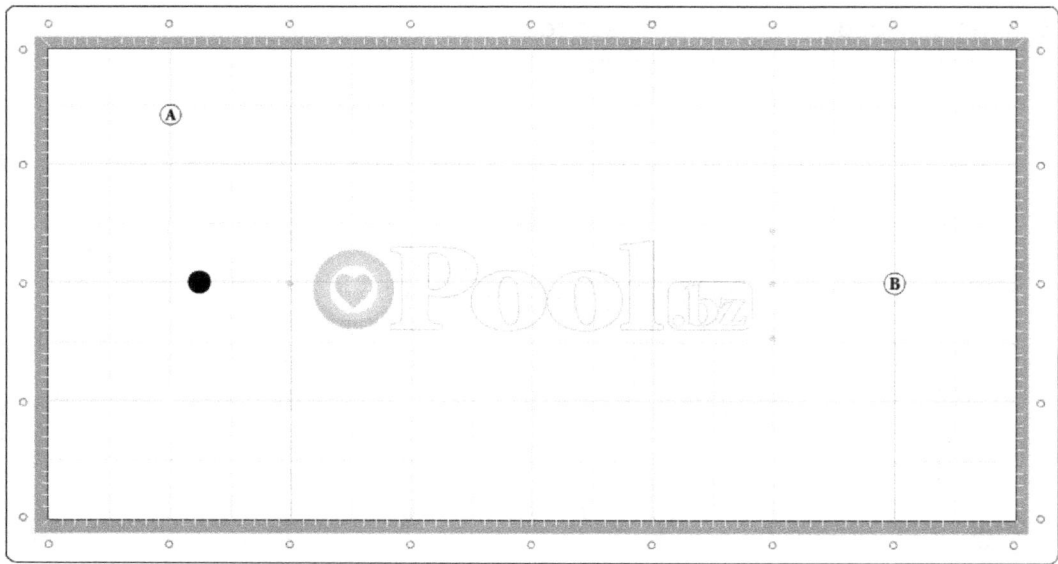

Dado o layout, você tem 4 escolhas práticas possíveis que você pode experimentar e tentar várias soluções.

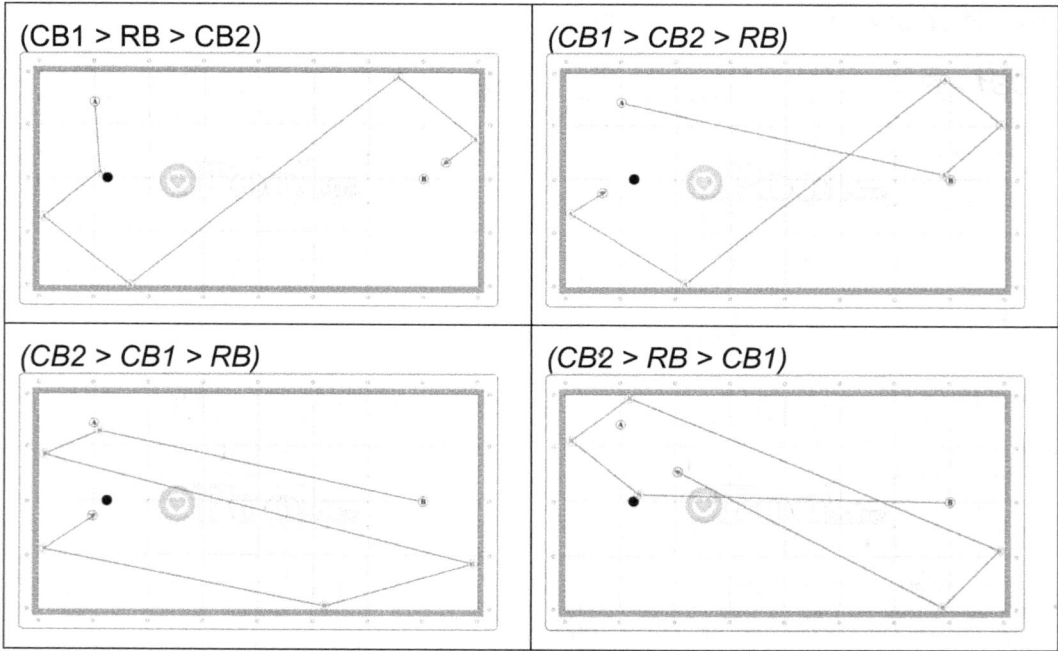

GRUPO 1
Grupo 1, conjunto 1

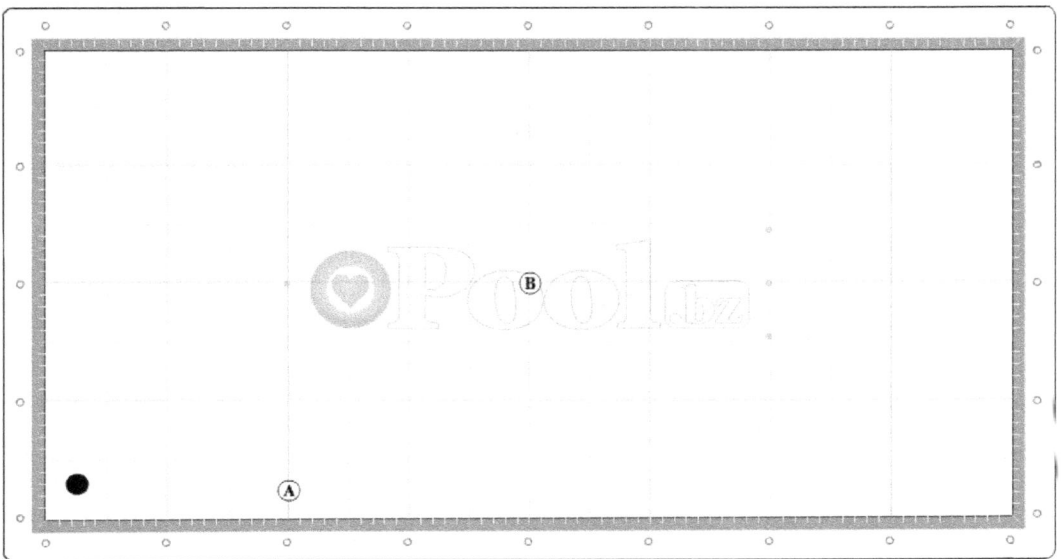

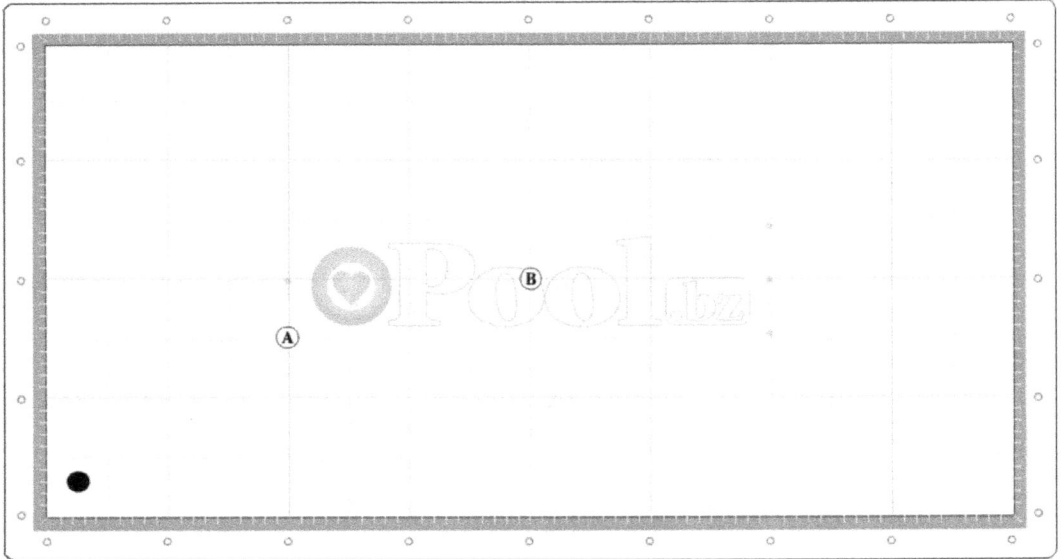

NOTASS:

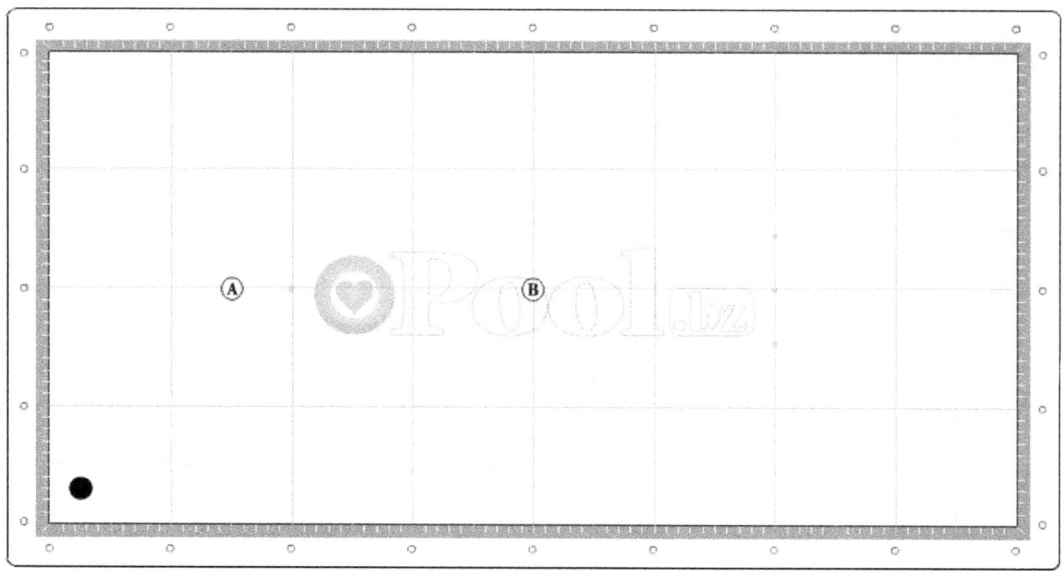

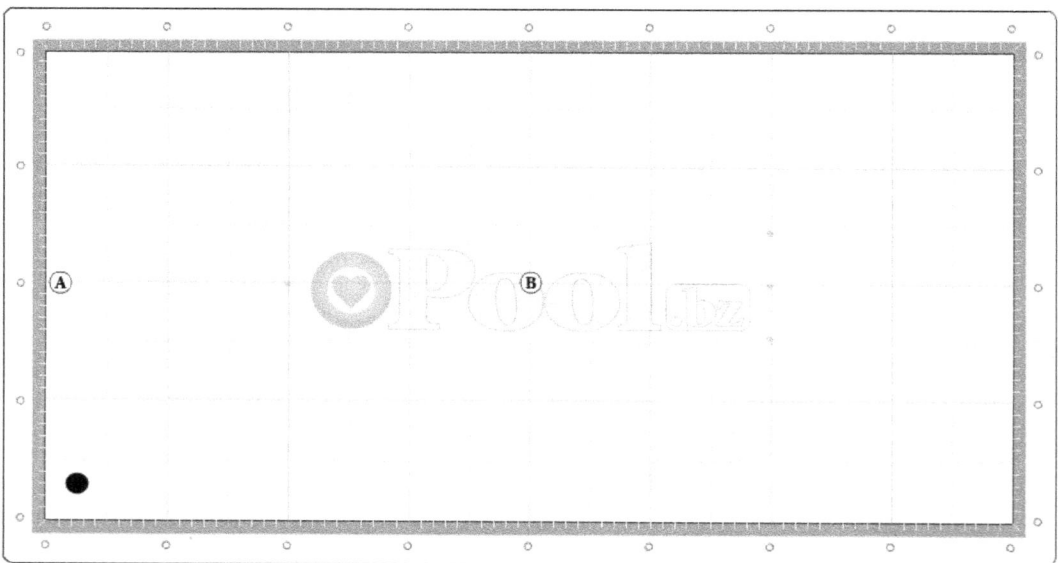

NOTASS:

Grupo 1, conjunto 2

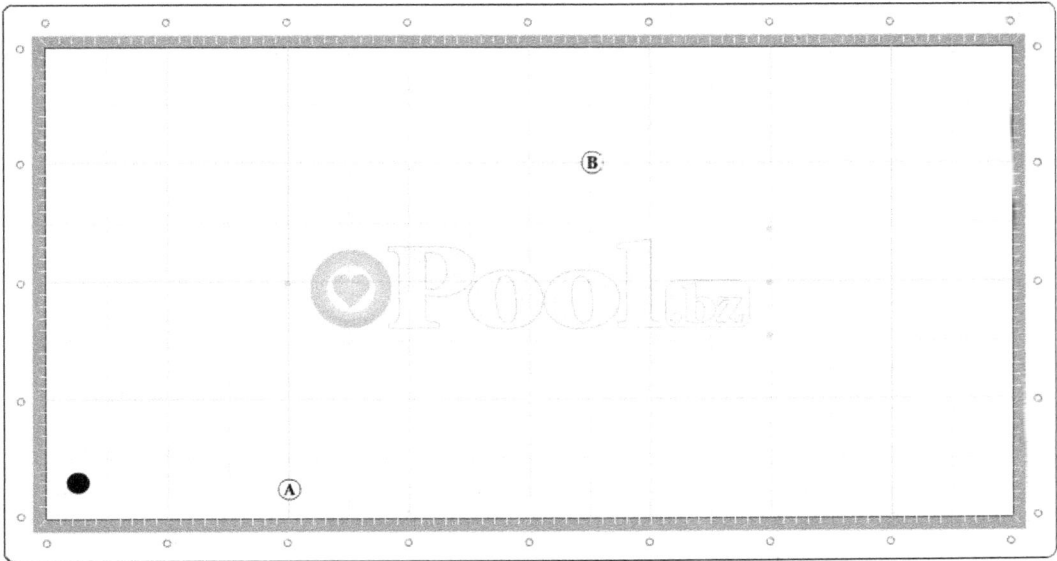

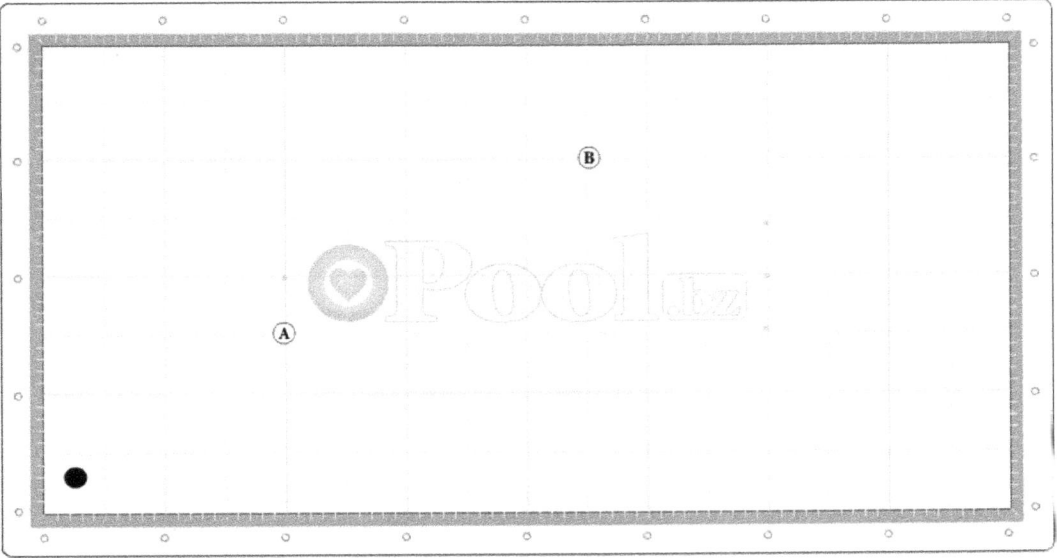

NOTASS:

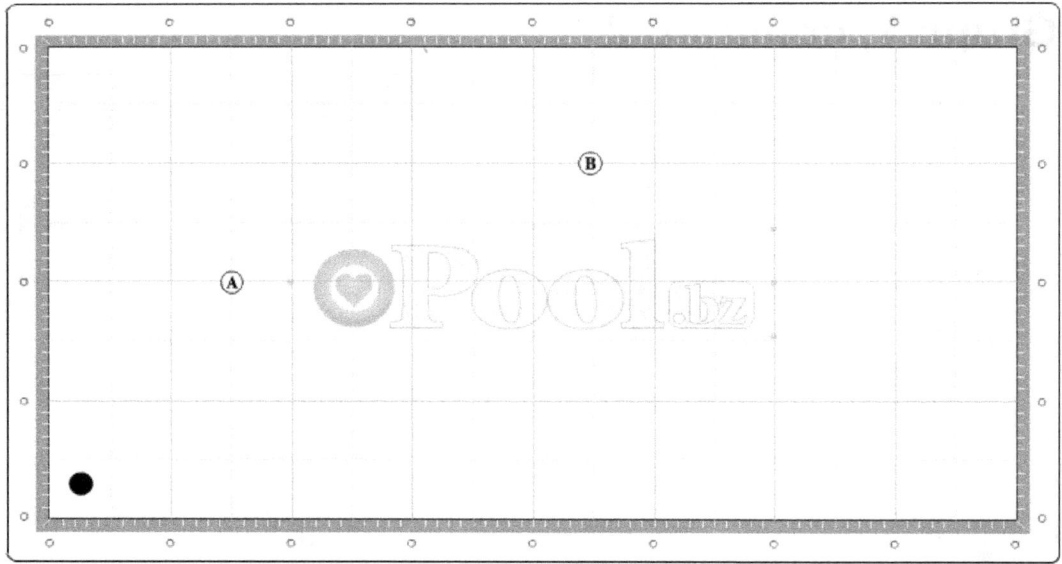

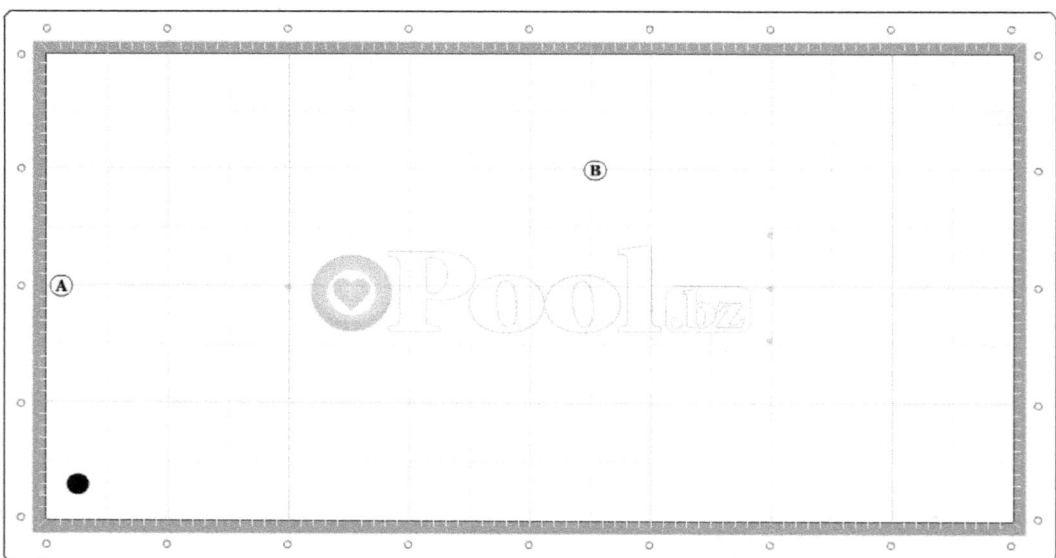

NOTASS:

Grupo 1, conjunto 3

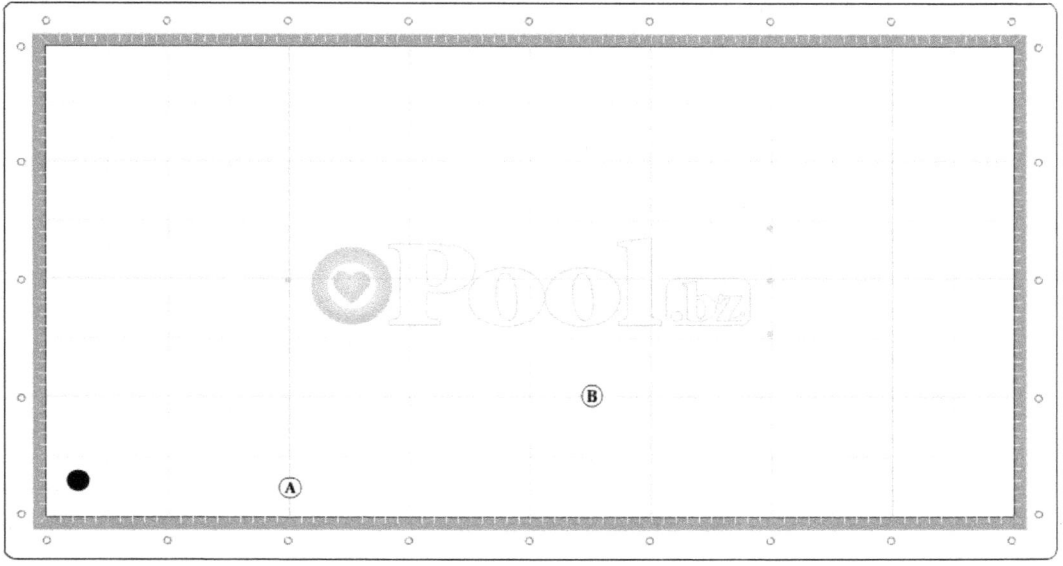

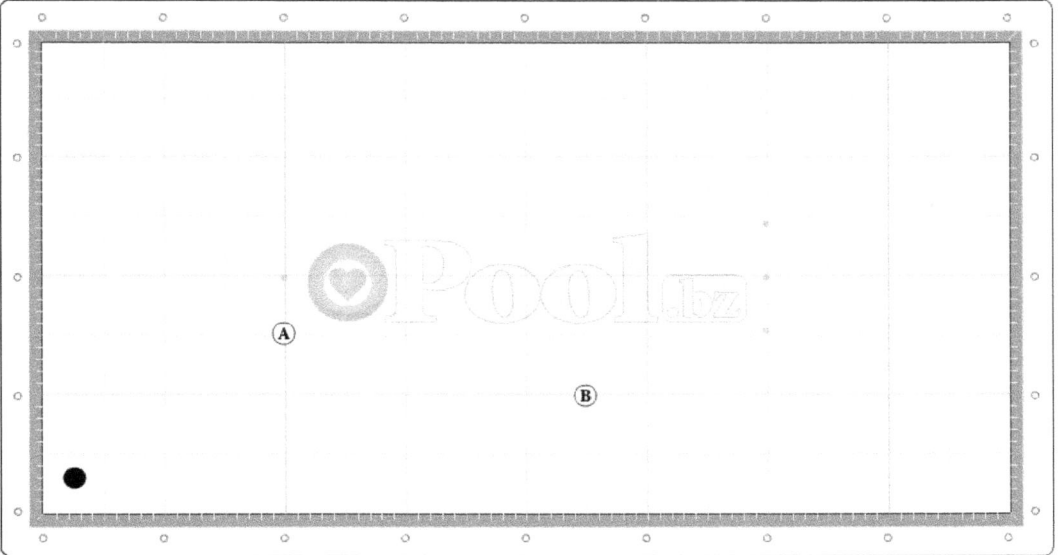

NOTASS:

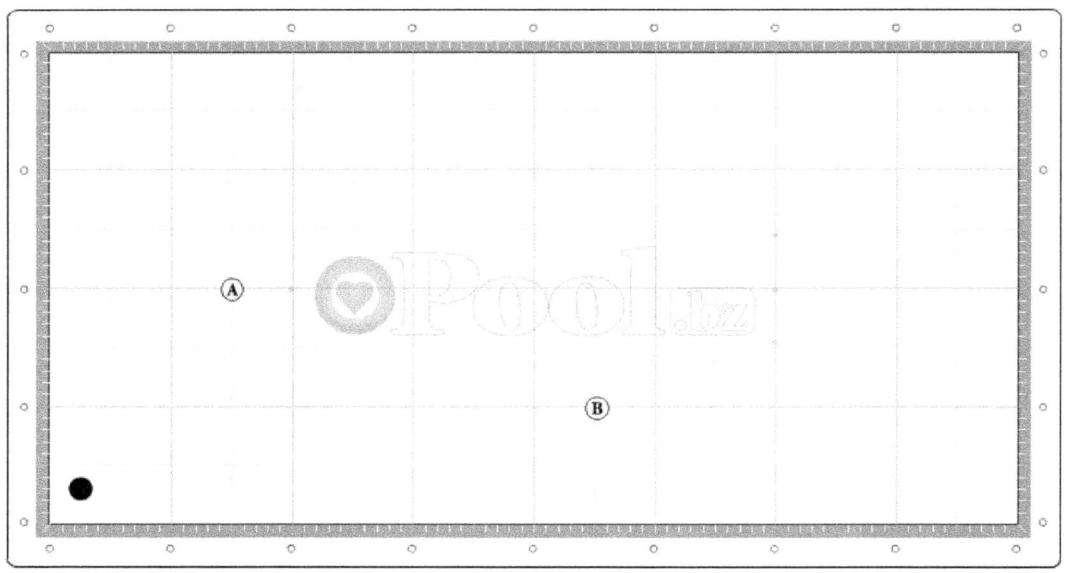

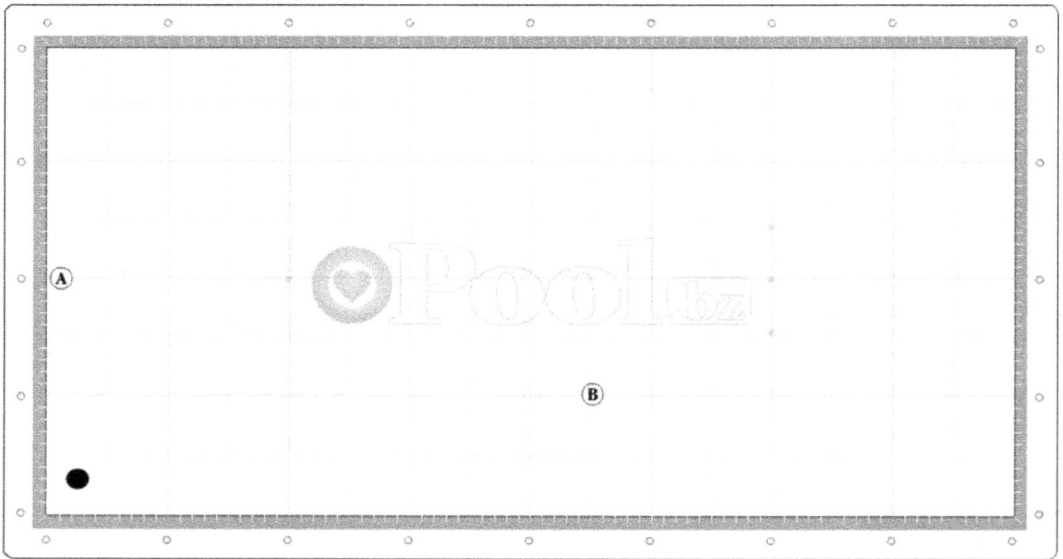

NOTASS:

Grupo 1, conjunto 4

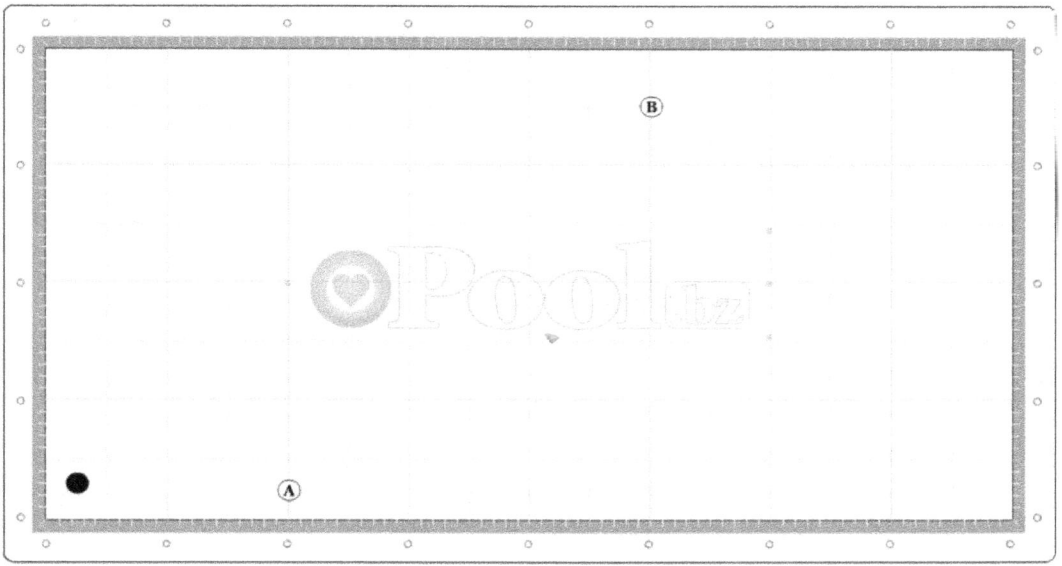

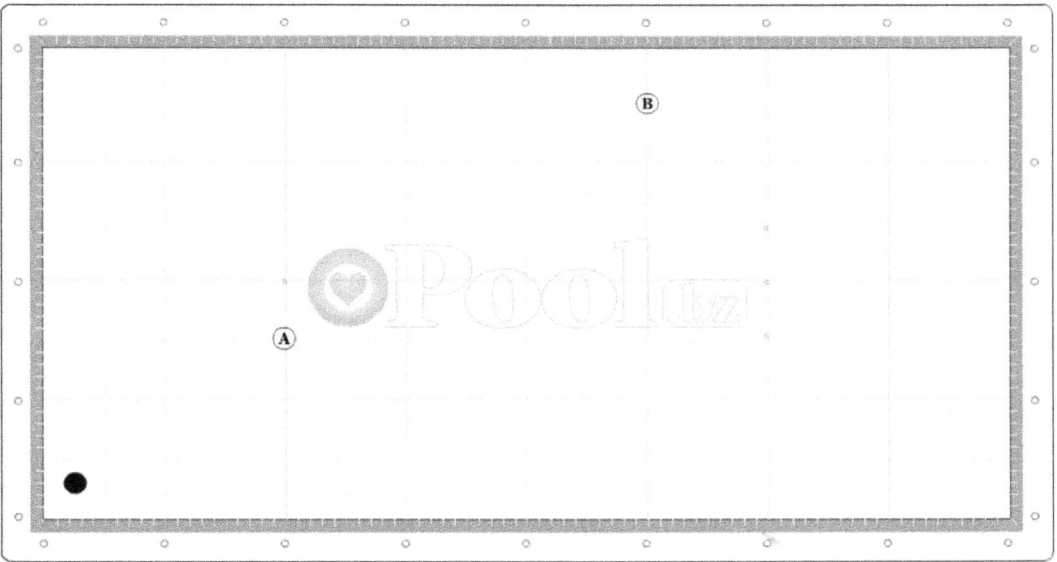

NOTASS:

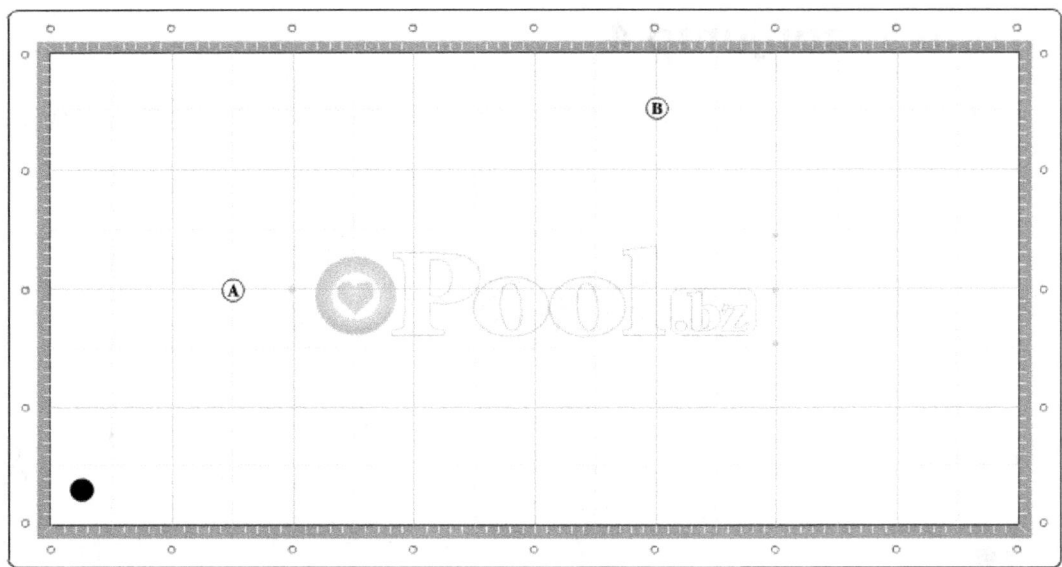

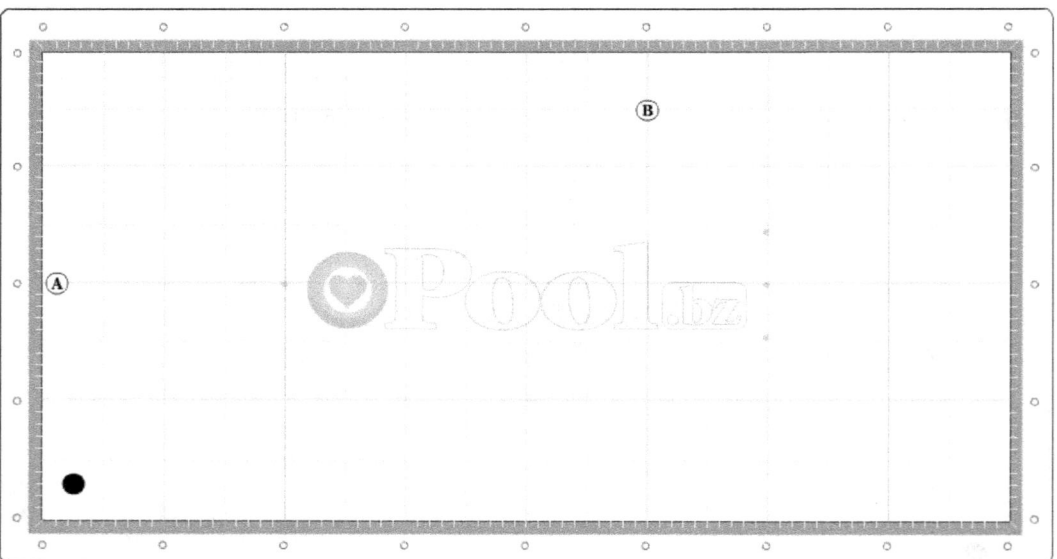

NOTASS:

Grupo 1, conjunto 5

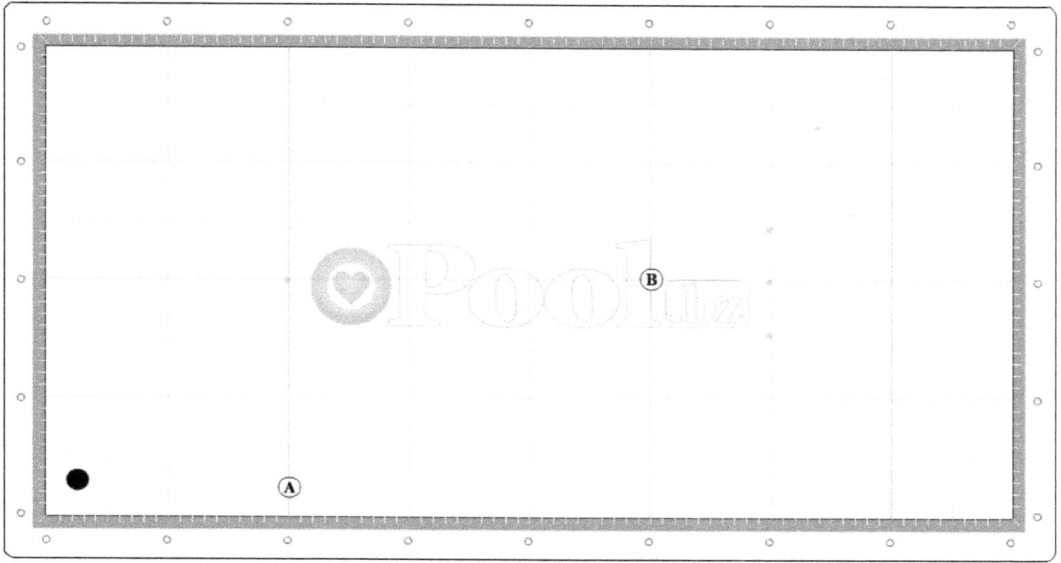

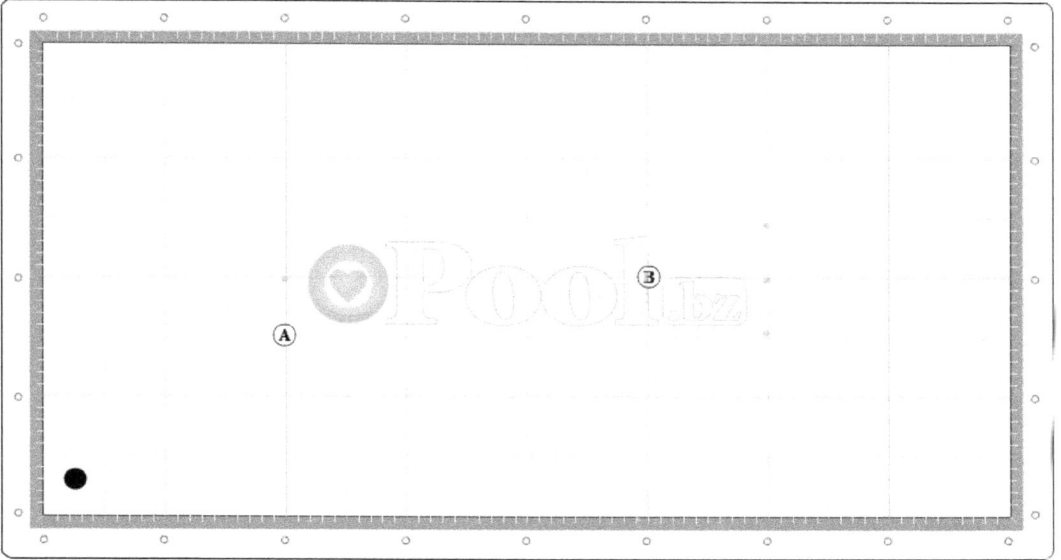

NOTASS:

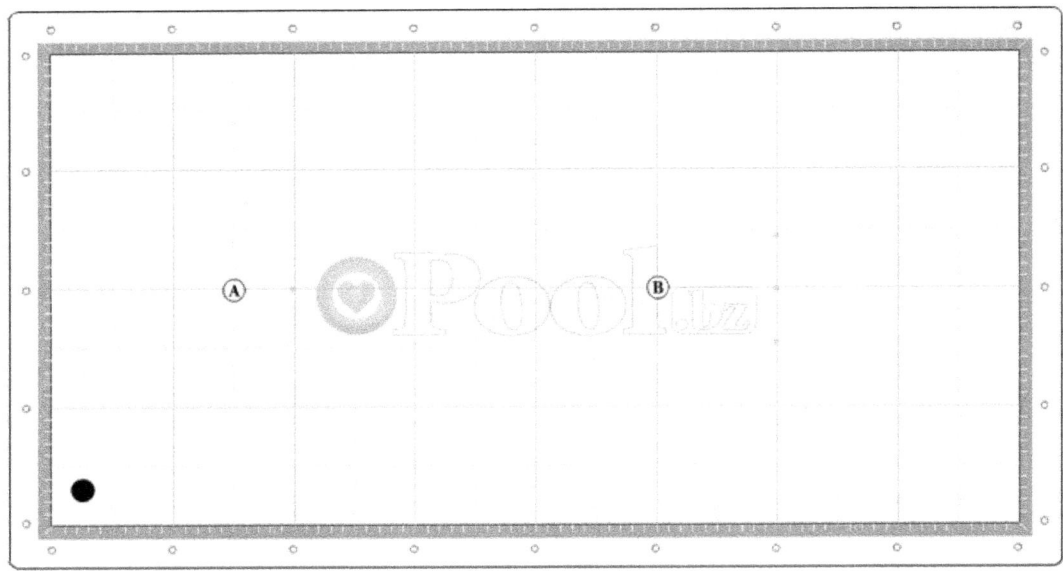

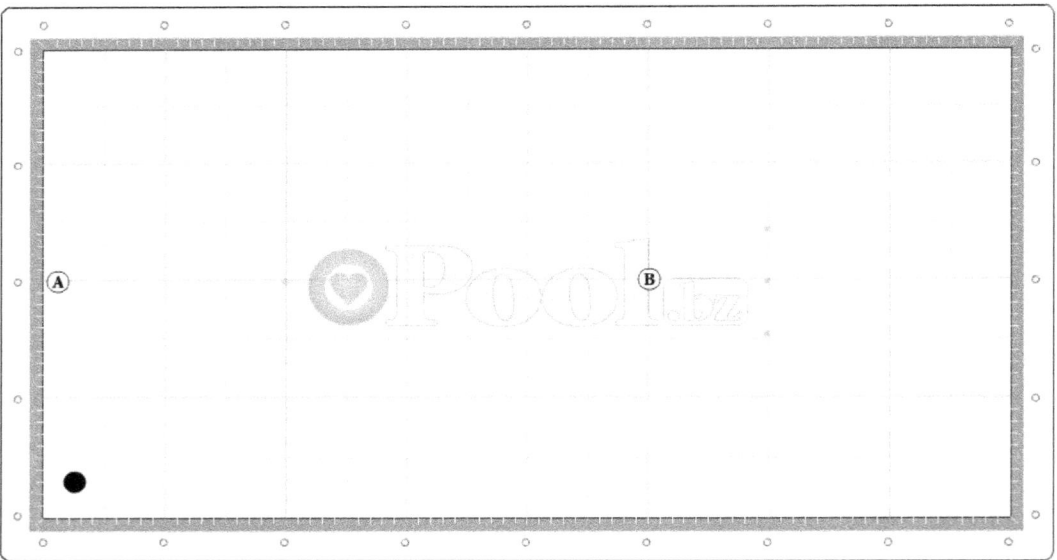

NOTASS:

Grupo 1, conjunto 6

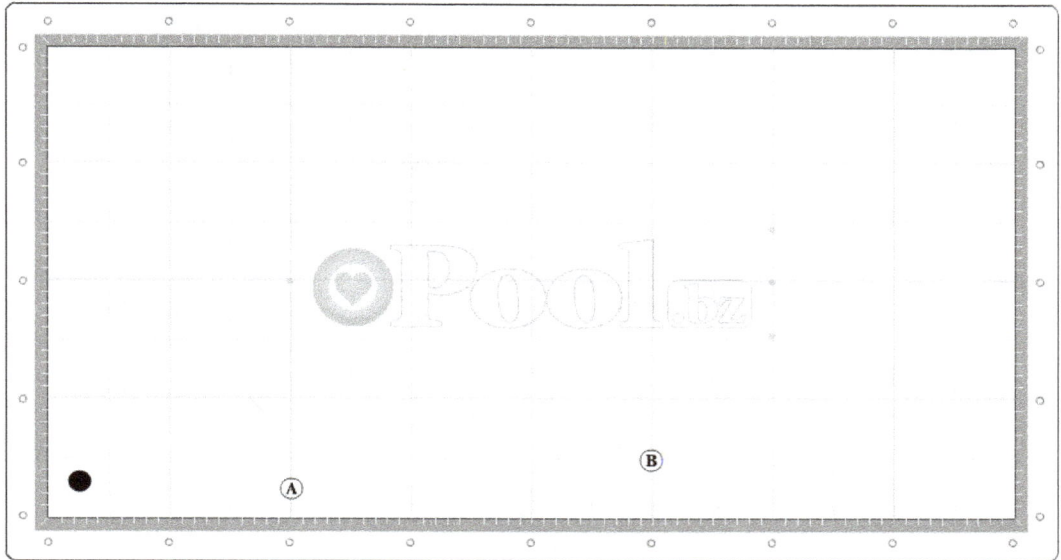

(Na frente deste livro, há 4 soluções de amostra desse layout.)

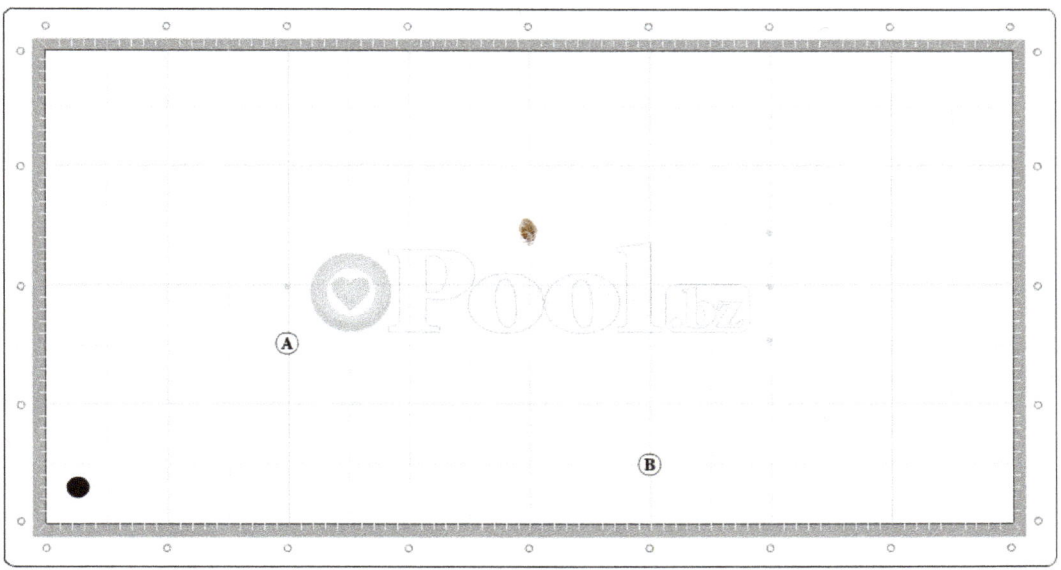

NOTASS:

Bilhar carambola: Mais enigmas e quebra-cabeças

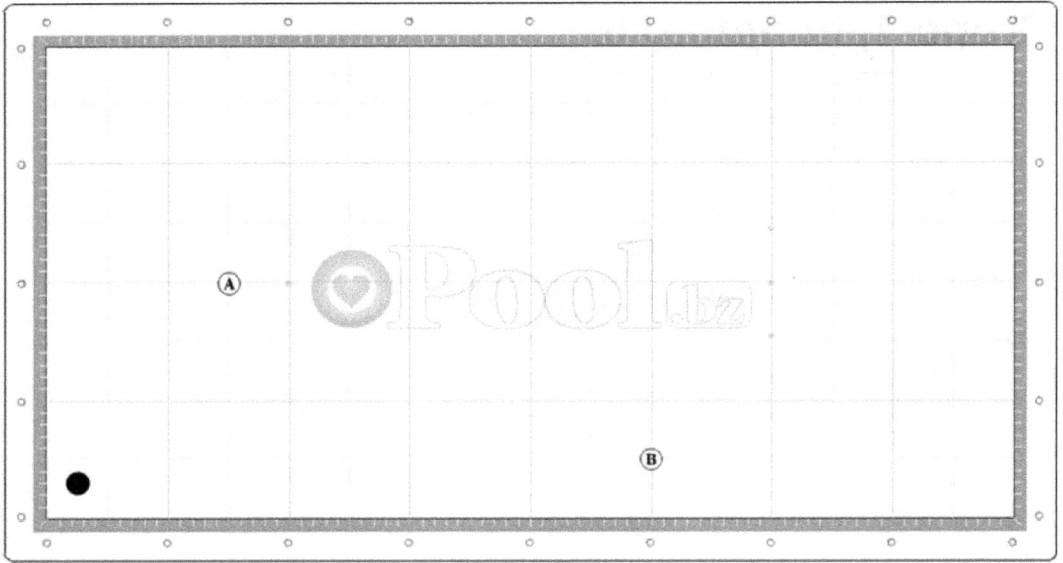

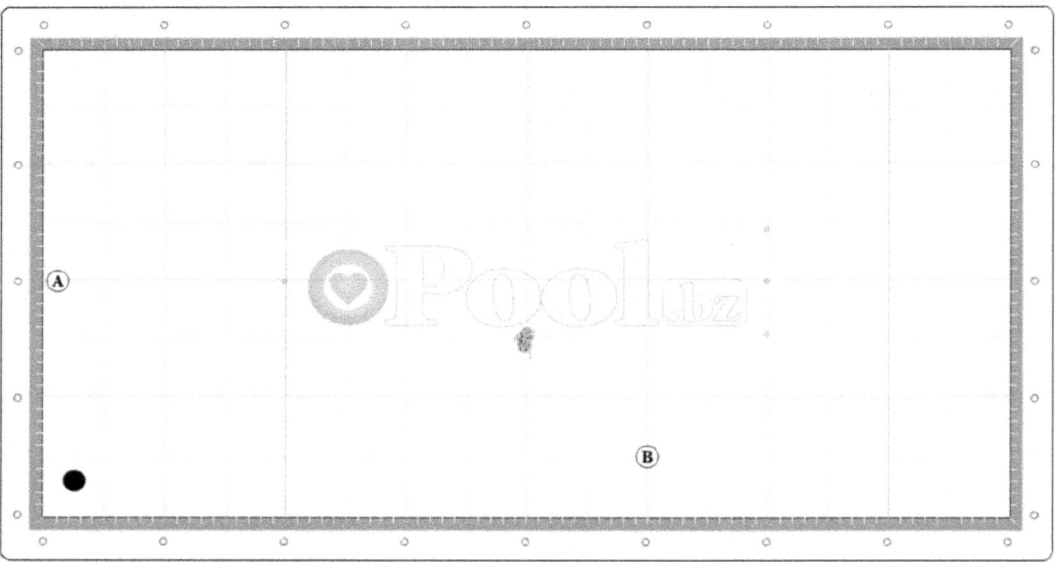

NOTASS:

Grupo 1, conjunto 7

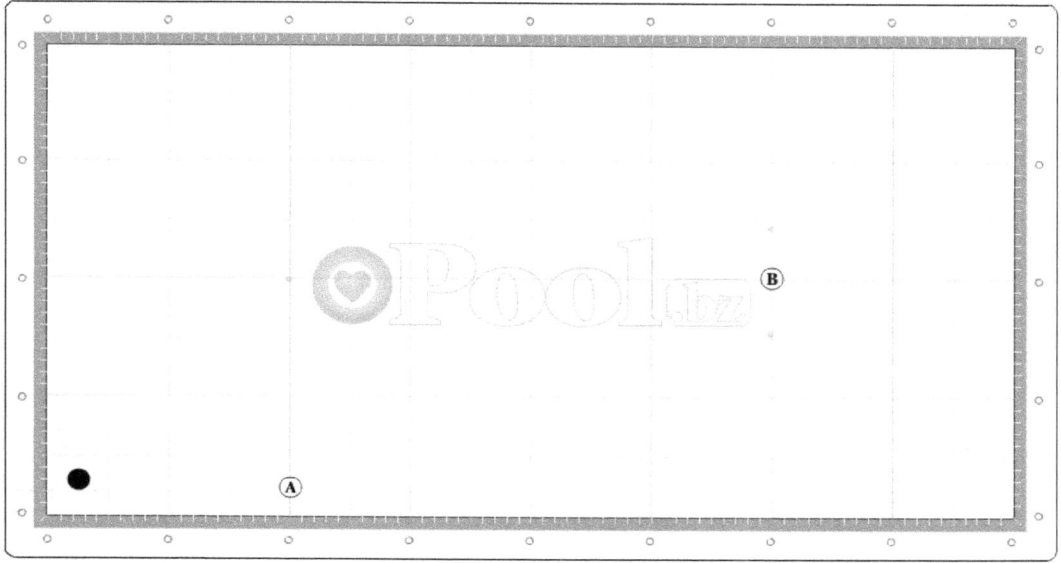

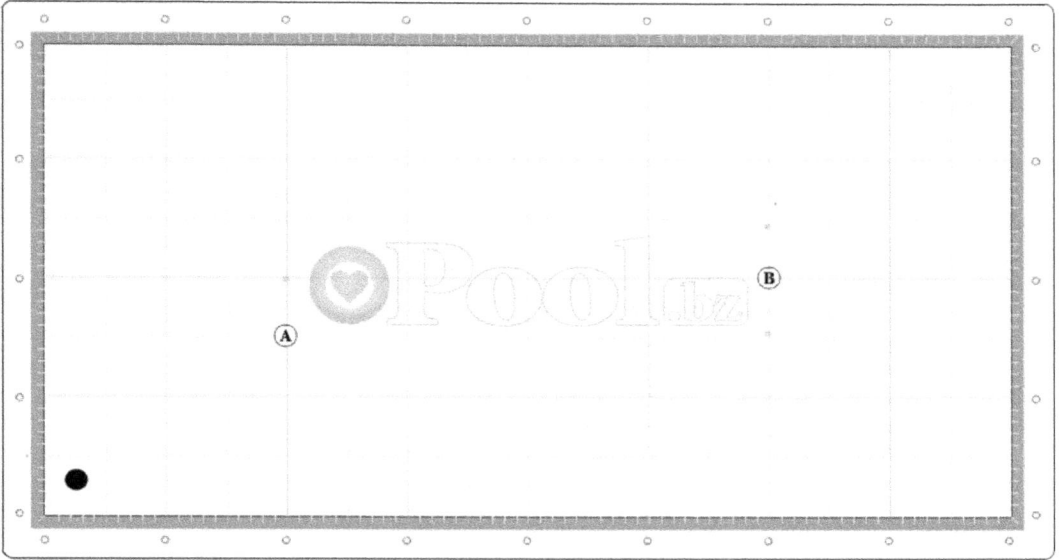

NOTASS:

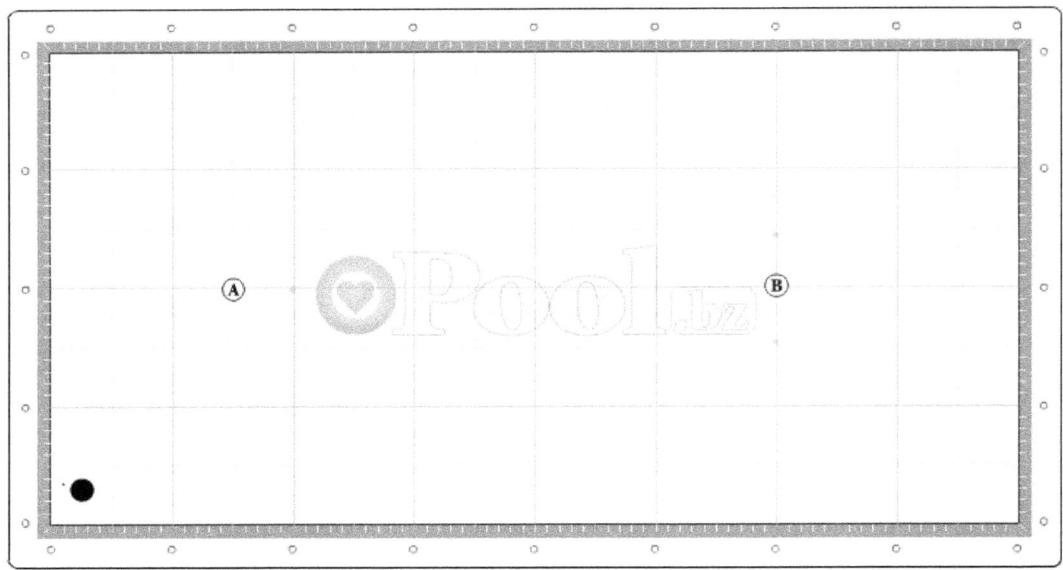

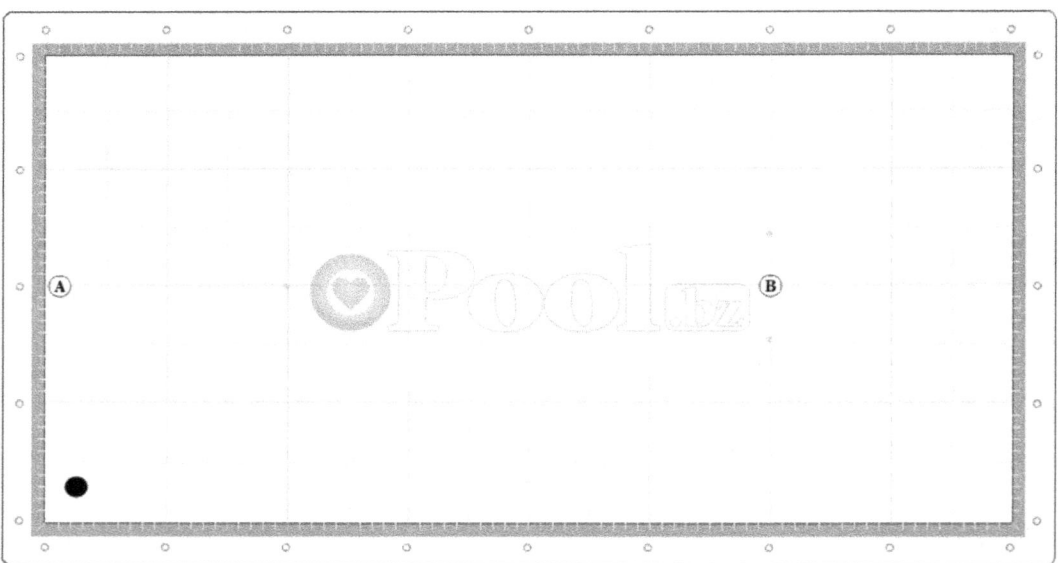

NOTASS:

Grupo 1, conjunto 8

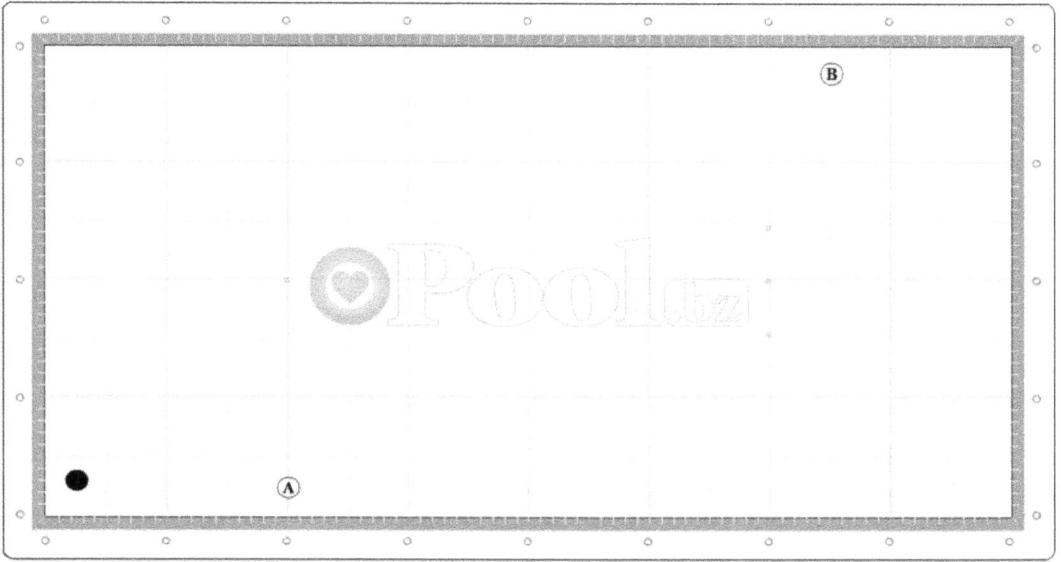

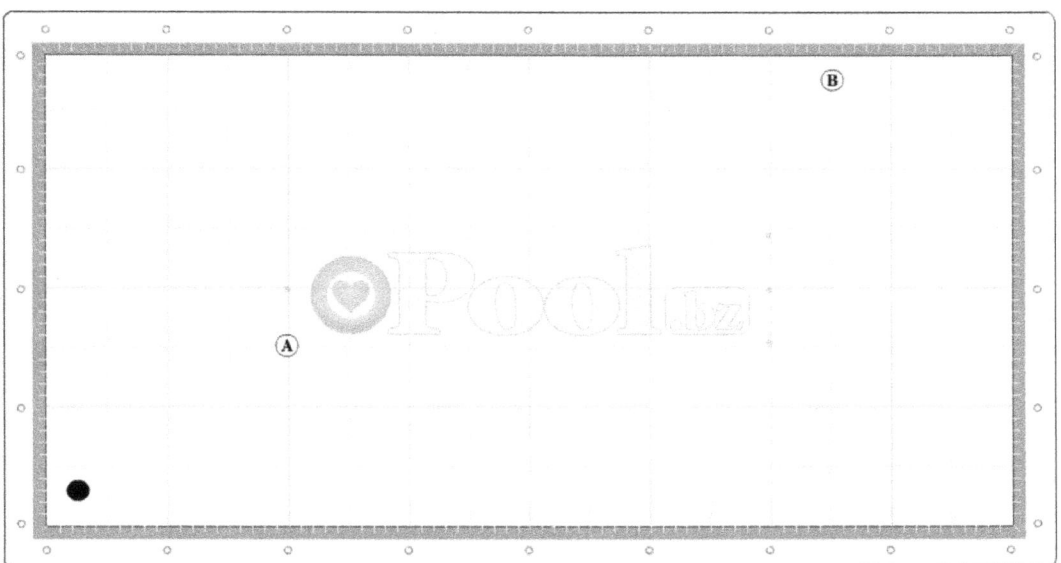

NOTASS:

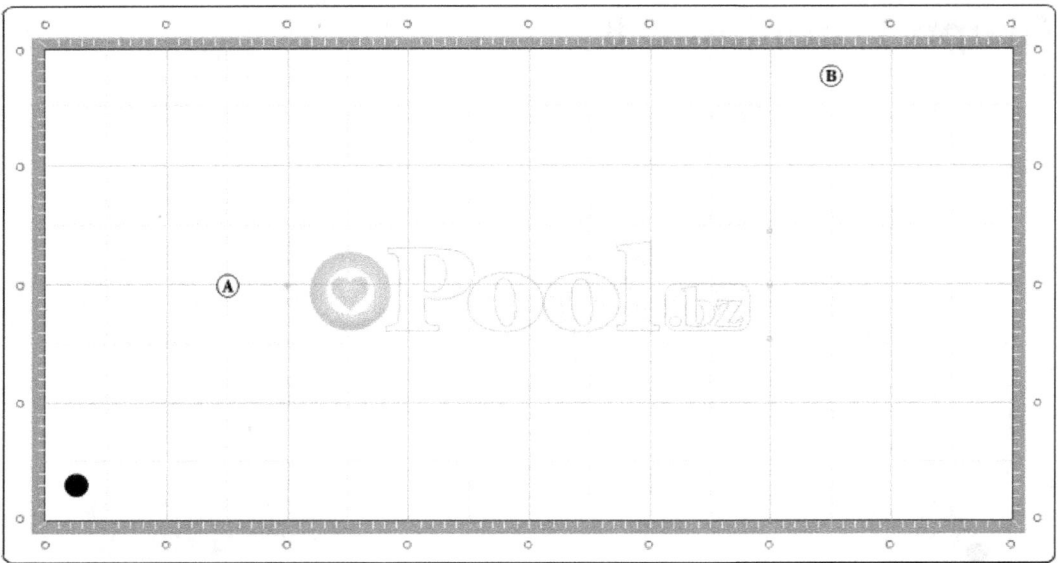

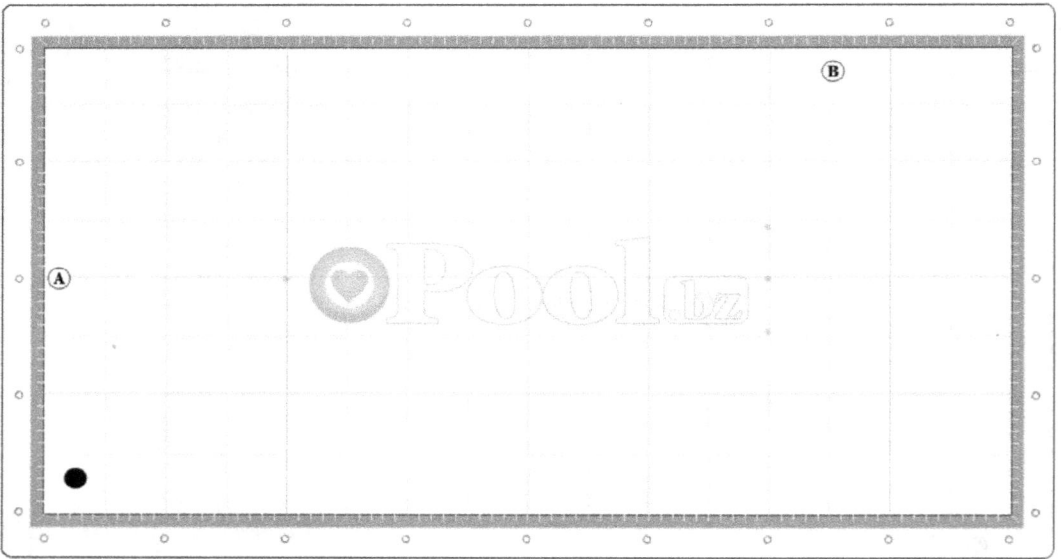

NOTASS:

Grupo 1, conjunto 9

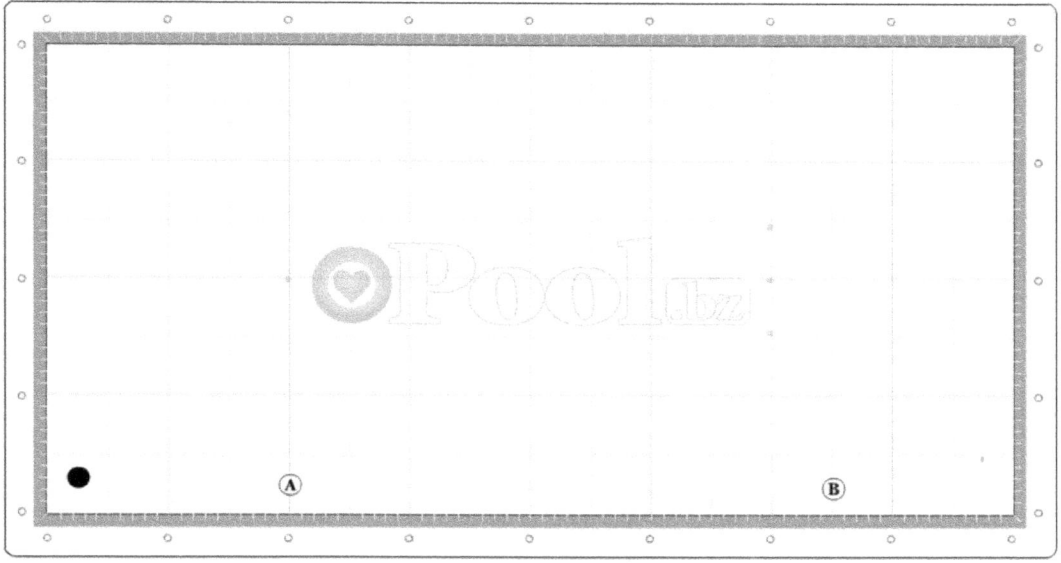

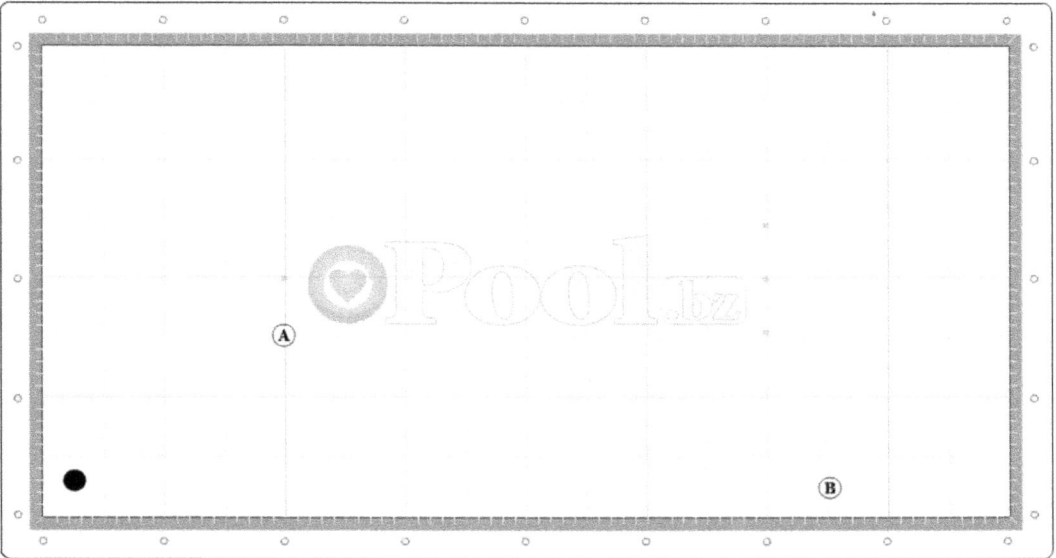

NOTASS:

Bilhar carambola: Mais enigmas e quebra-cabeças

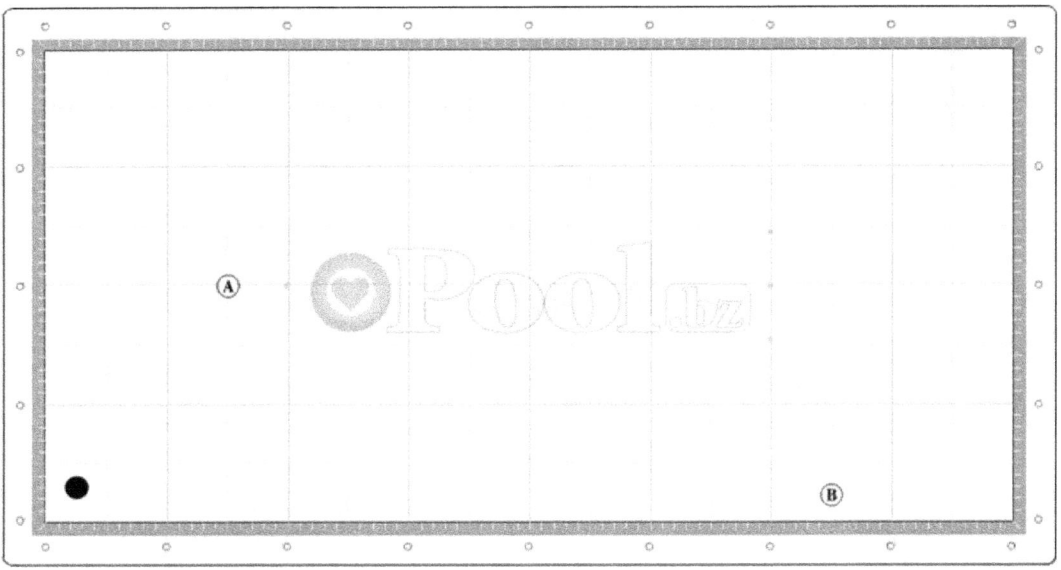

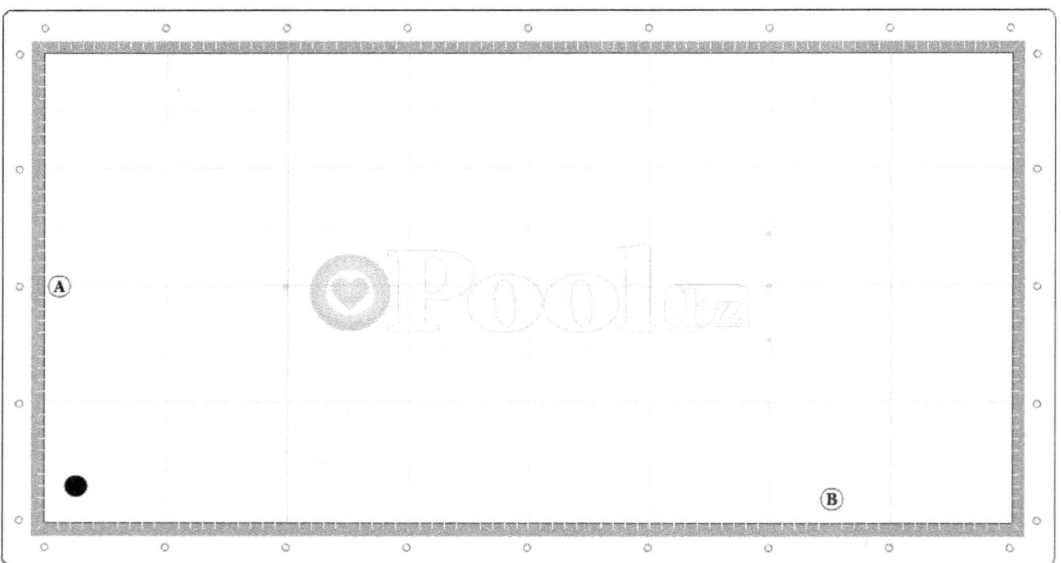

NOTASS:

Grupo 1, conjunto 10

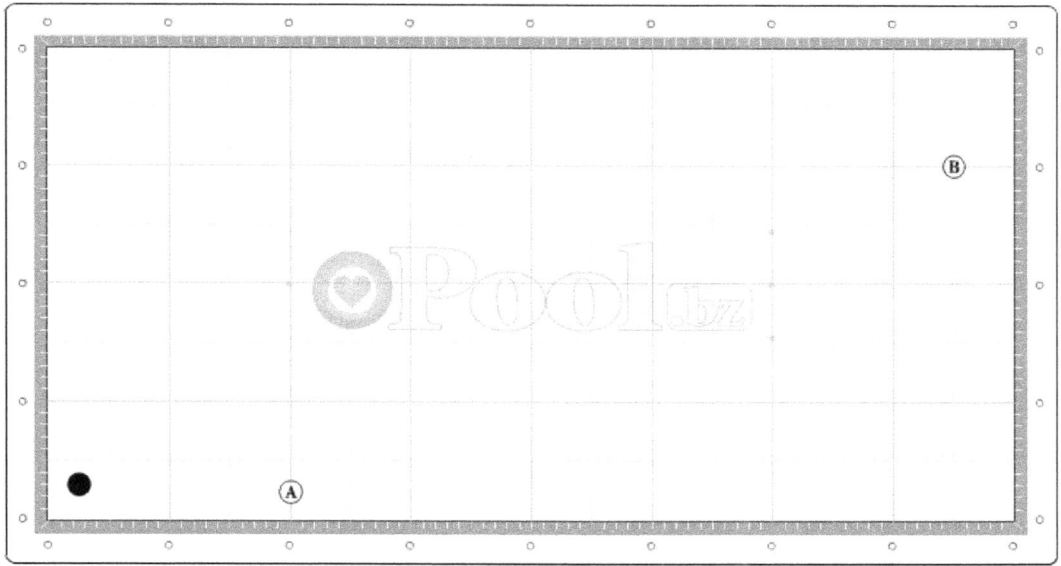

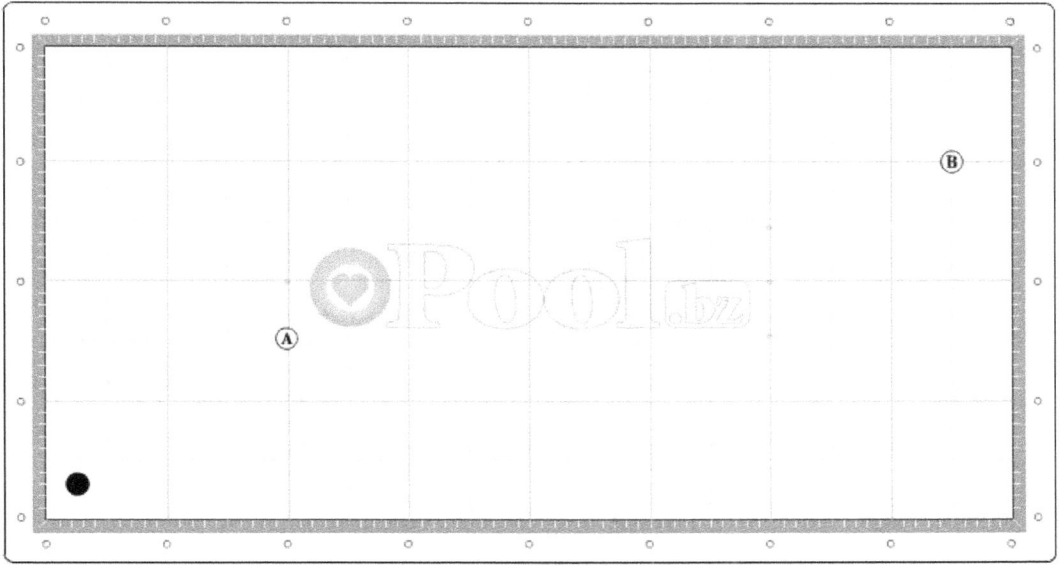

NOTASS:

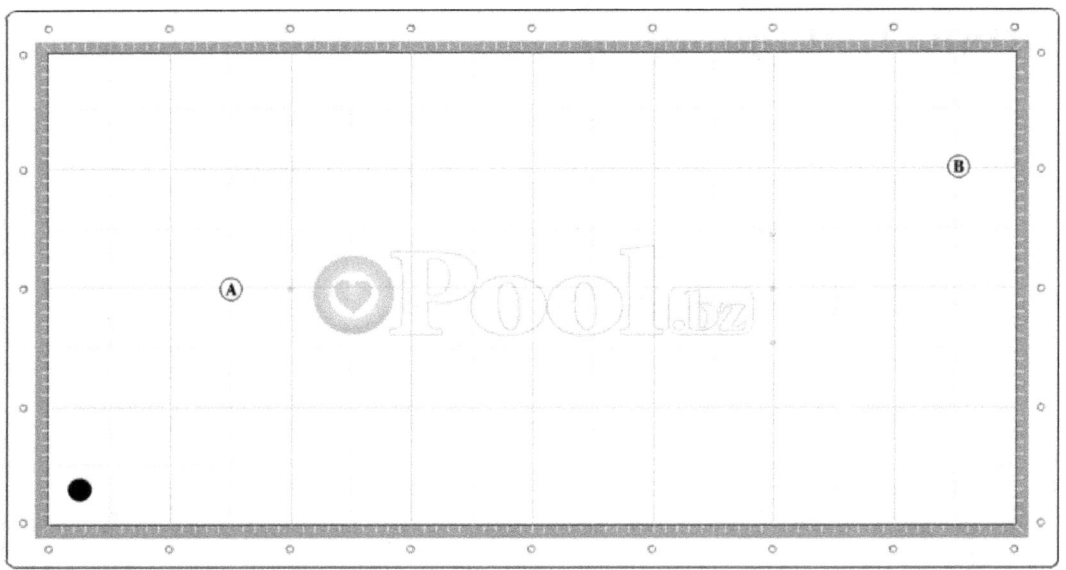

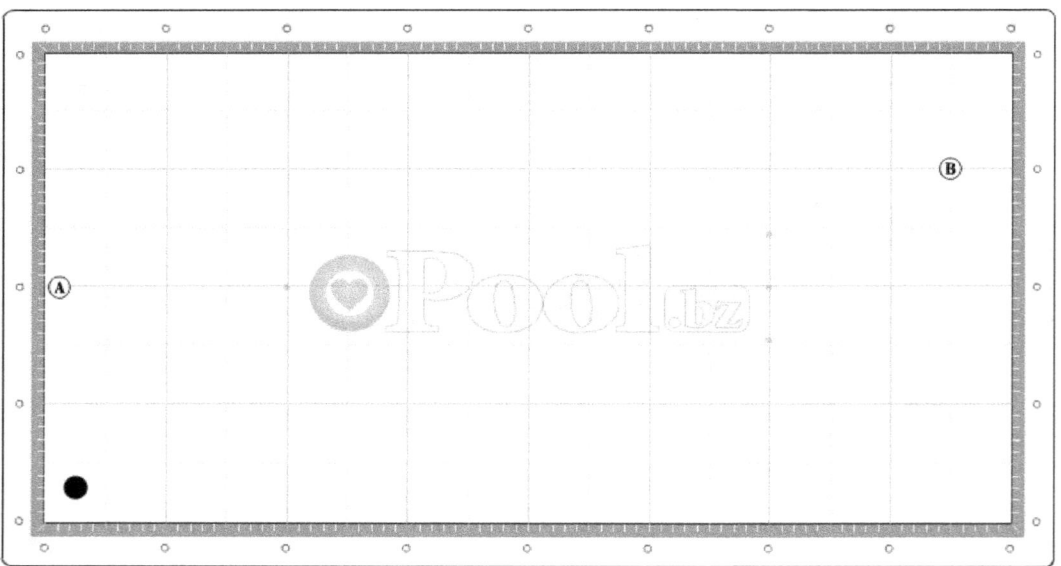

NOTASS:

Grupo 1, conjunto 11

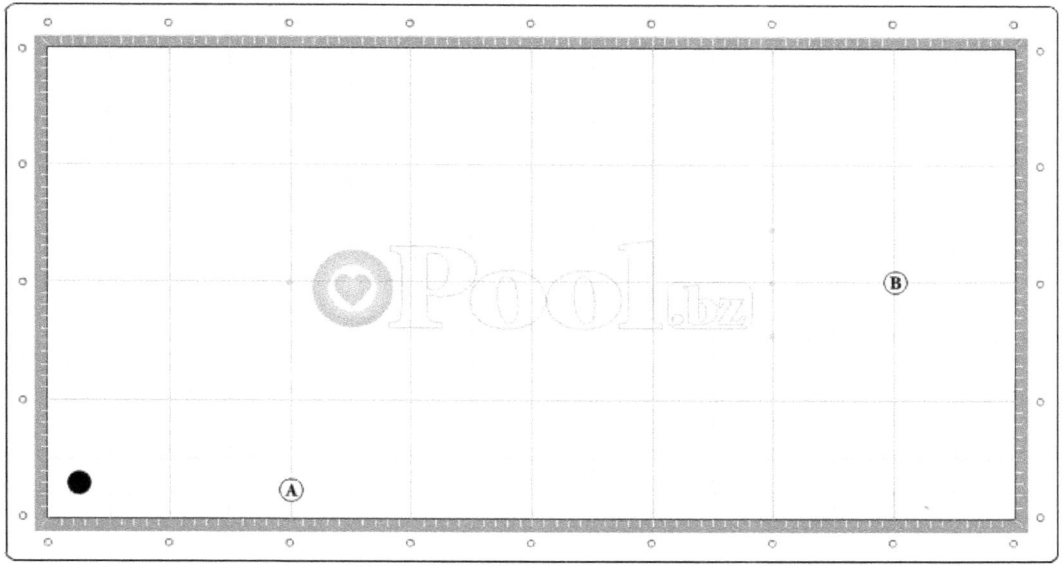

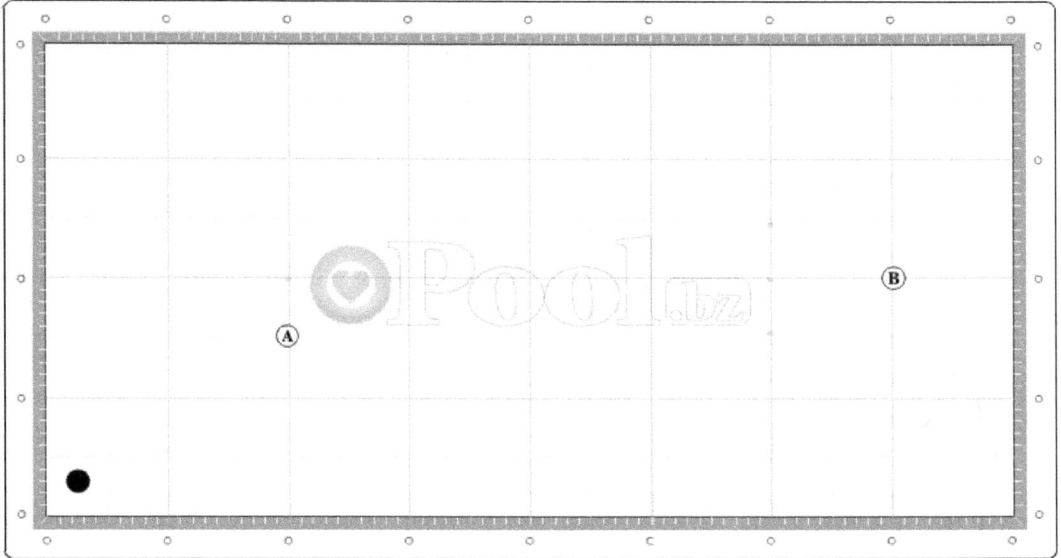

NOTASS:

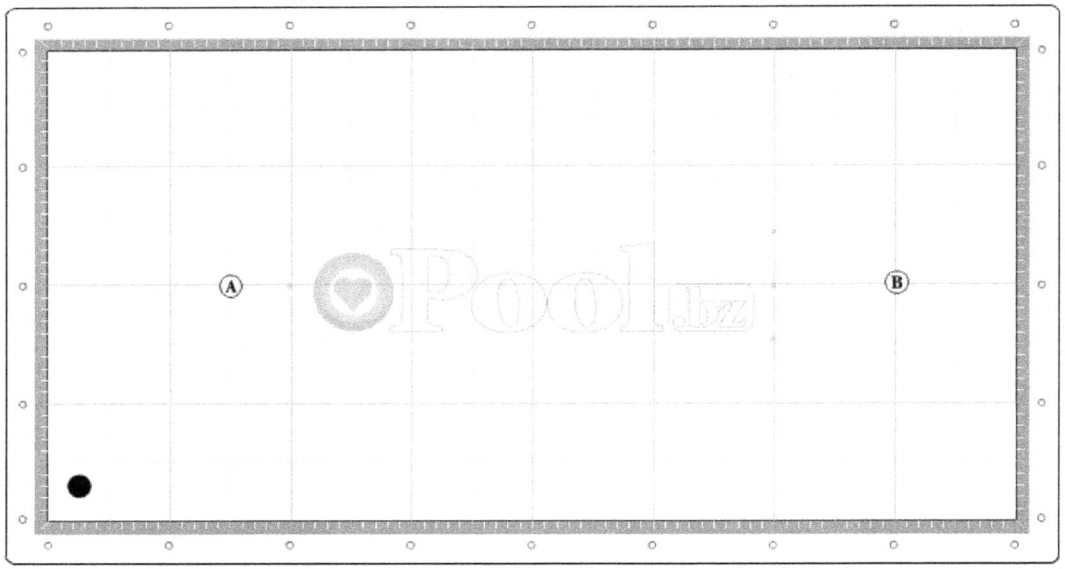

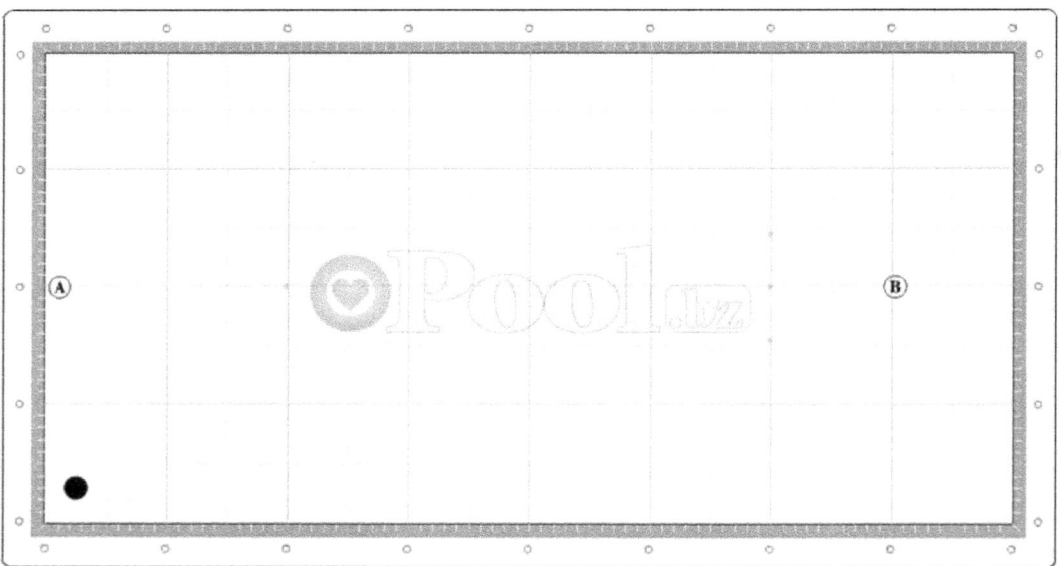

NOTASS:

Grupo 1, conjunto 12

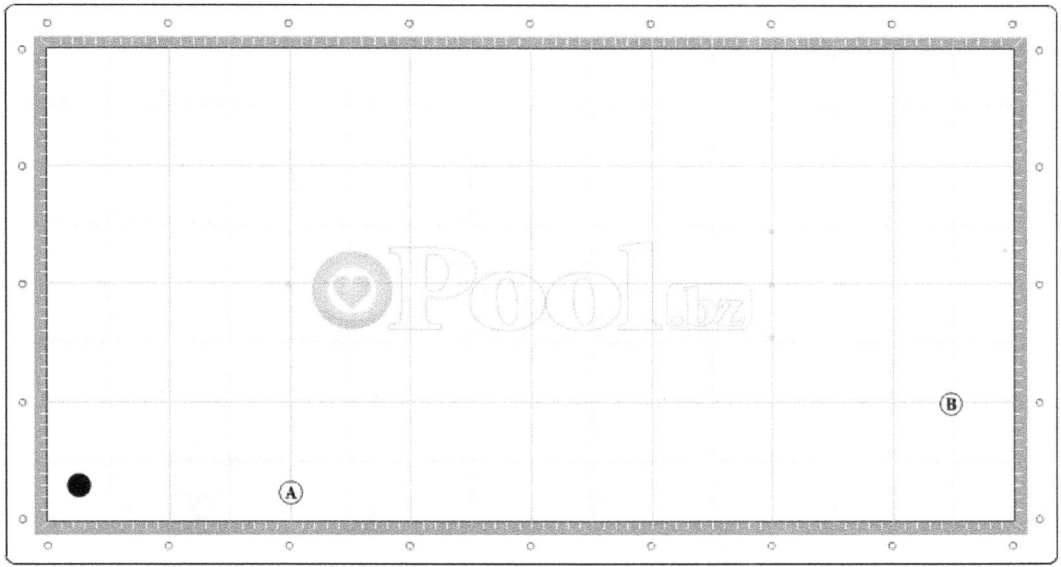

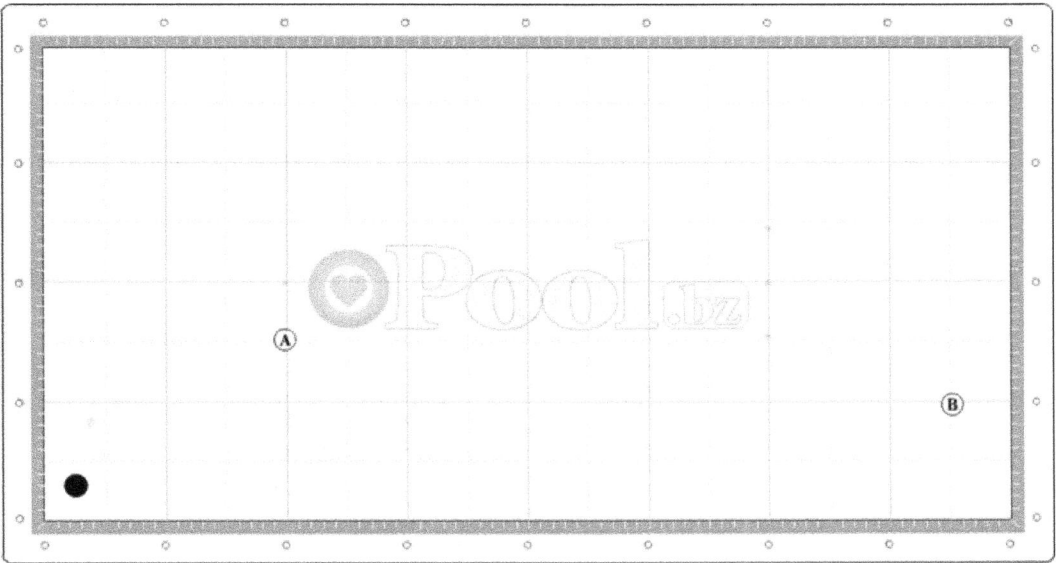

NOTASS:

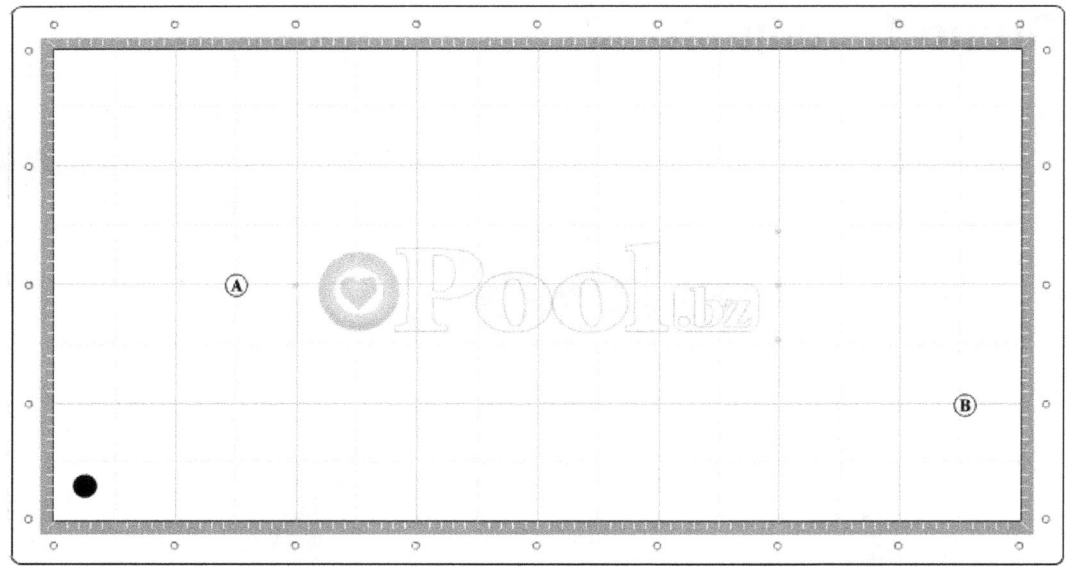

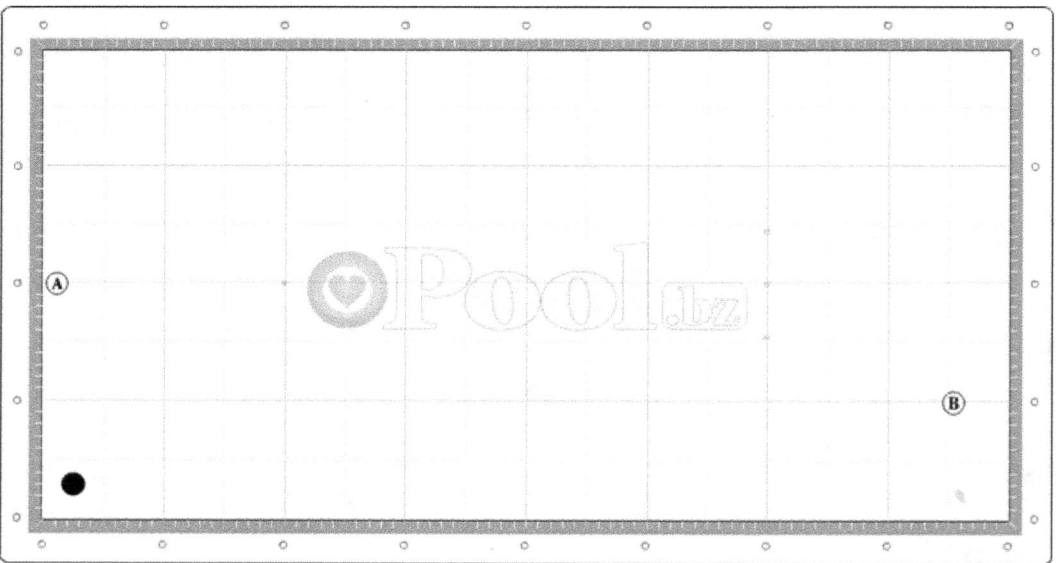

NOTASS:

GRUPO 2
Grupo 2, conjunto 1

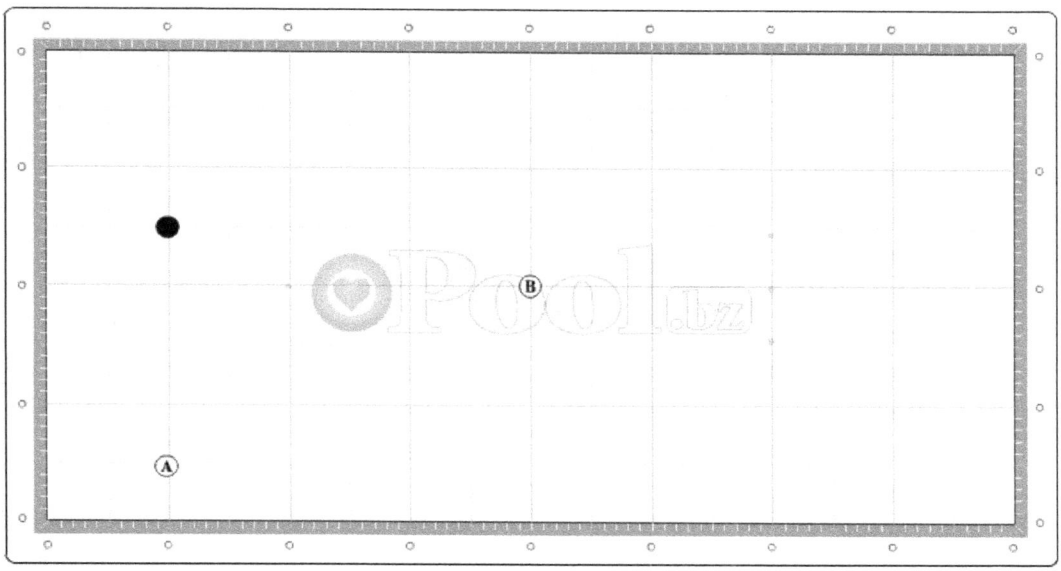

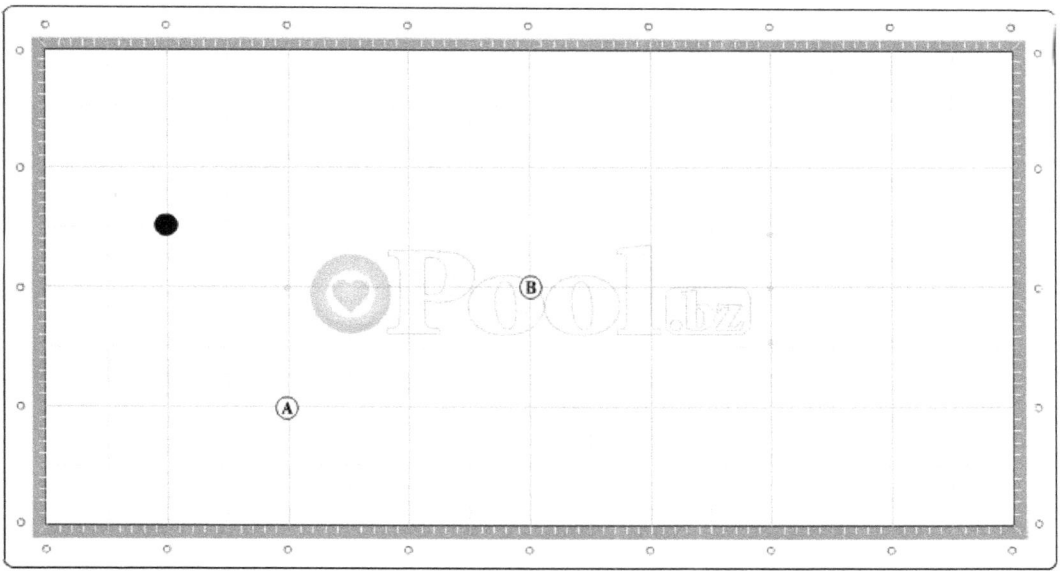

NOTASS:

Bilhar carambola: Mais enigmas e quebra-cabeças

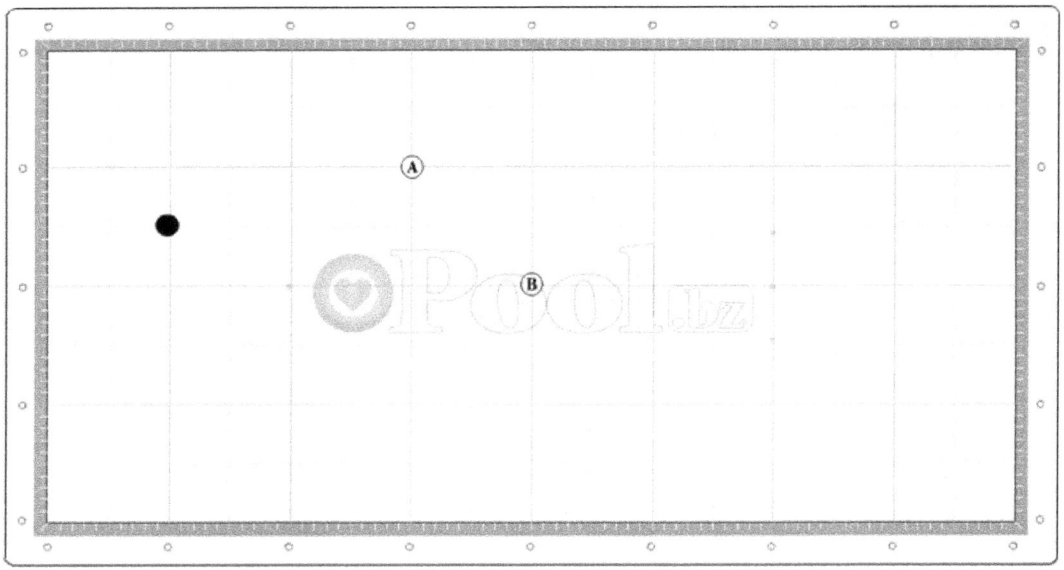

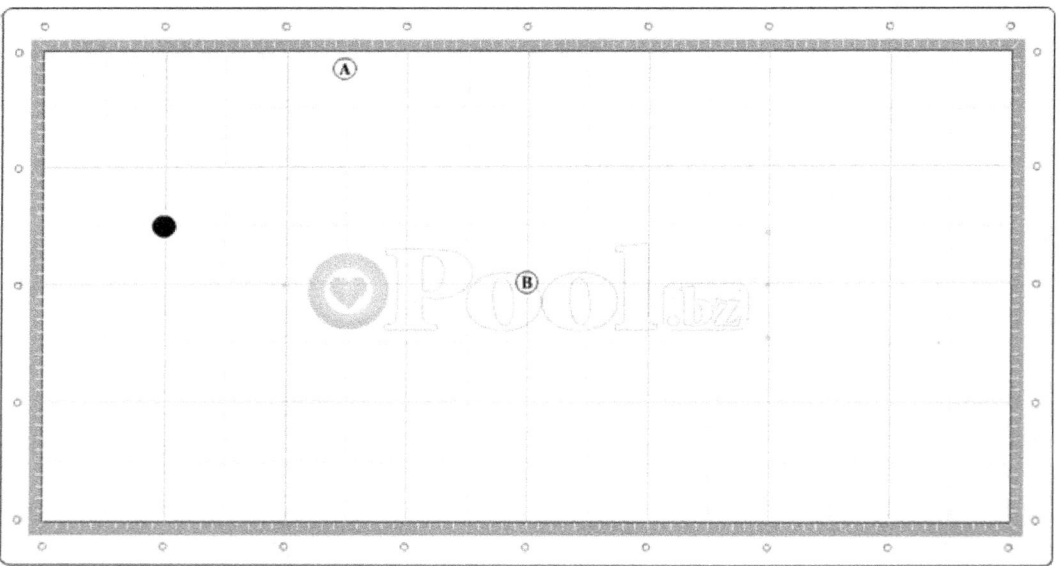

NOTASS:

Grupo 2, conjunto 2

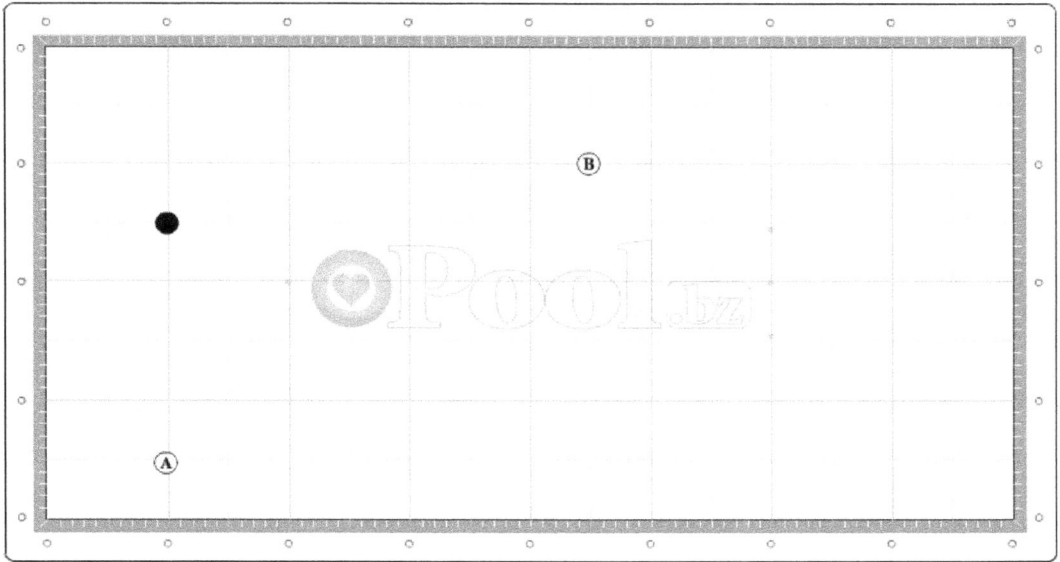

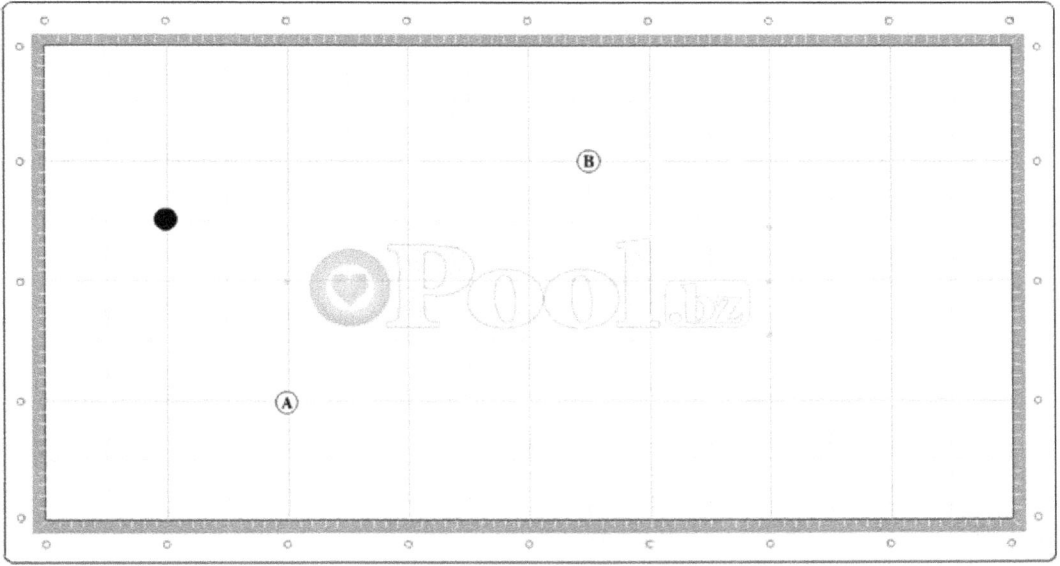

NOTASS:

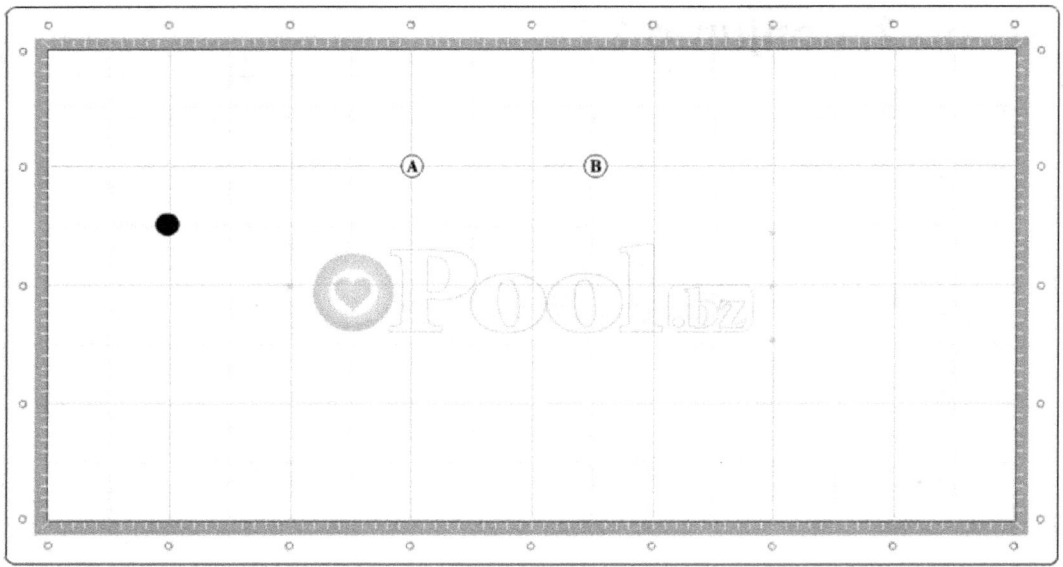

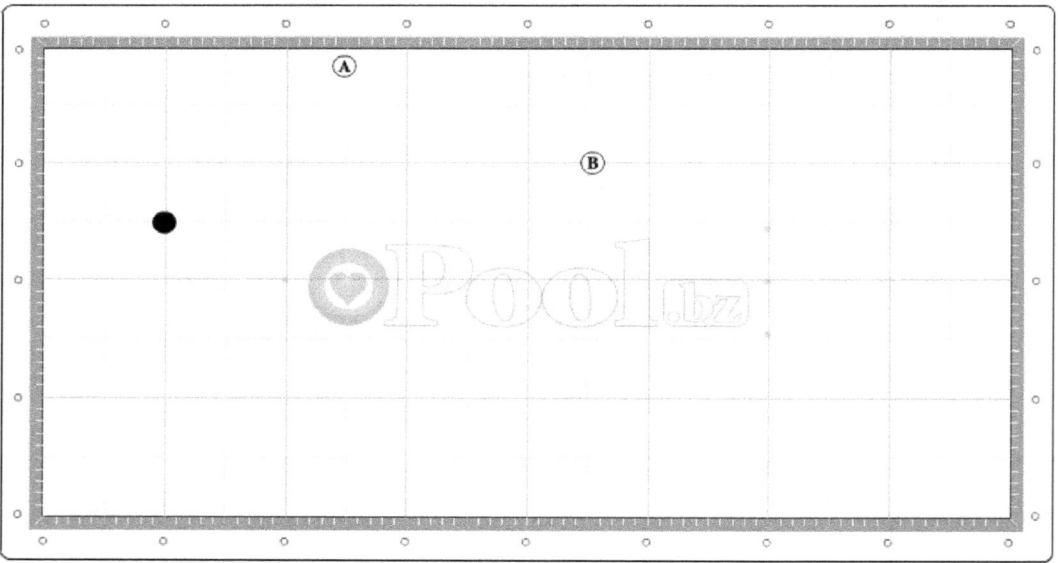

NOTASS:

Grupo 2, conjunto 3

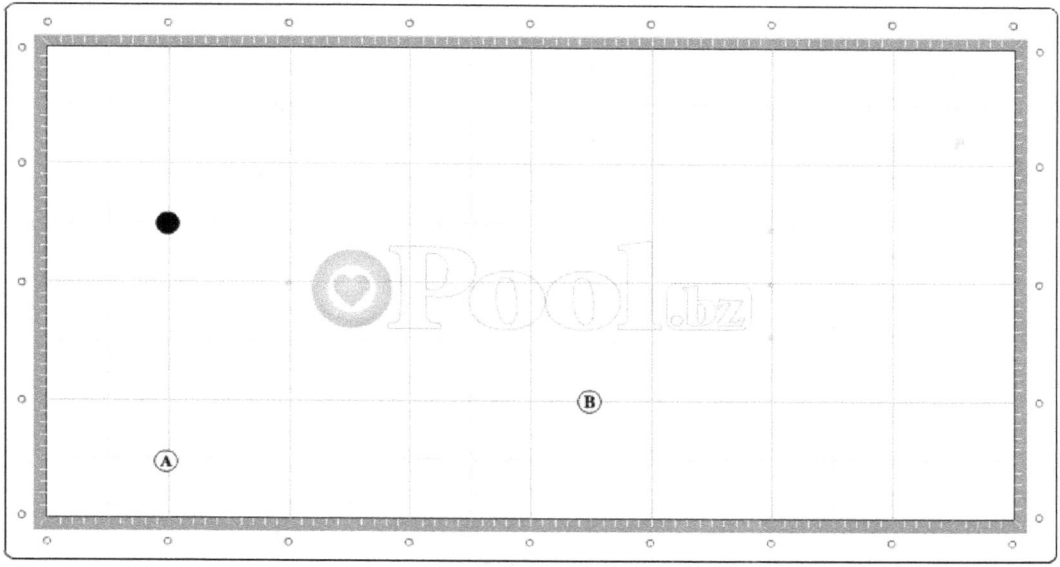

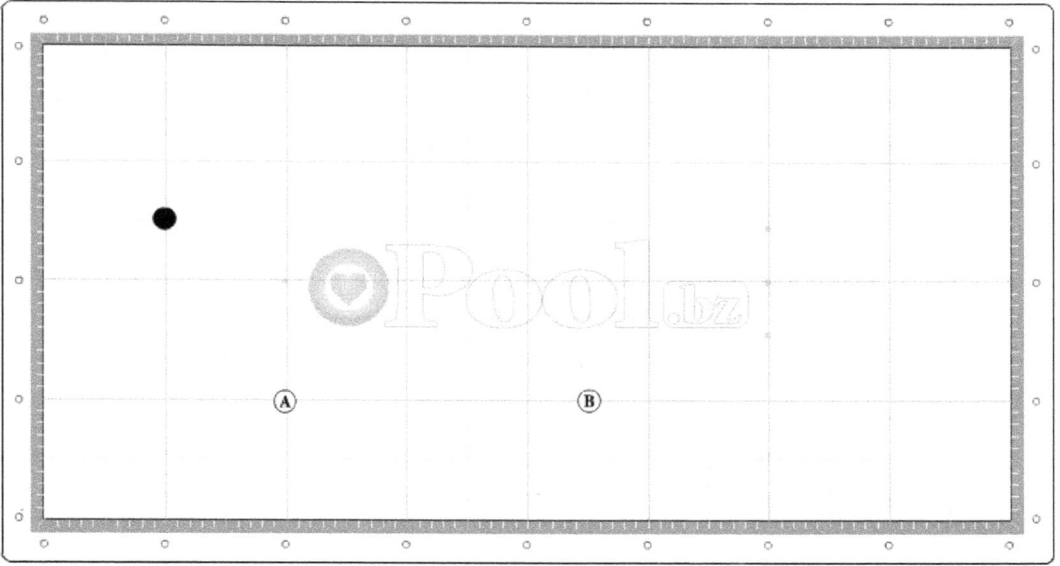

NOTASS:

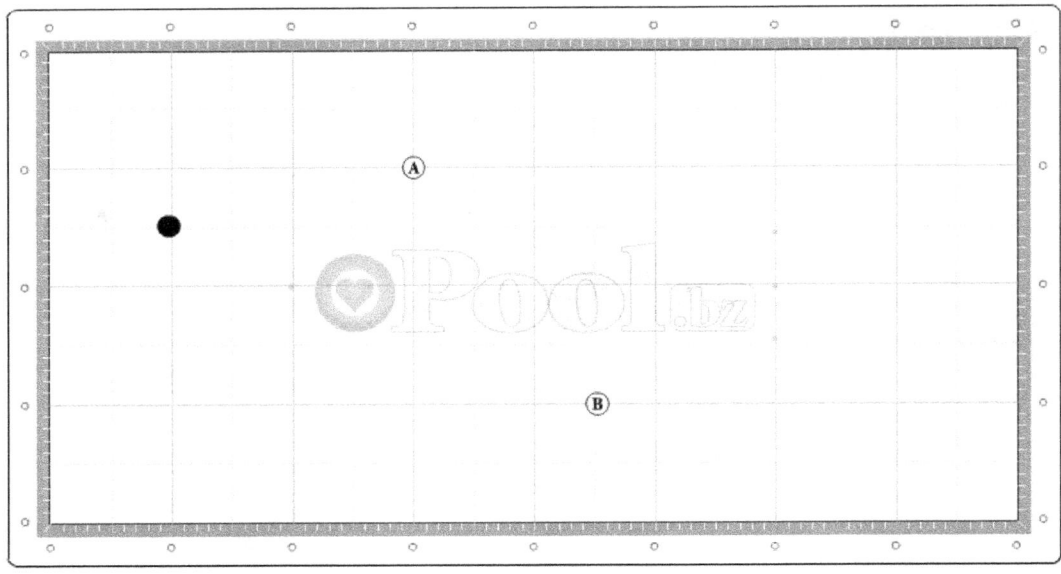

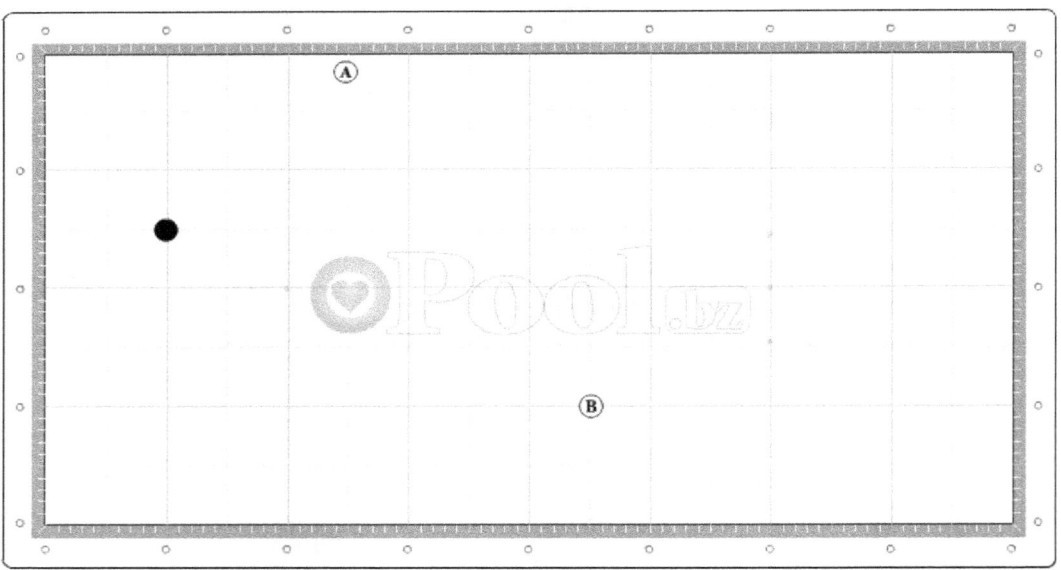

NOTASS:

Grupo 2, conjunto 4

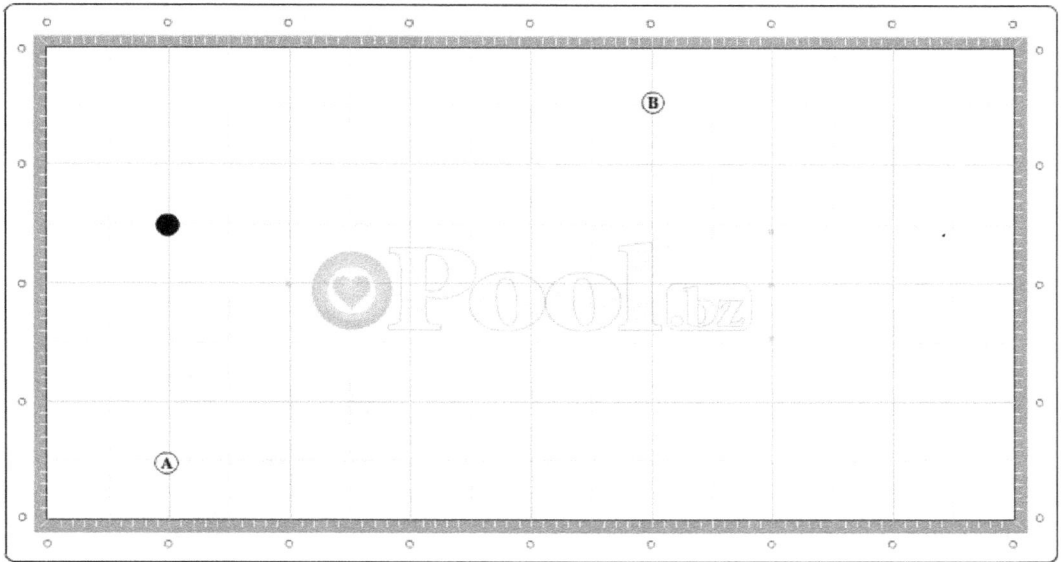

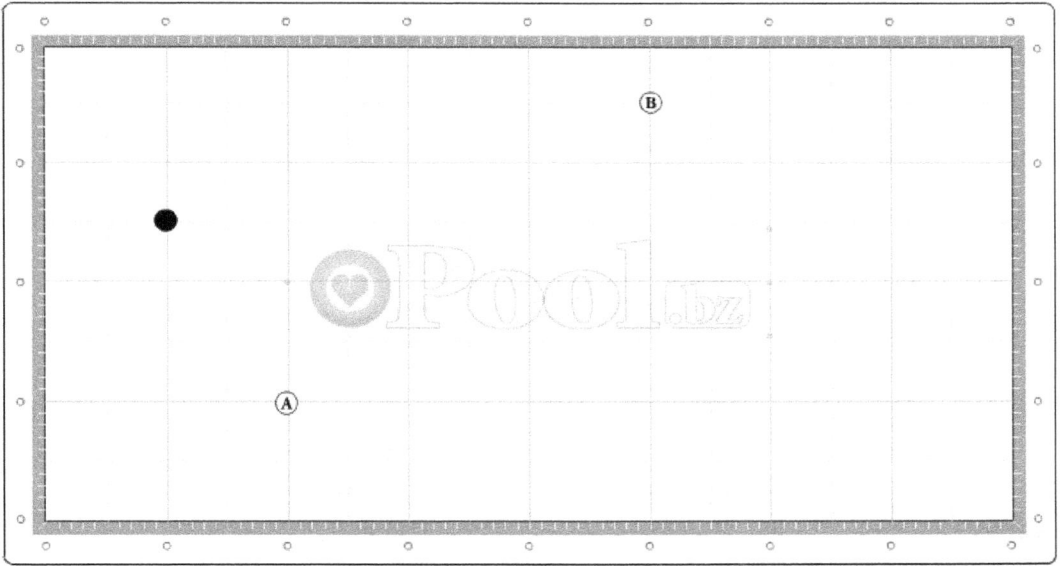

NOTASS:

Bilhar carambola: Mais enigmas e quebra-cabeças

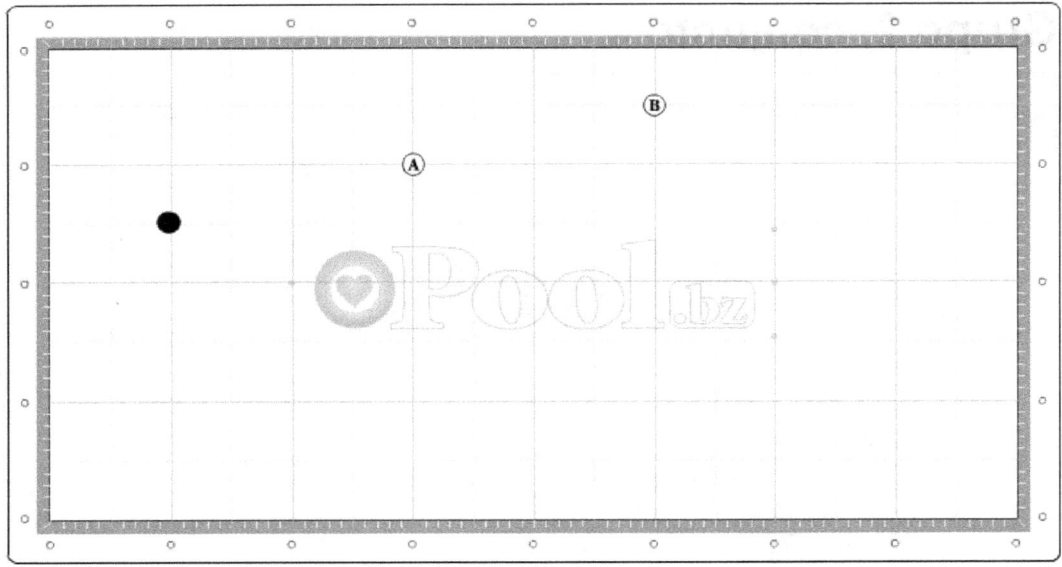

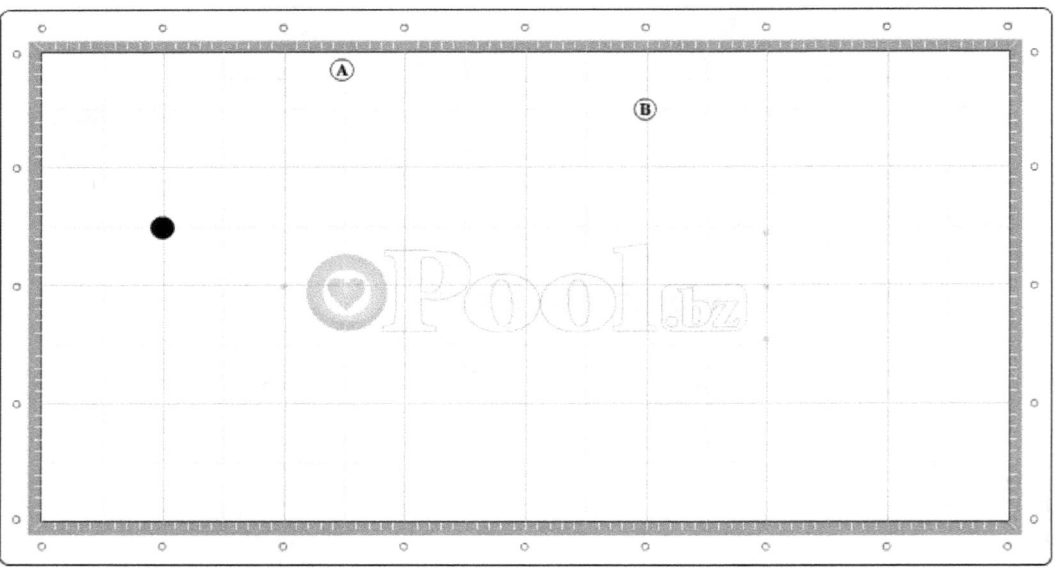

NOTASS:

Grupo 2, conjunto 5

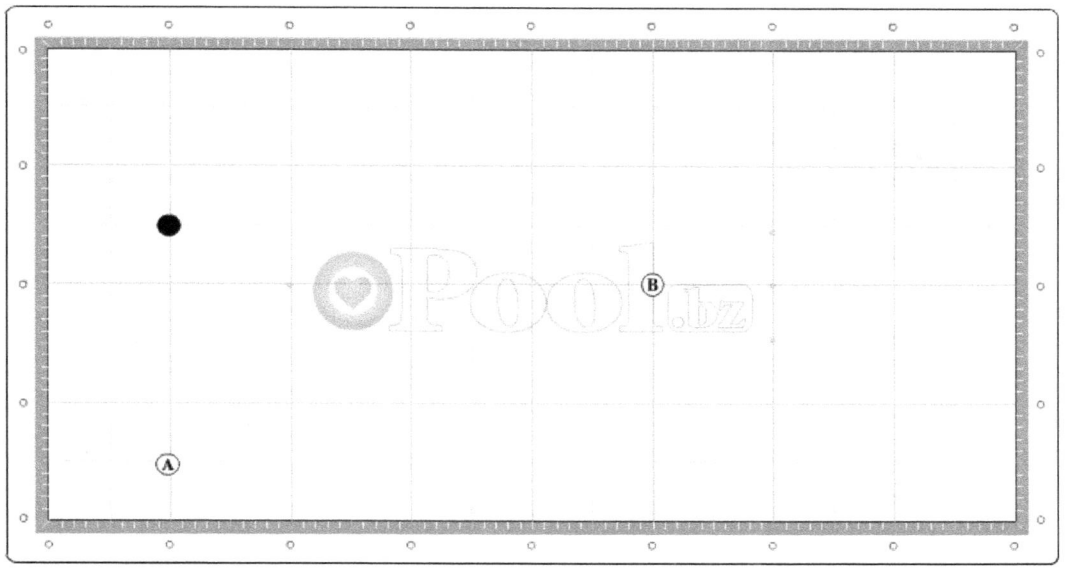

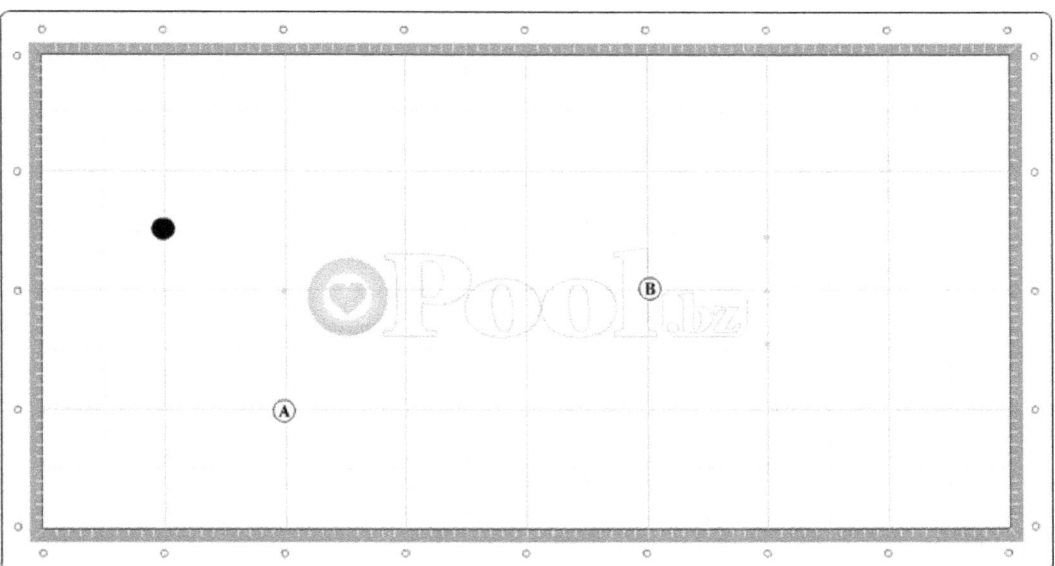

NOTASS:

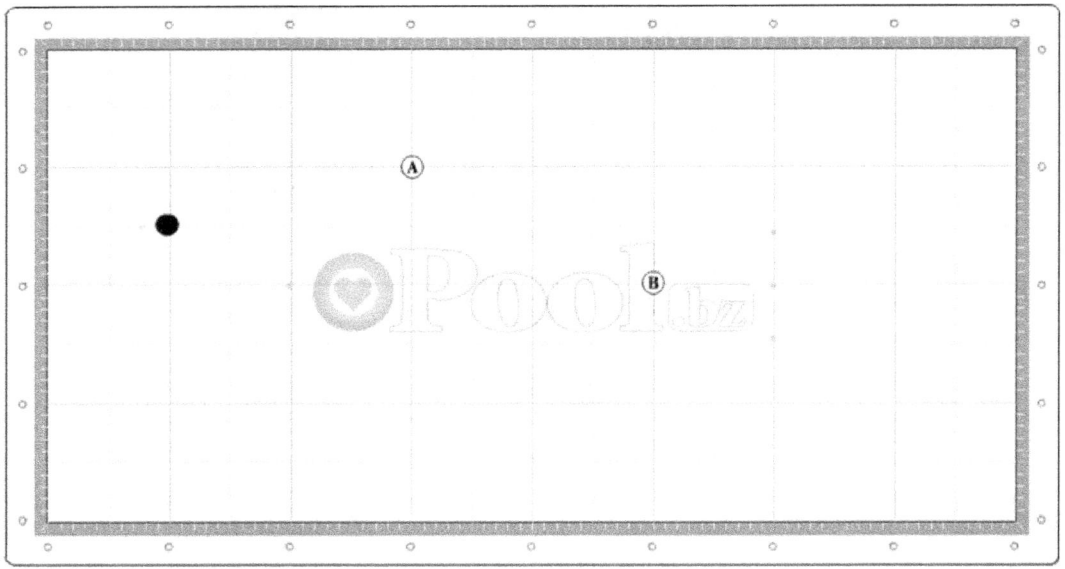

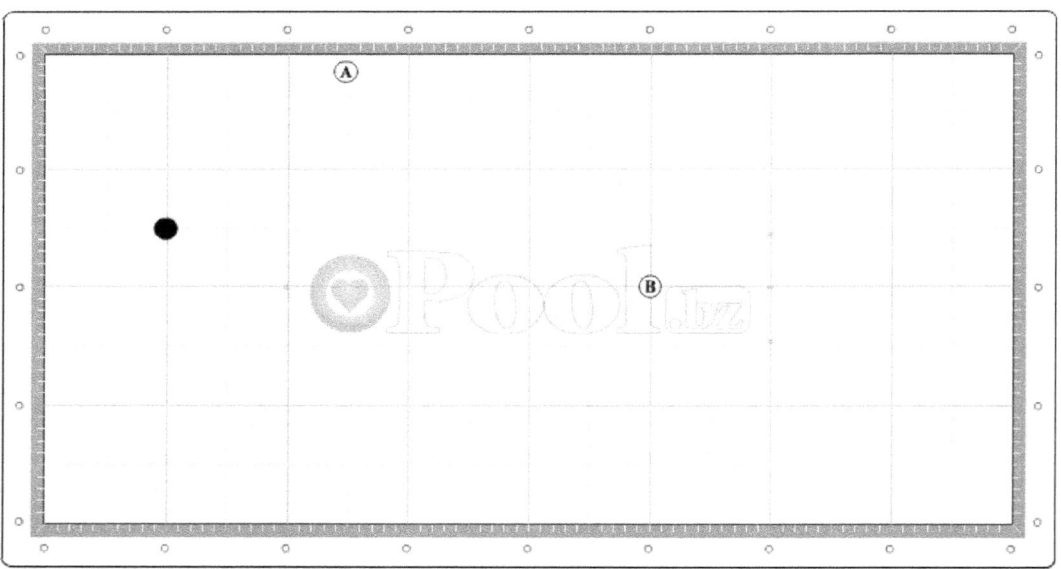

NOTASS:

Grupo 2, conjunto 6

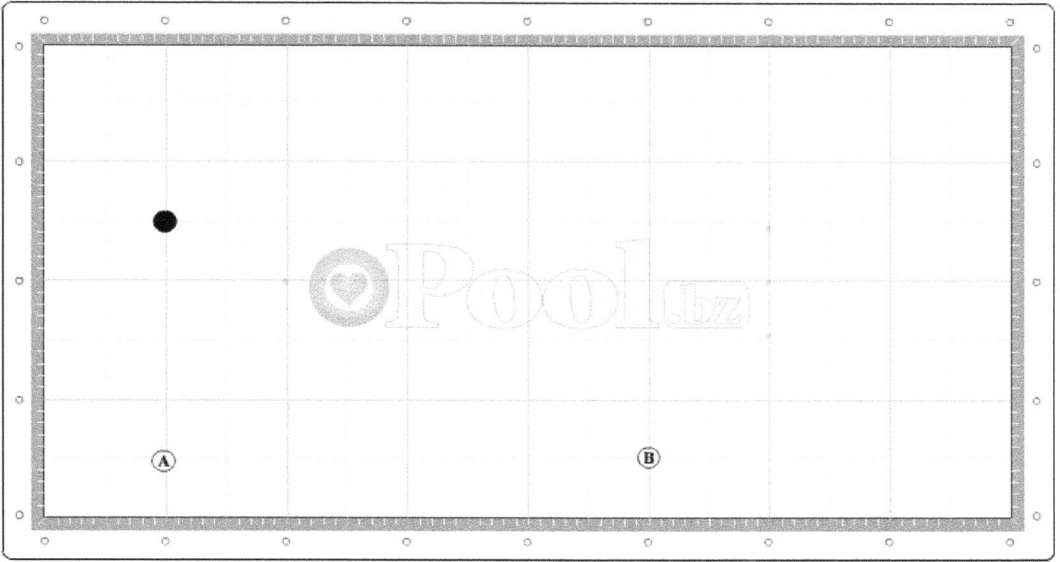

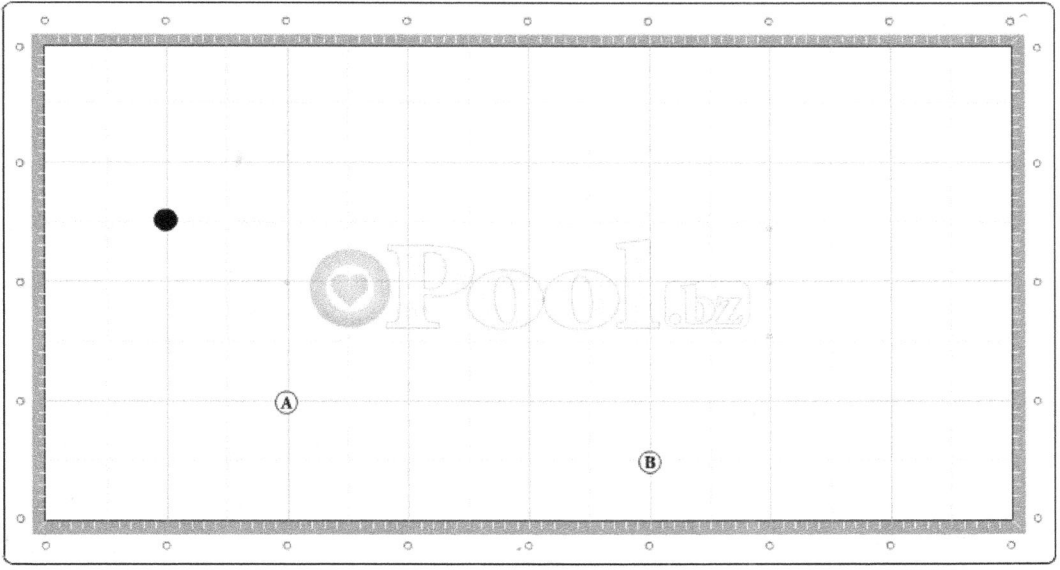

NOTASS:

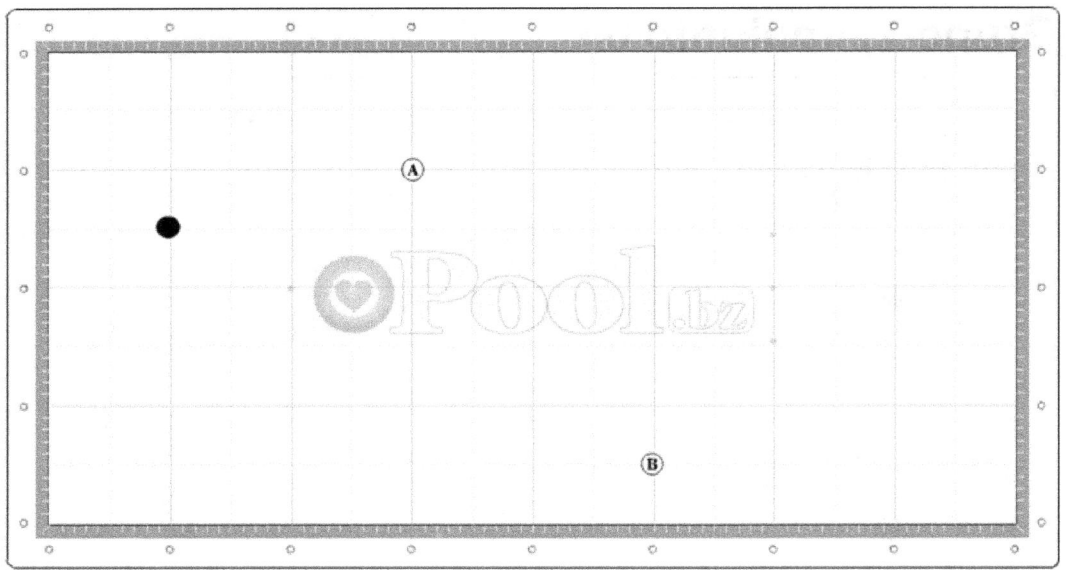

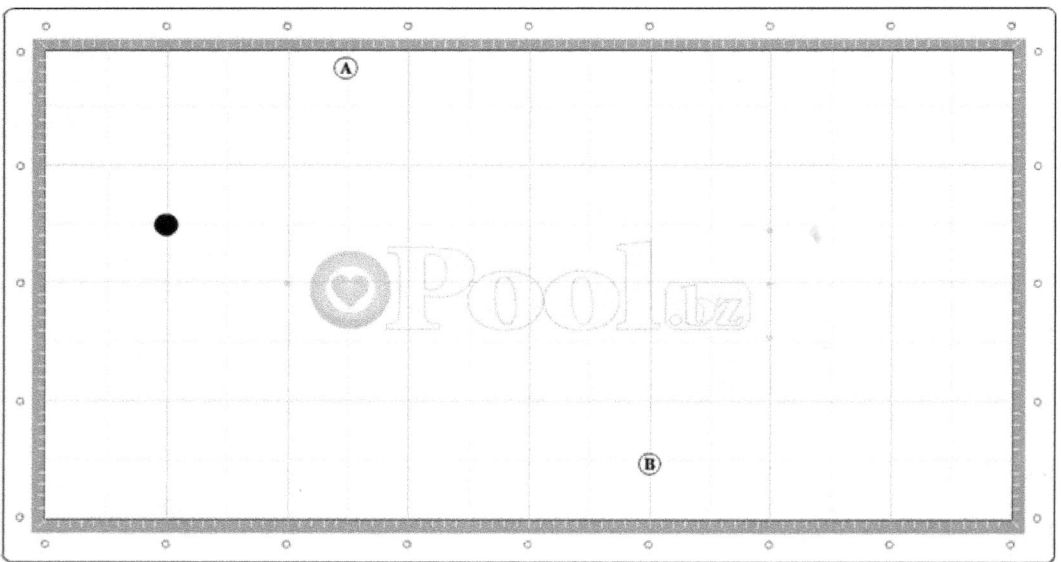

NOTASS:

Grupo 2, conjunto 7

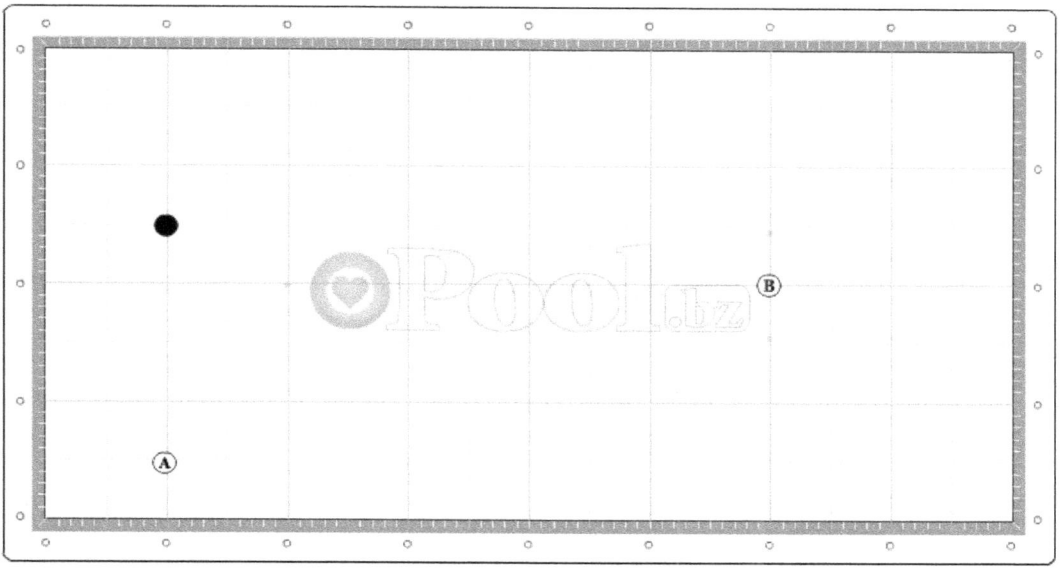

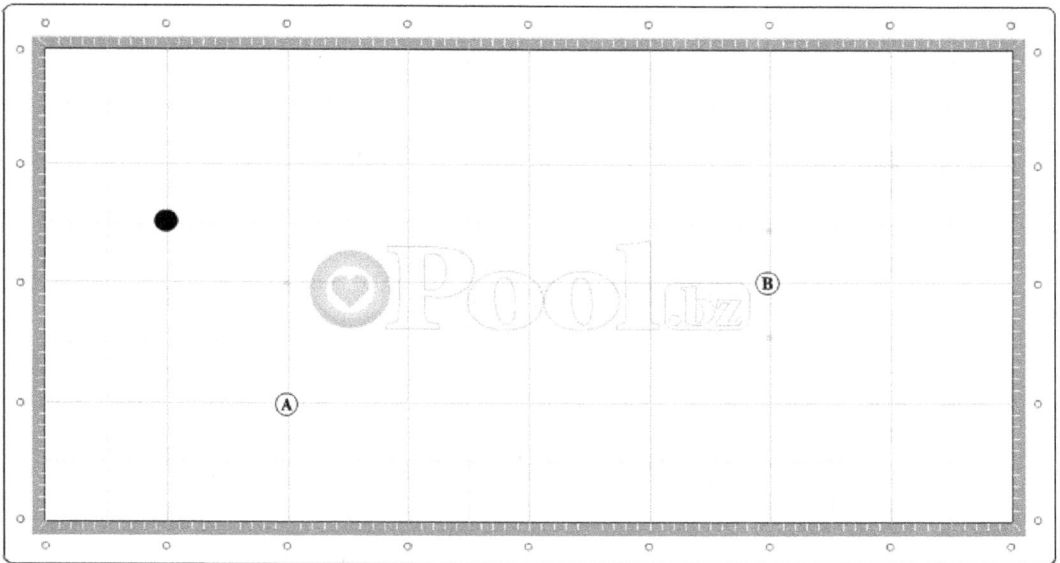

NOTASS:

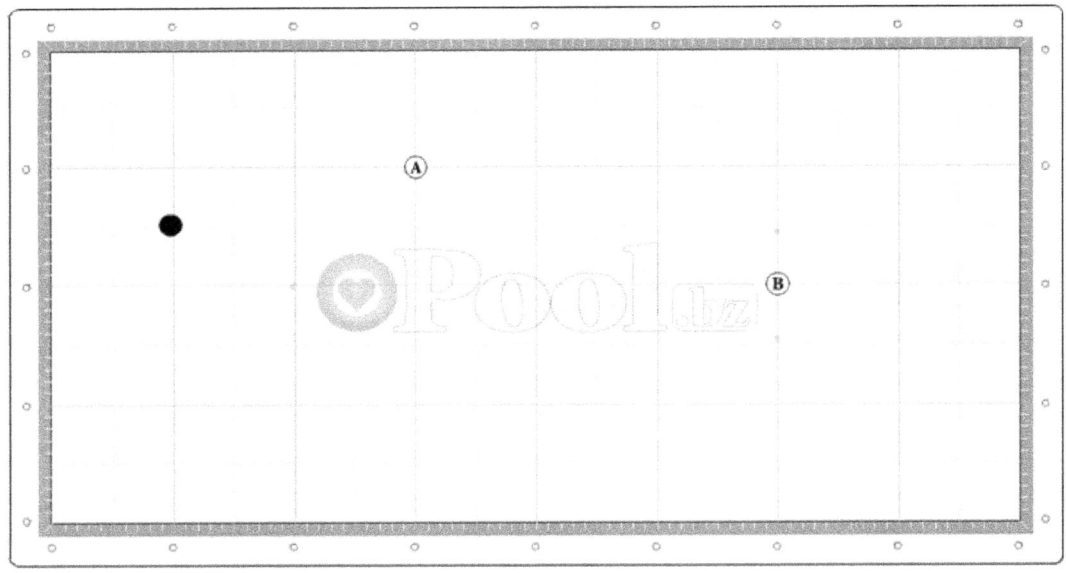

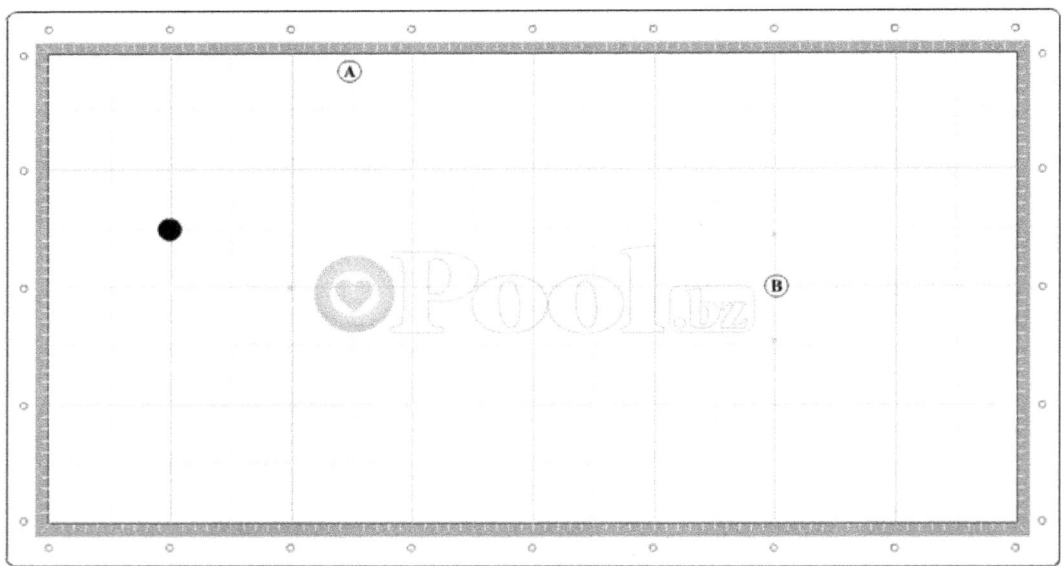

NOTASS:

Grupo 2, conjunto 8

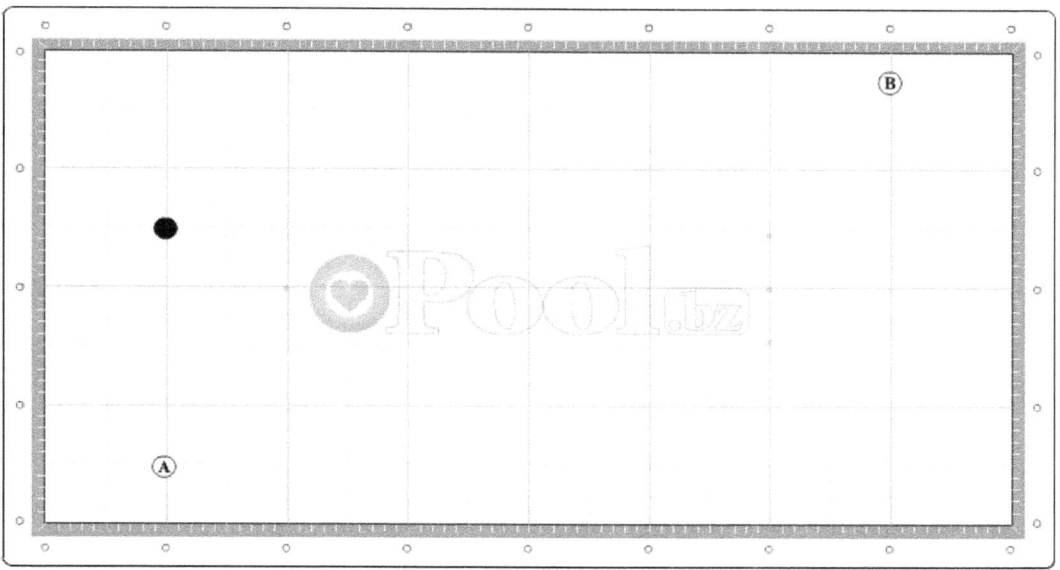

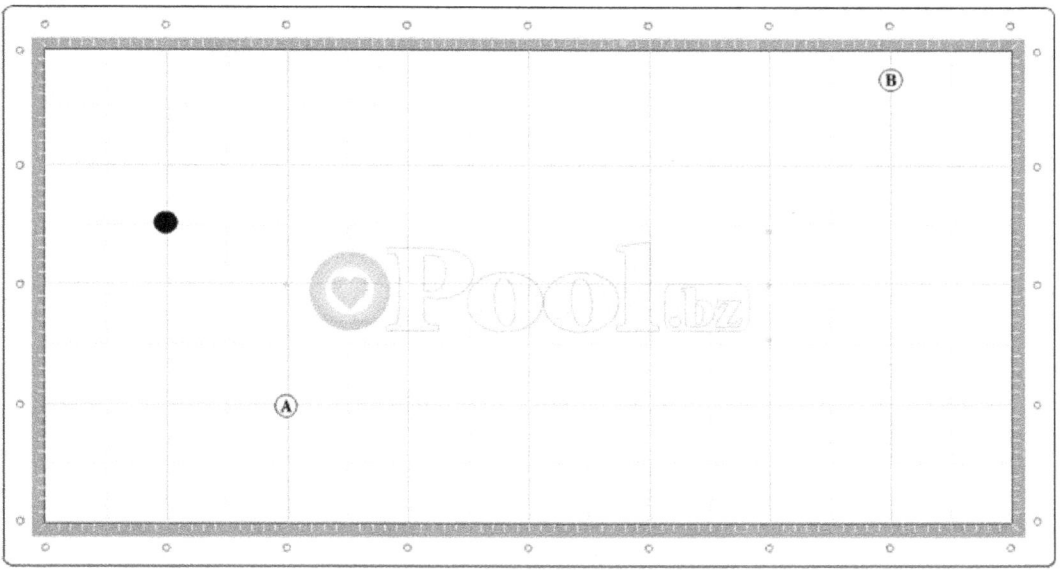

NOTASS:

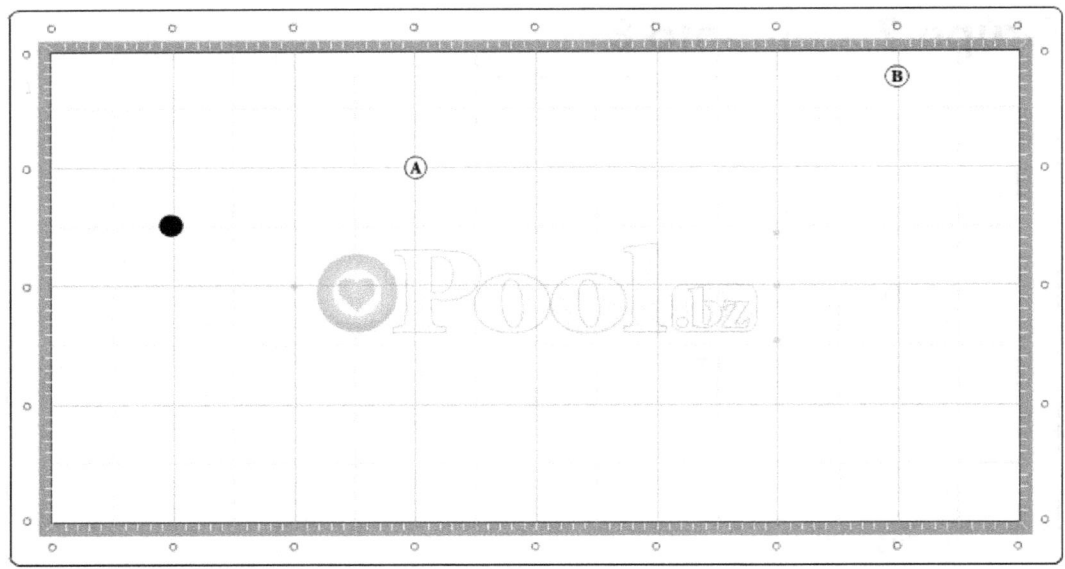

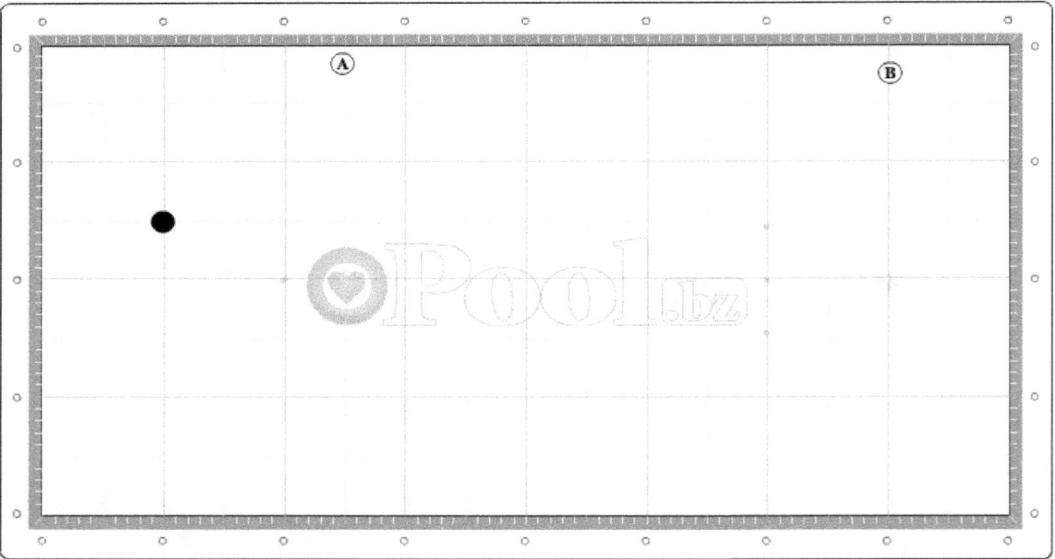

NOTASS:

Grupo 2, conjunto 9

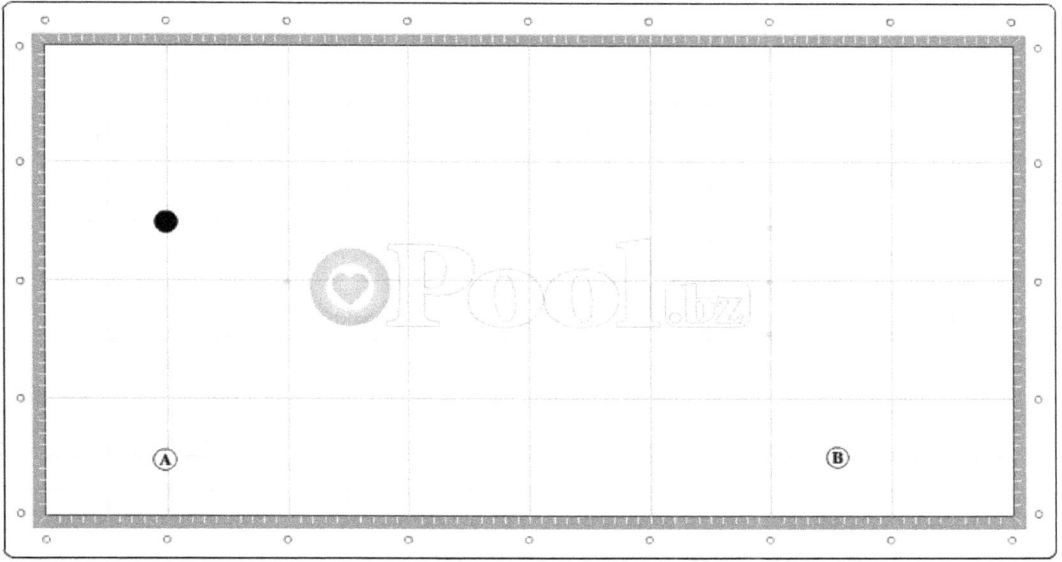

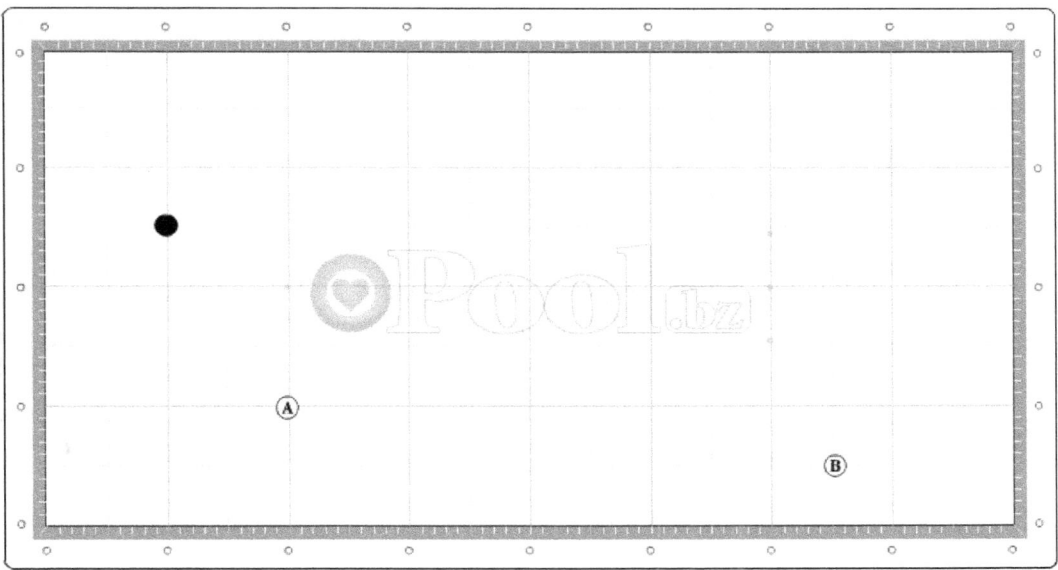

NOTASS:

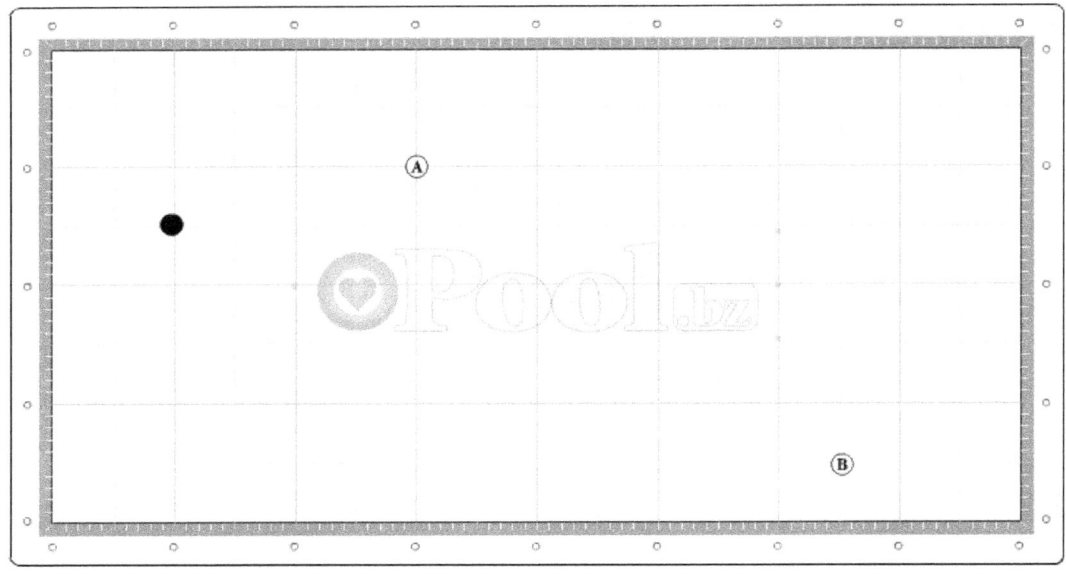

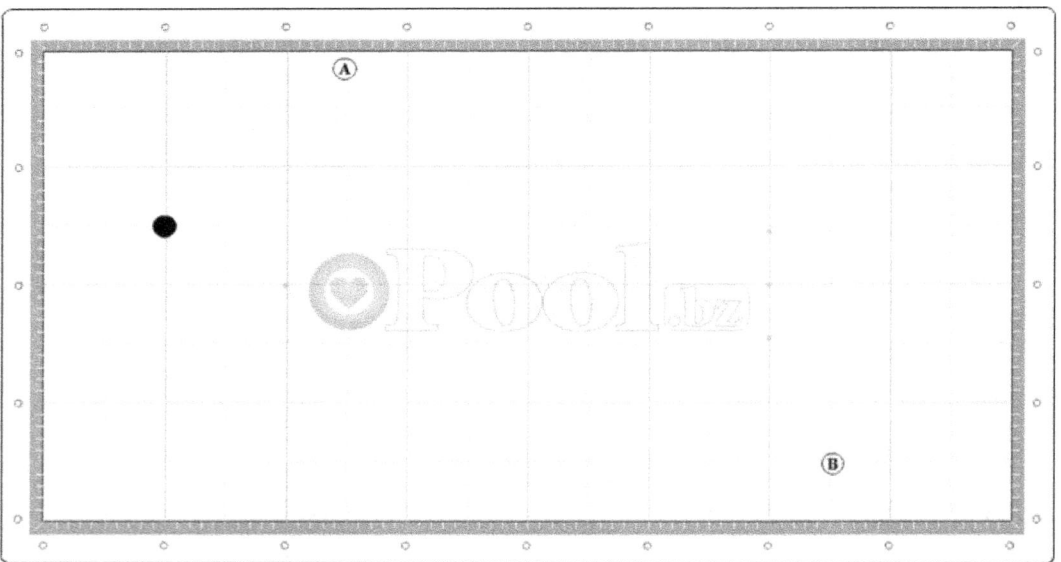

NOTASS:

Grupo 2, conjunto 10

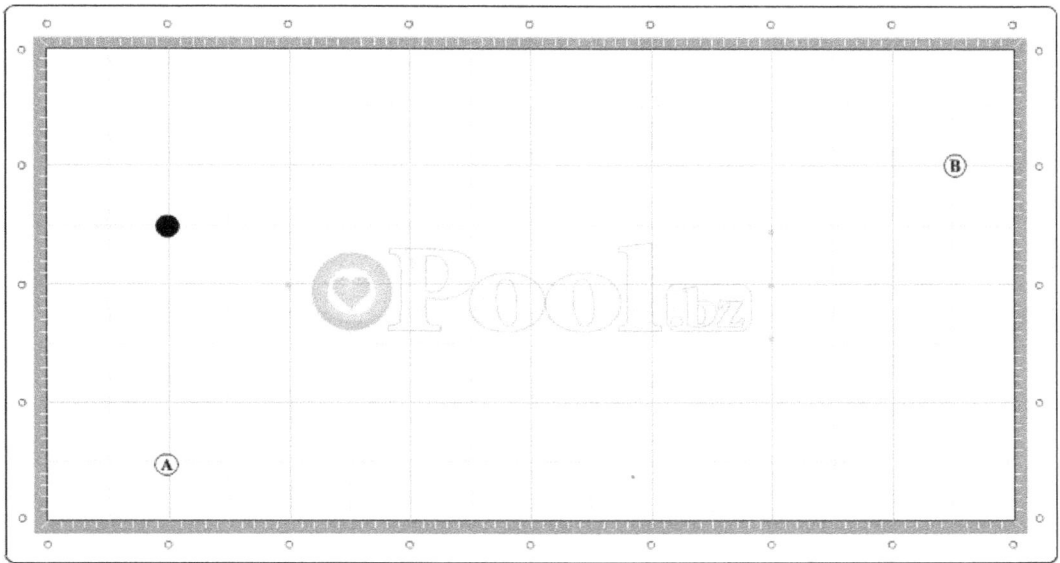

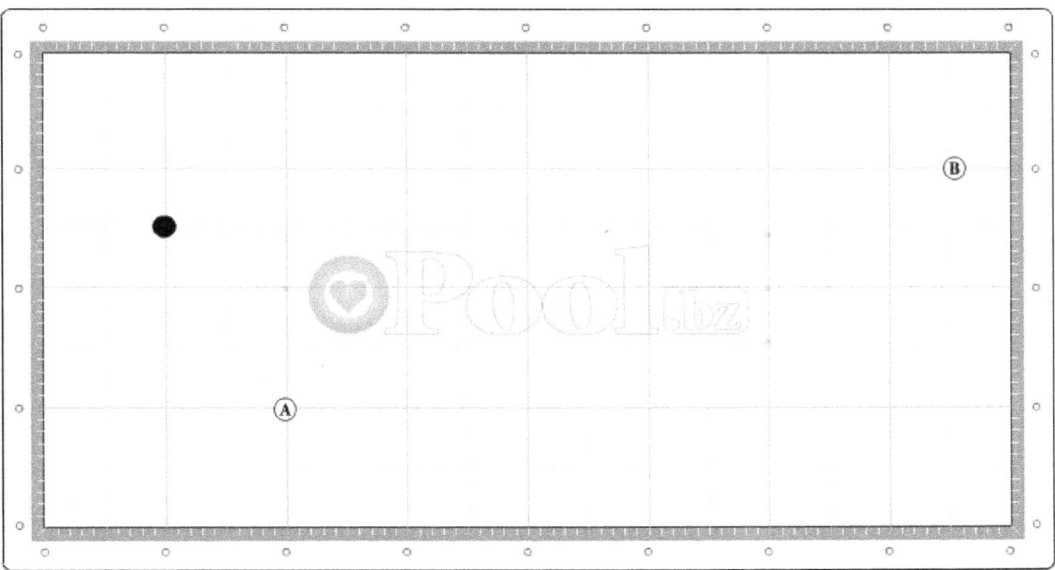

NOTASS:

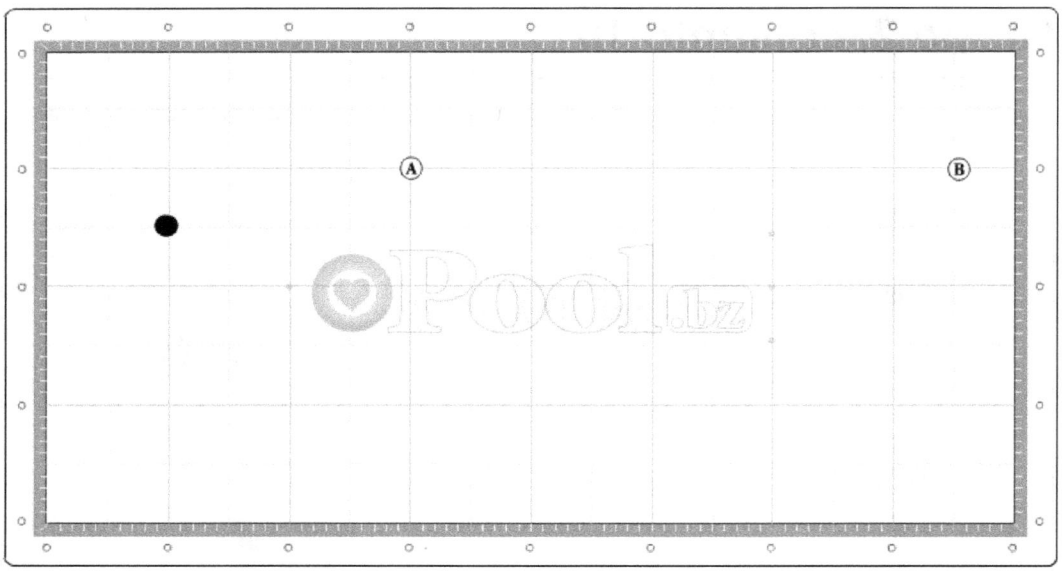

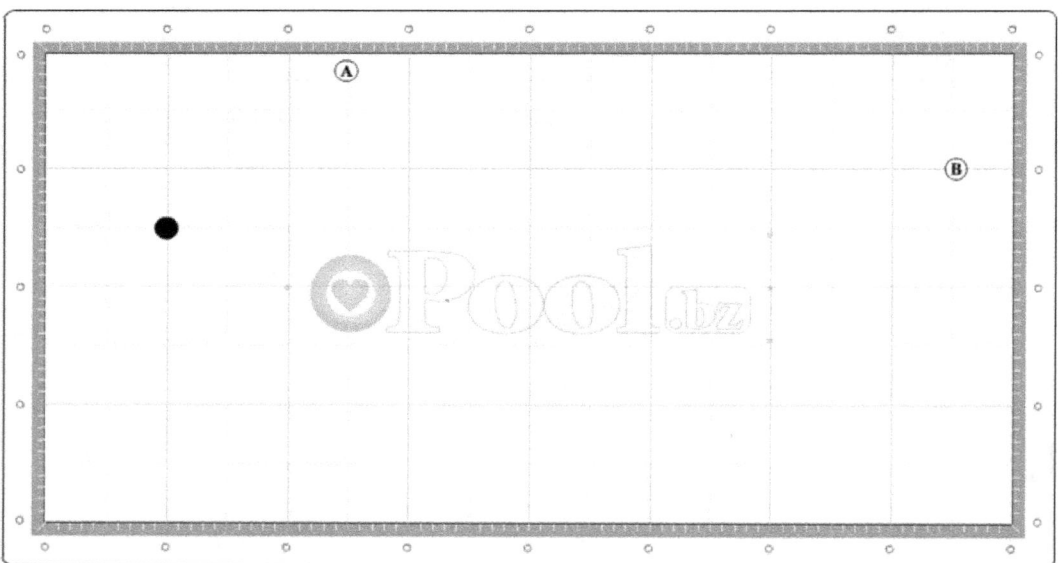

NOTASS:

Grupo 2, conjunto 11

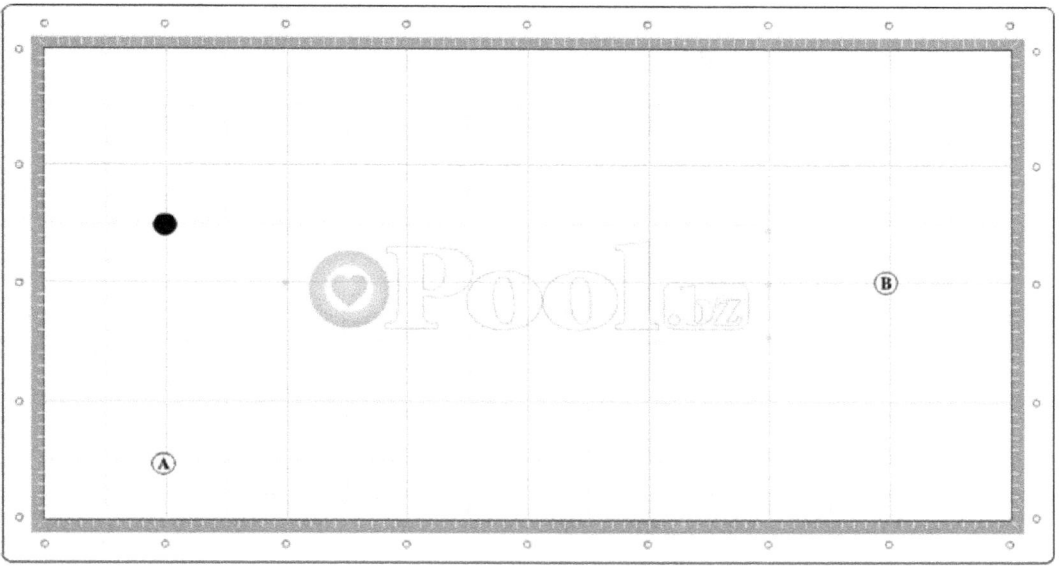

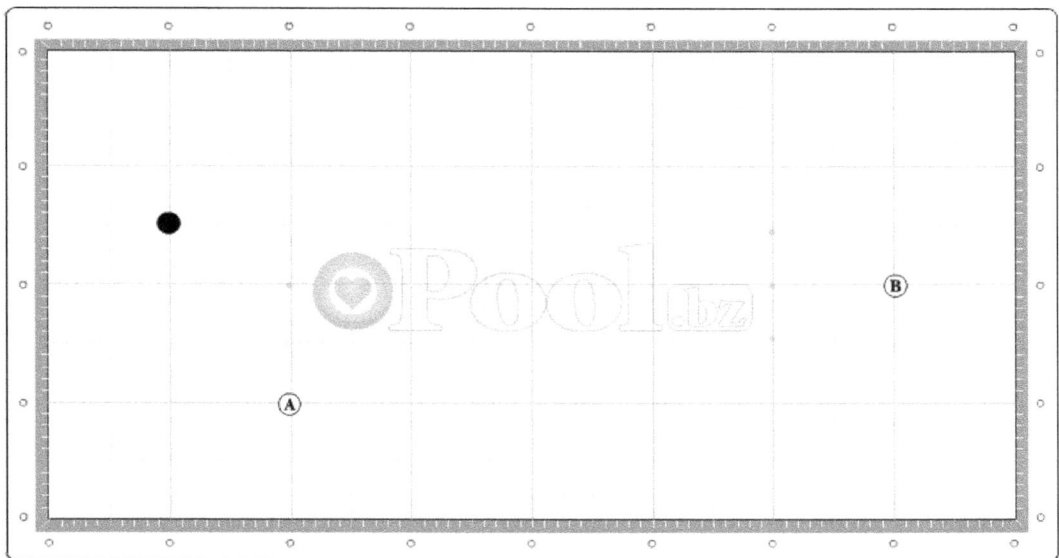

NOTASS:

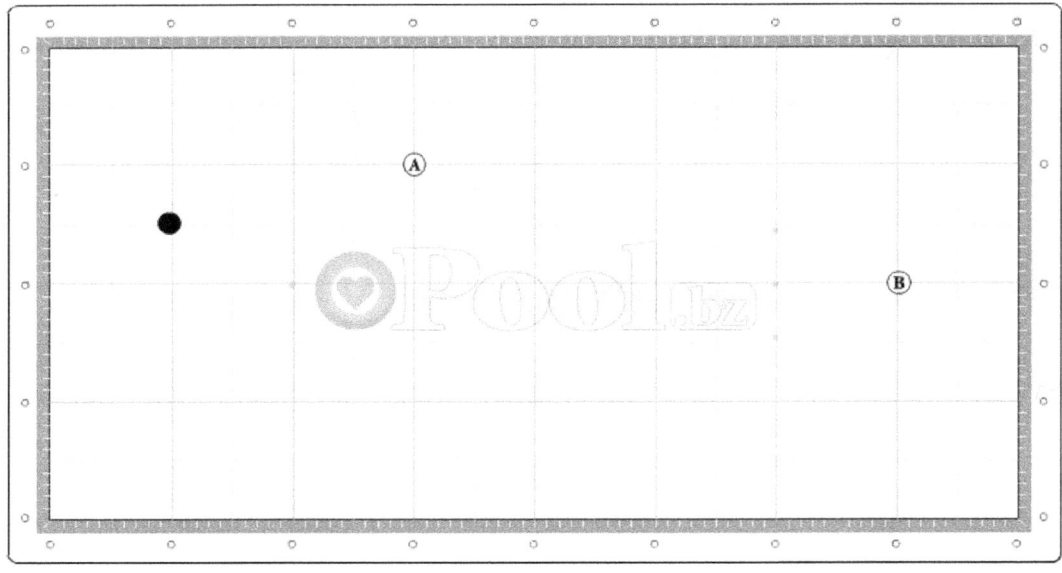

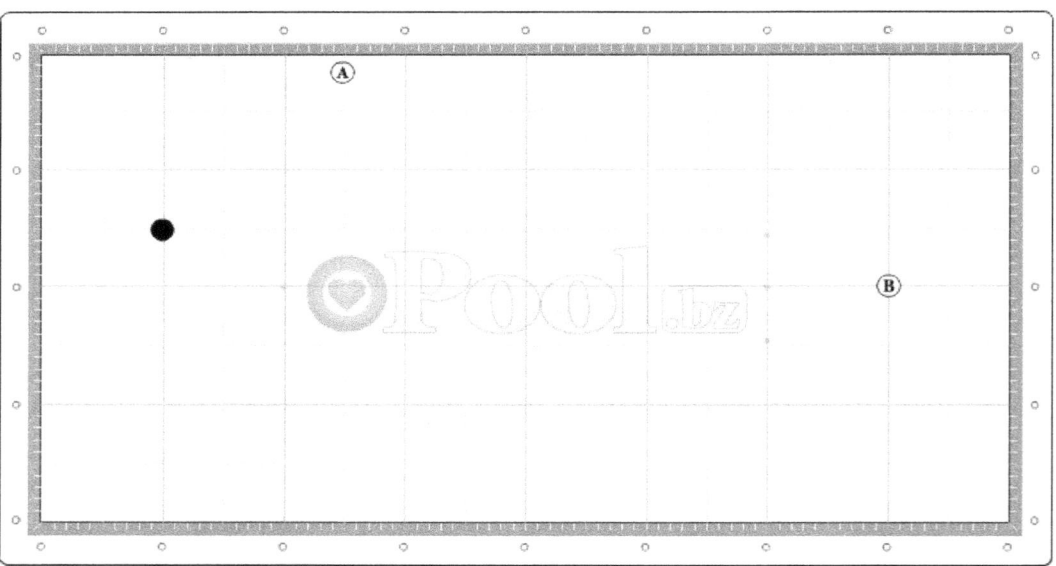

NOTASS:

Grupo 2, conjunto 12

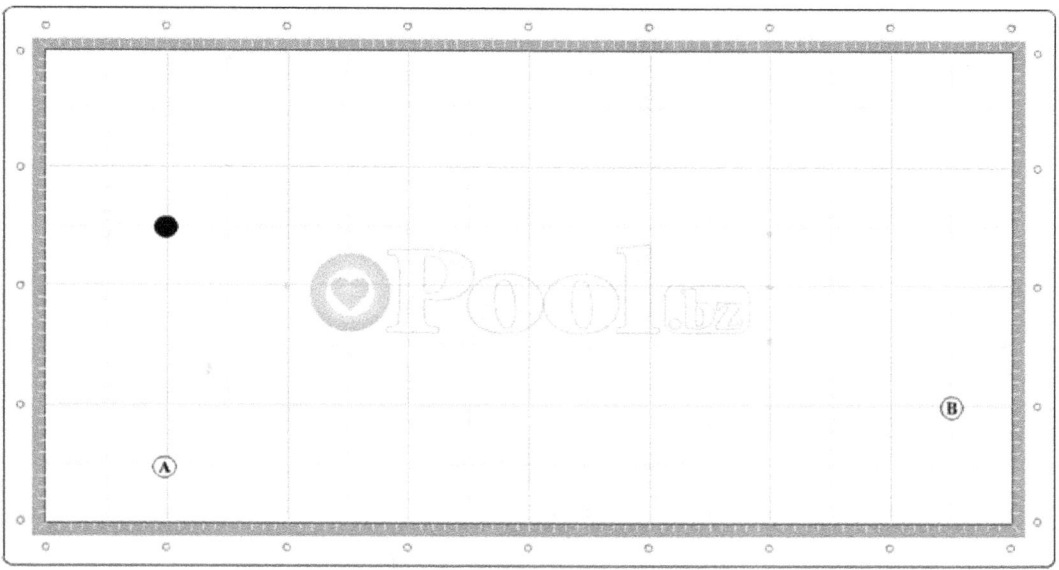

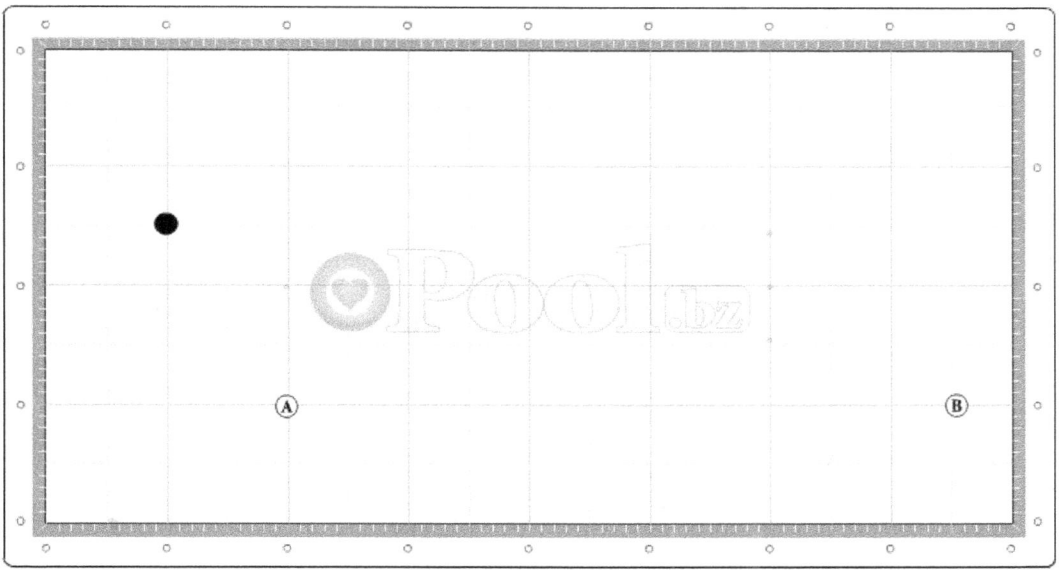

NOTASS:

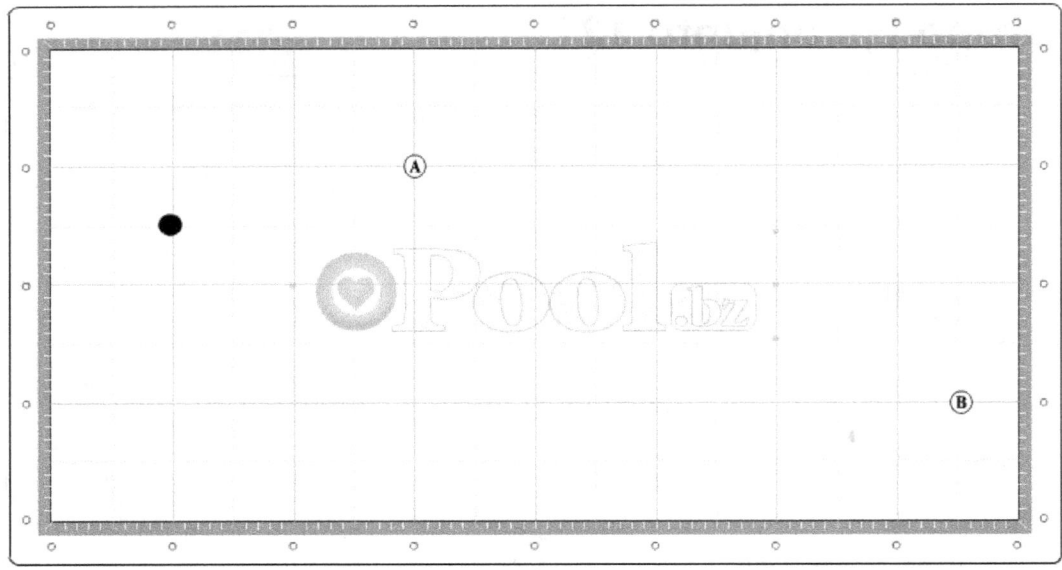

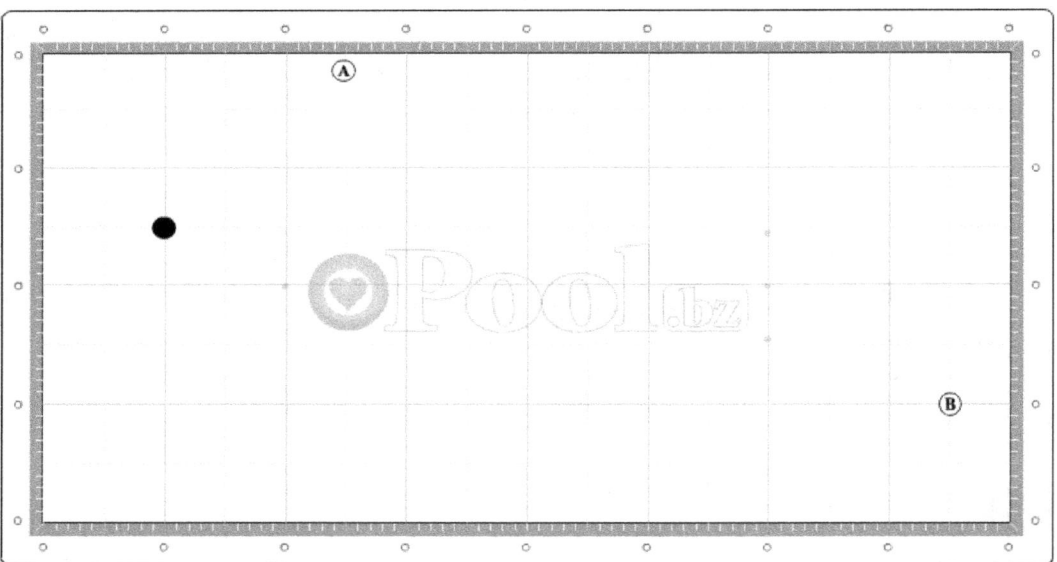

NOTASS:

GRUPO 3
Grupo 3, conjunto 1

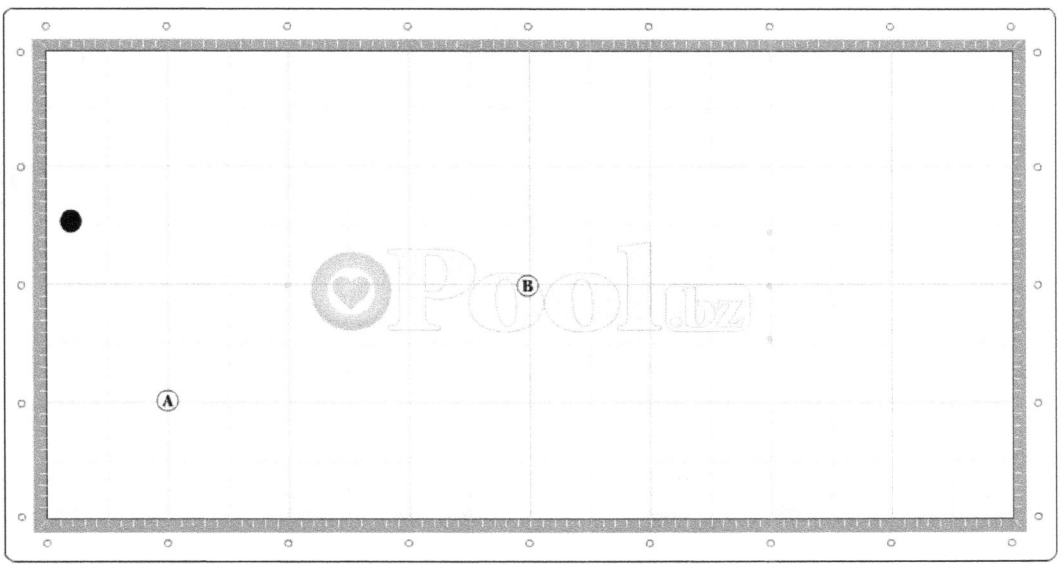

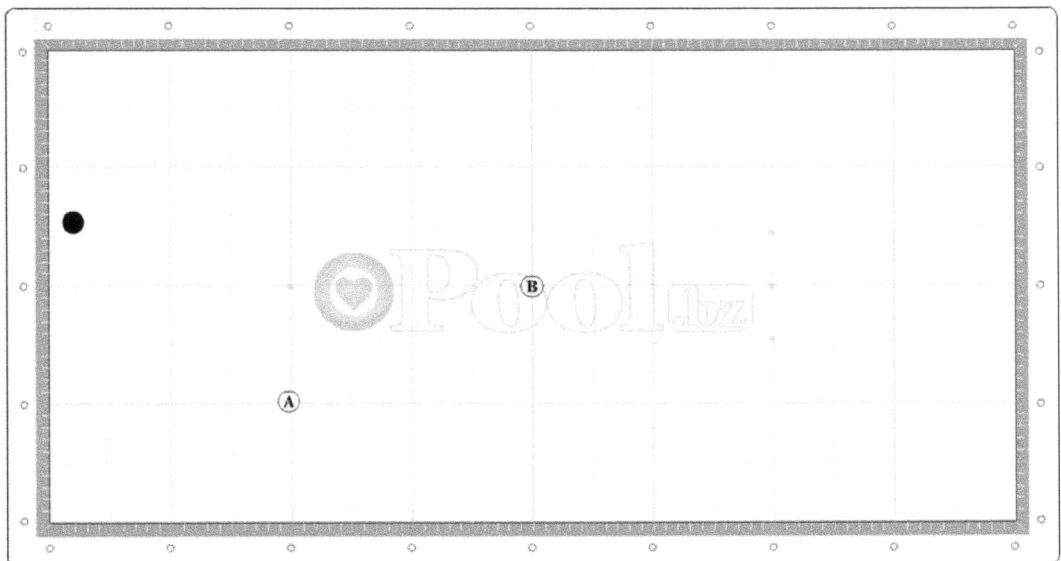

NOTASS:

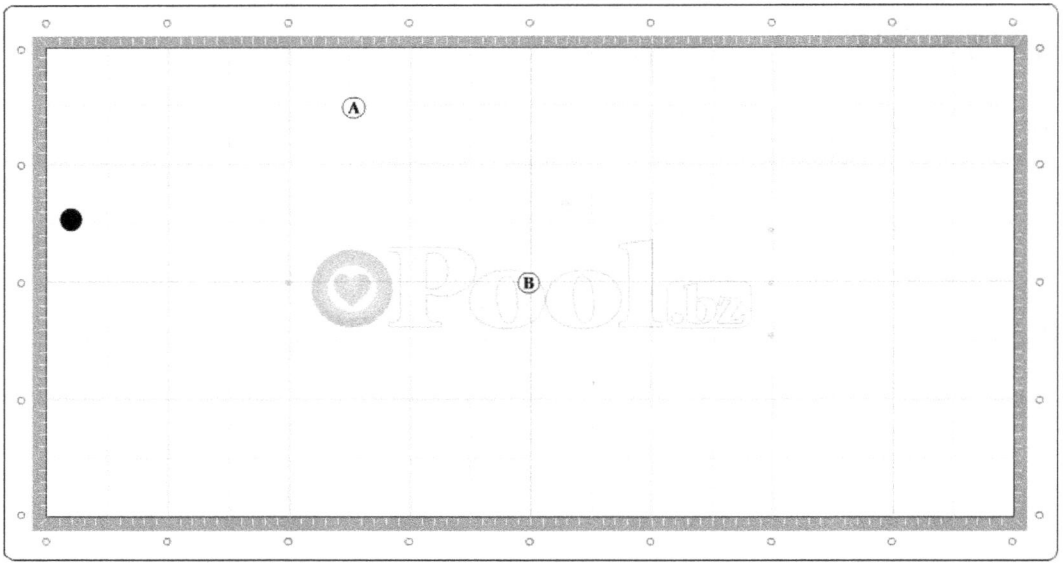

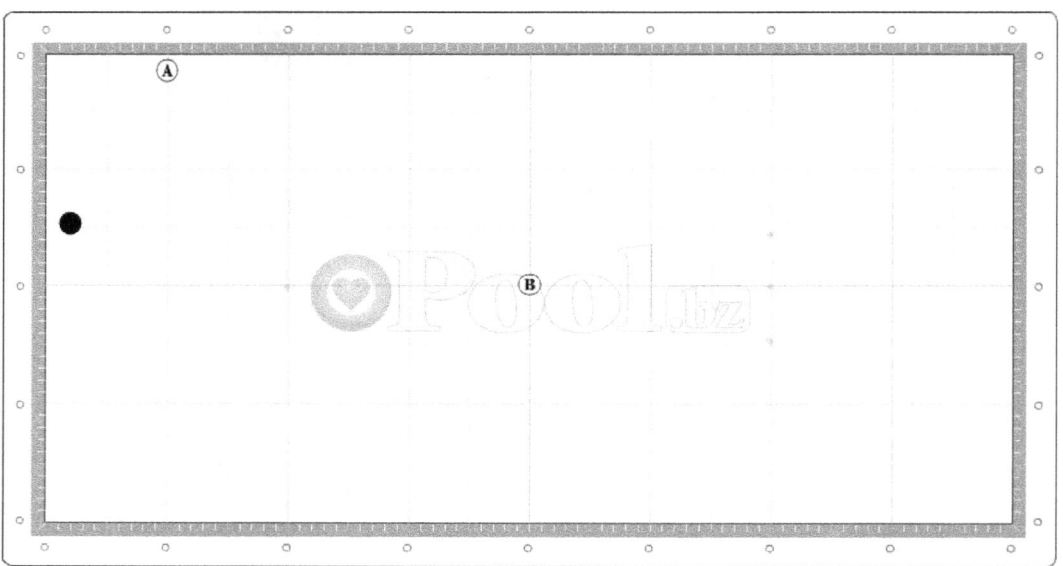

NOTAS:

Grupo 3, conjunto 2

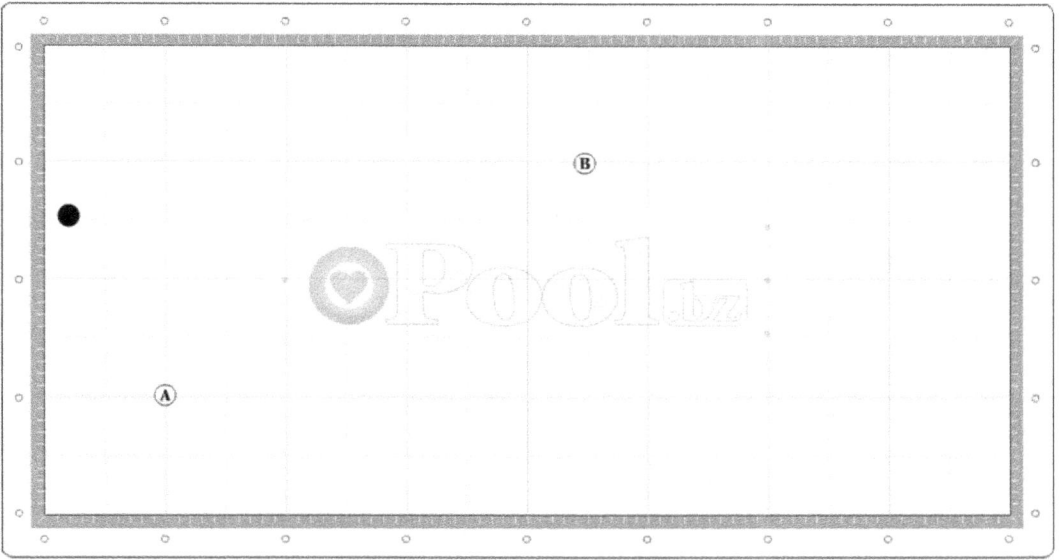

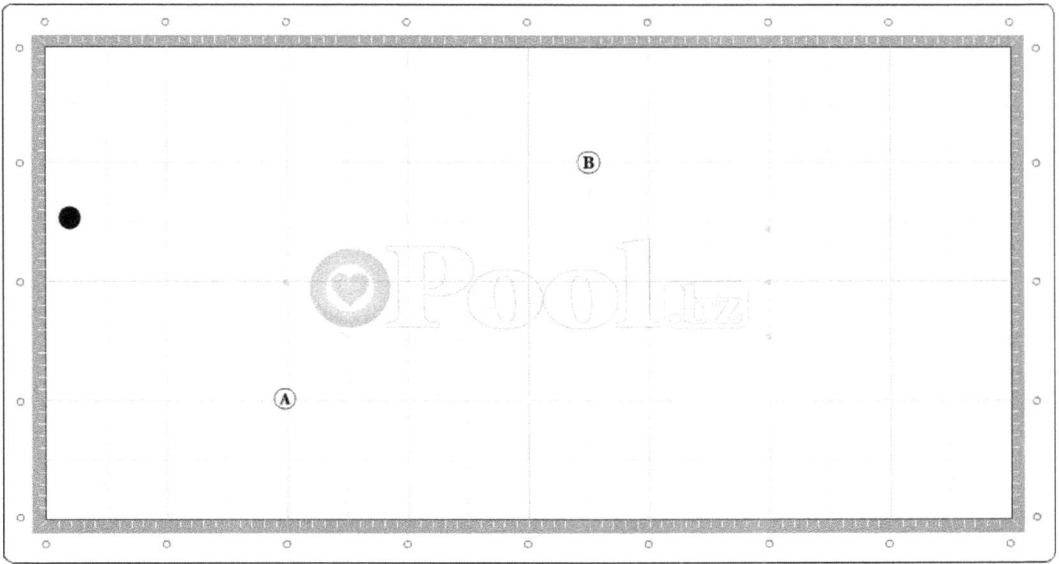

NOTASS:

Bilhar carambola: Mais enigmas e quebra-cabeças

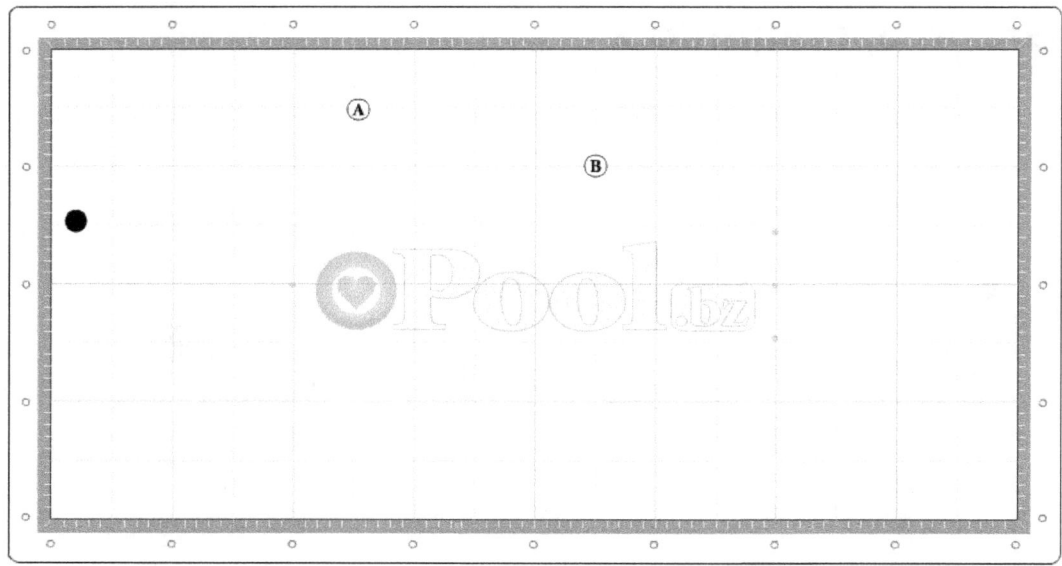

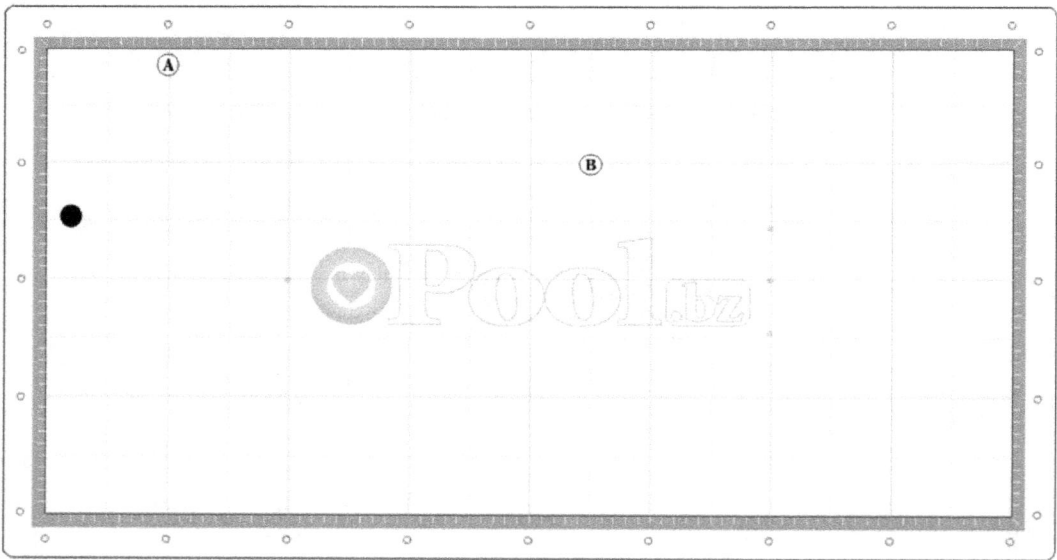

NOTASS:

Grupo 3, conjunto 3

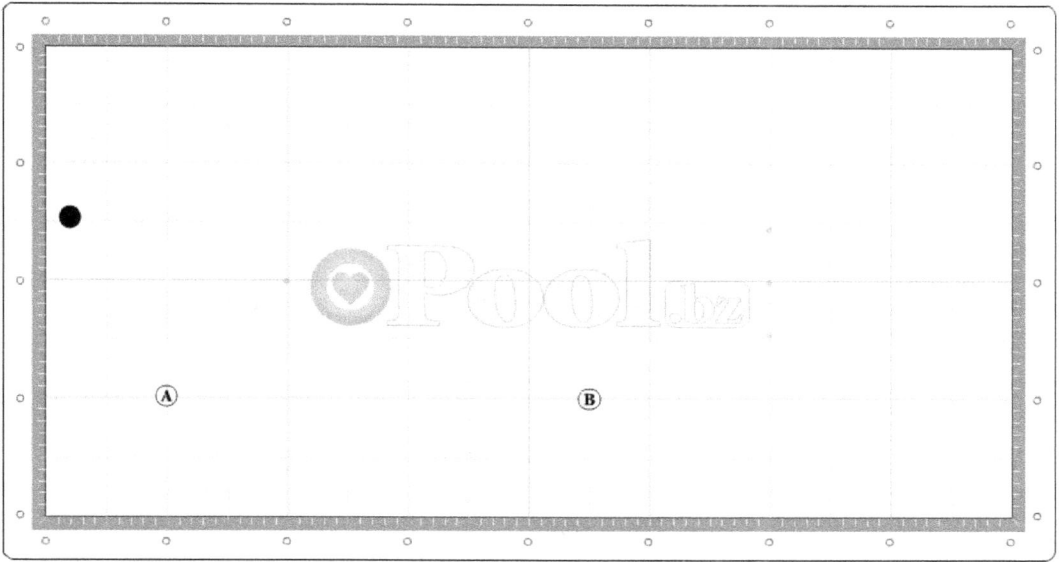

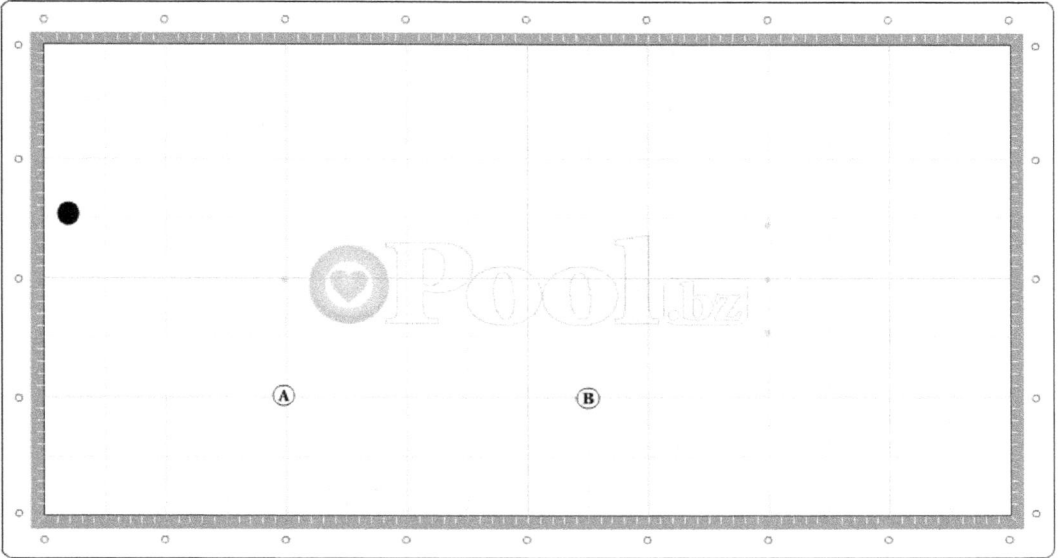

NOTASS:

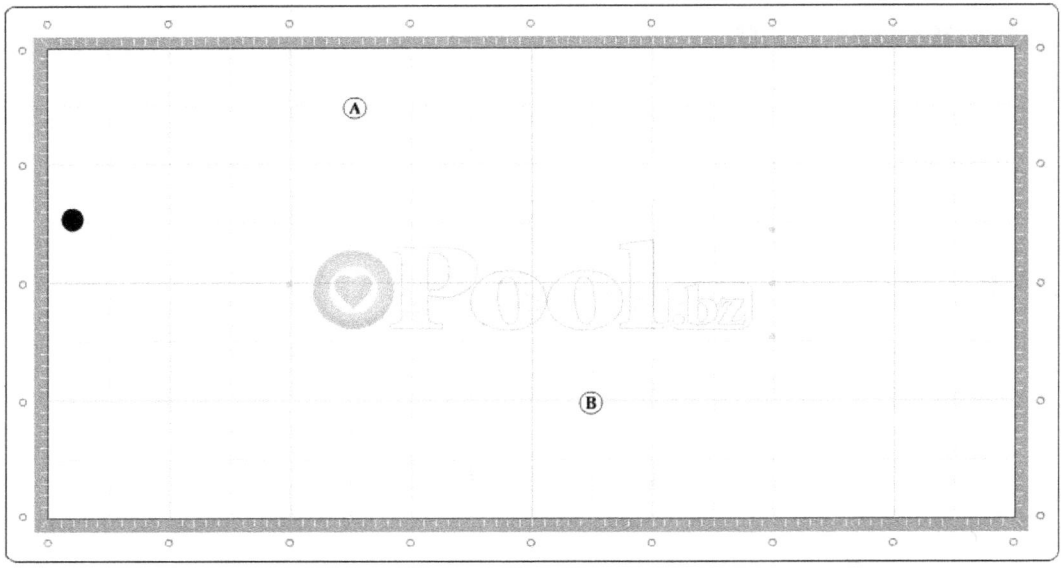

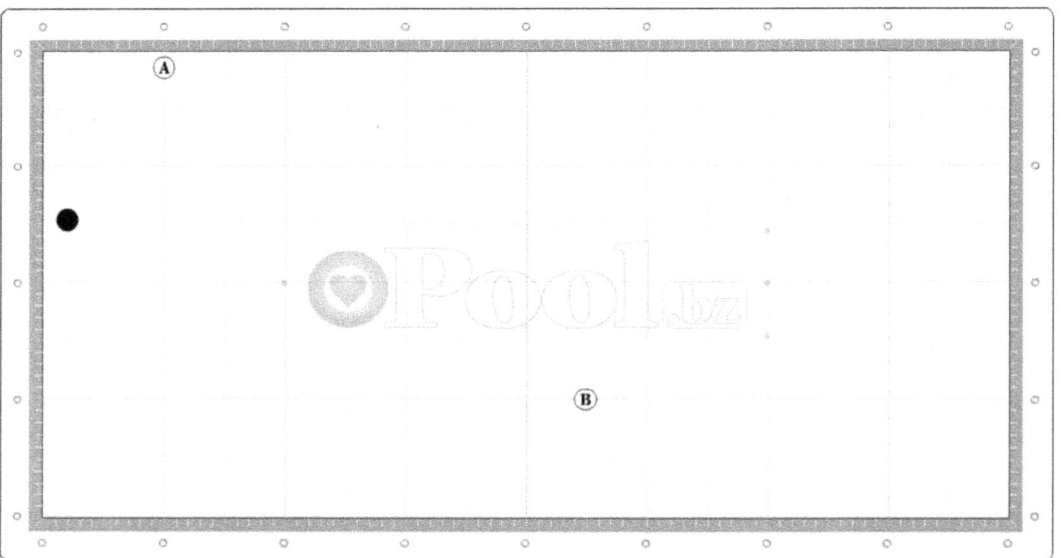

NOTAS:

Grupo 3, conjunto 4

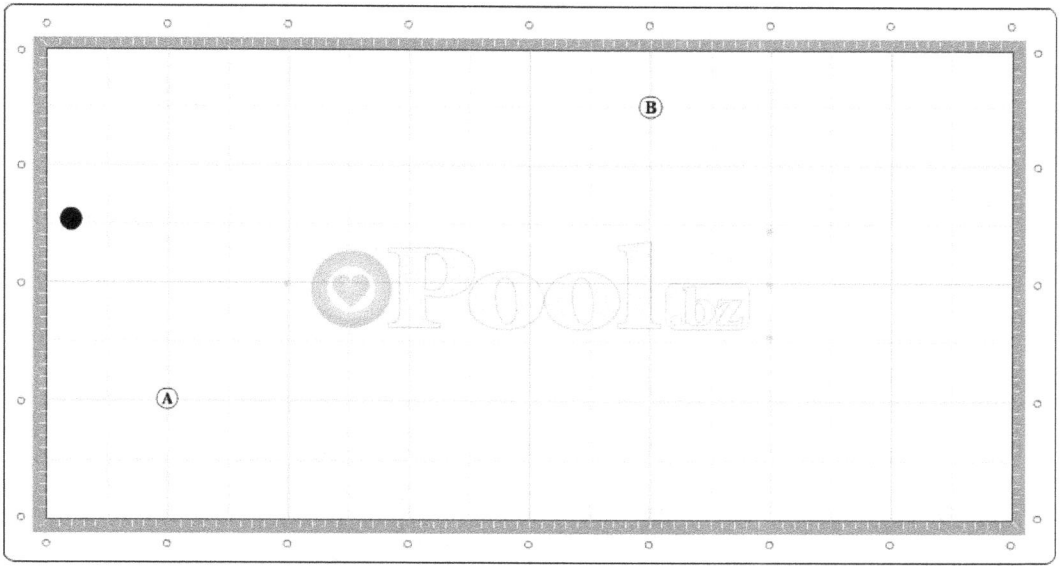

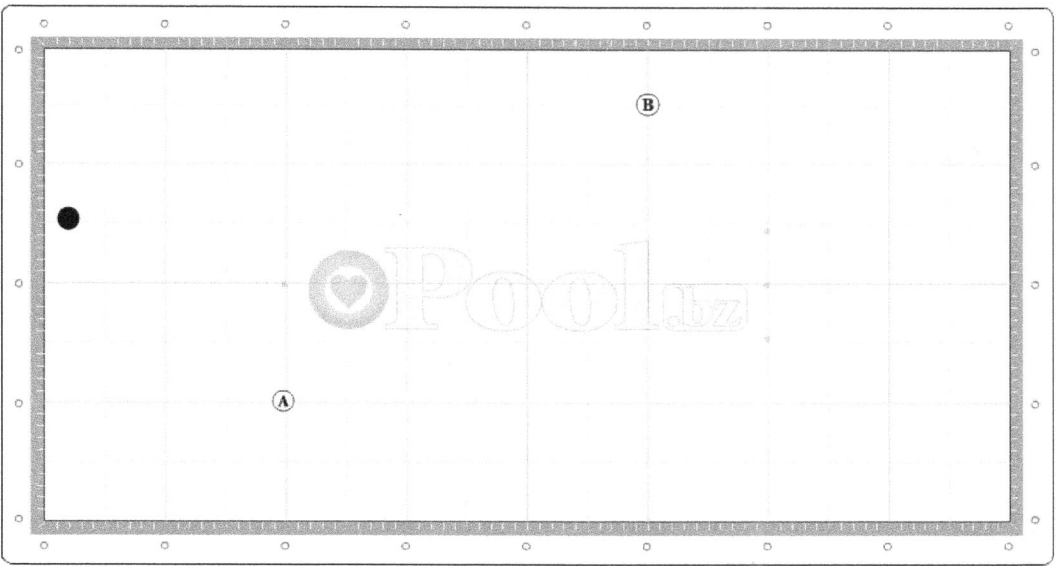

NOTASS:

Bilhar carambola: Mais enigmas e quebra-cabeças

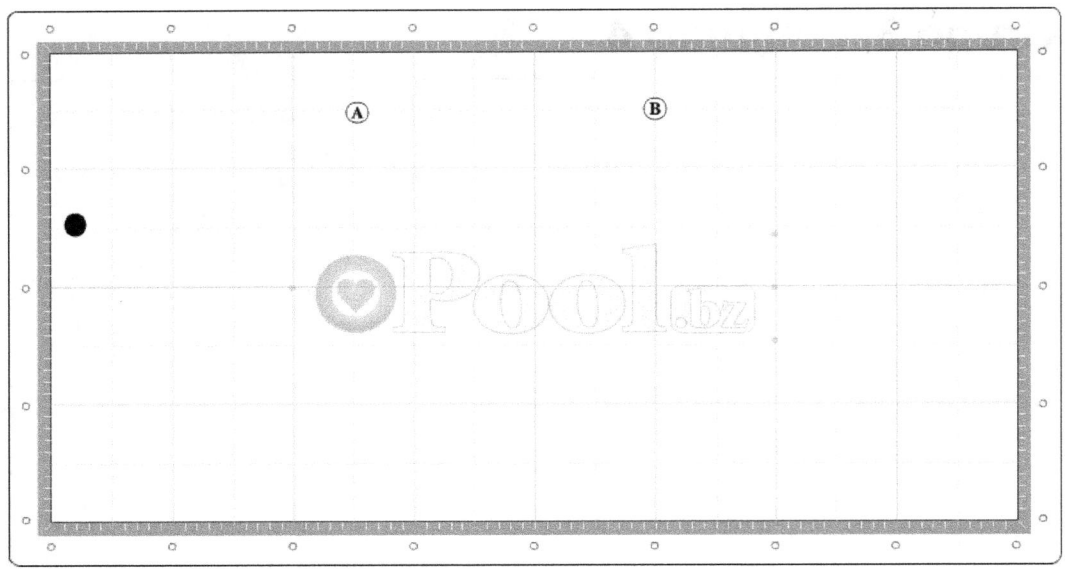

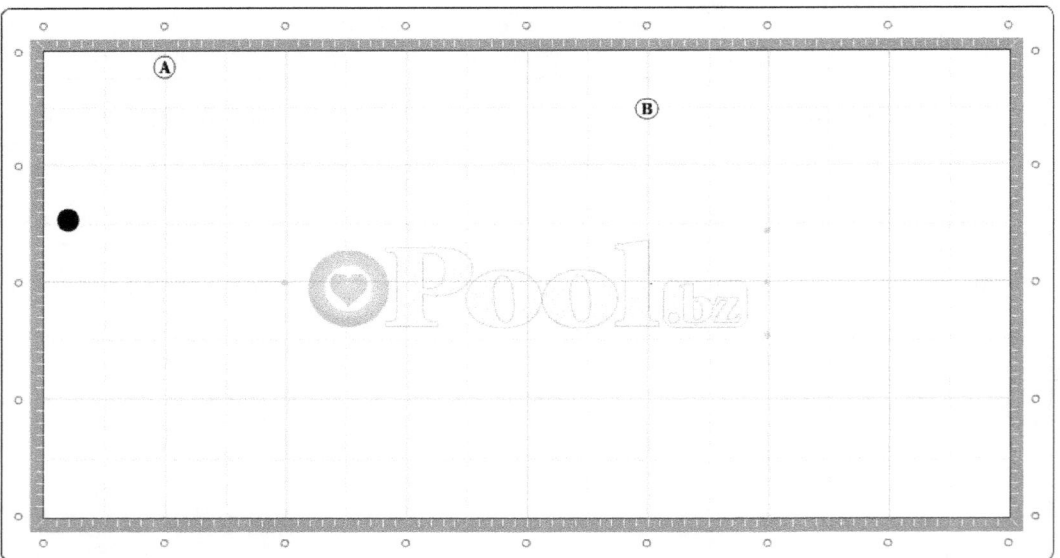

NOTASS:

Grupo 3, conjunto 5

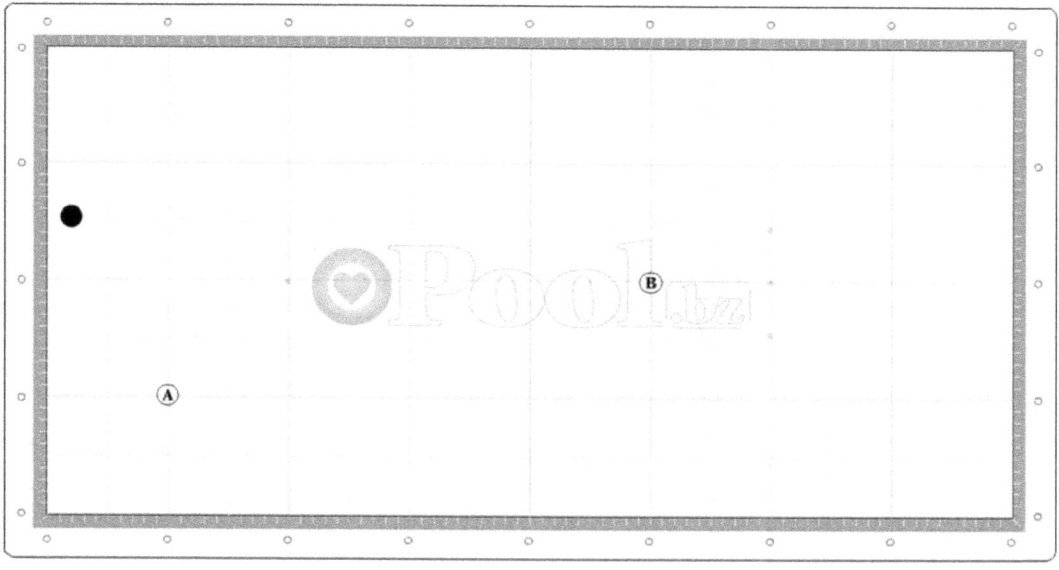

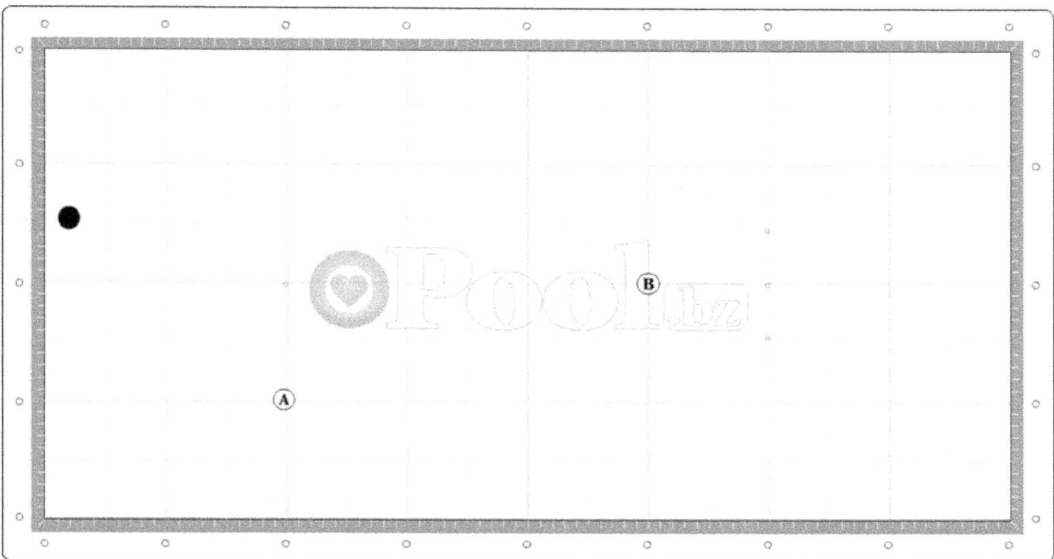

NOTASS:

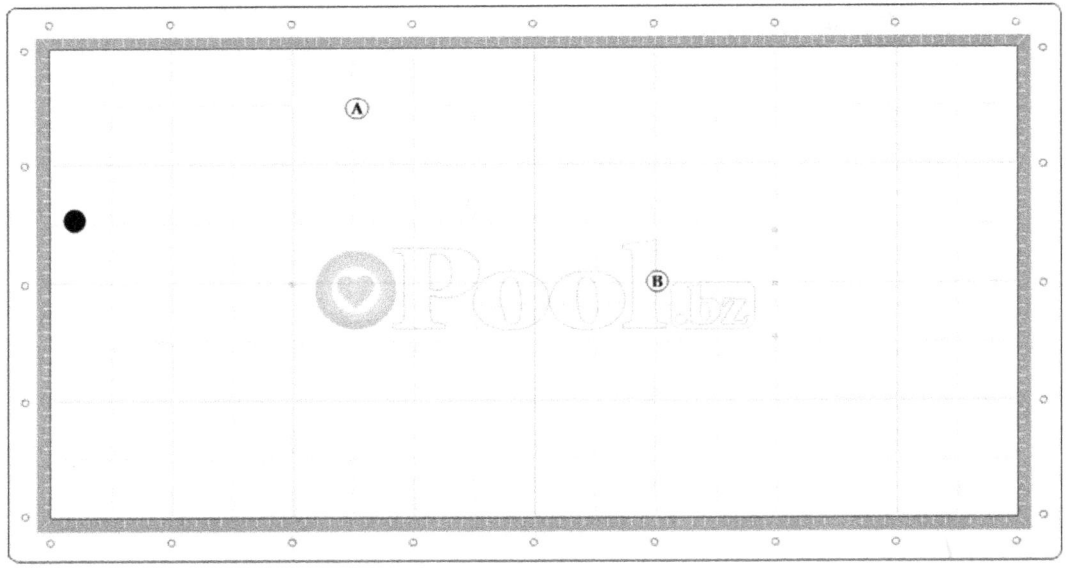

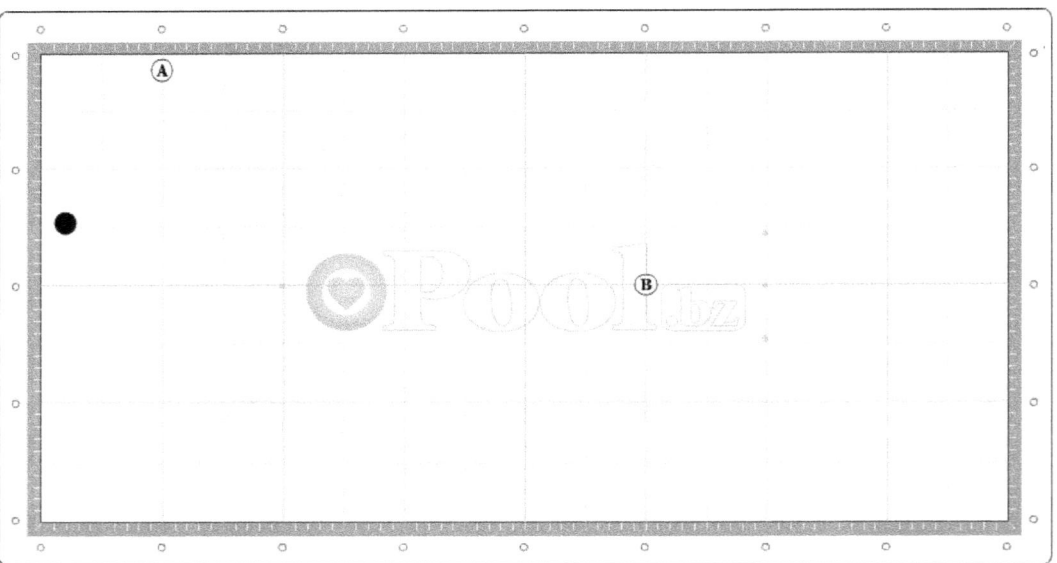

NOTASS:

Grupo 3, conjunto 6

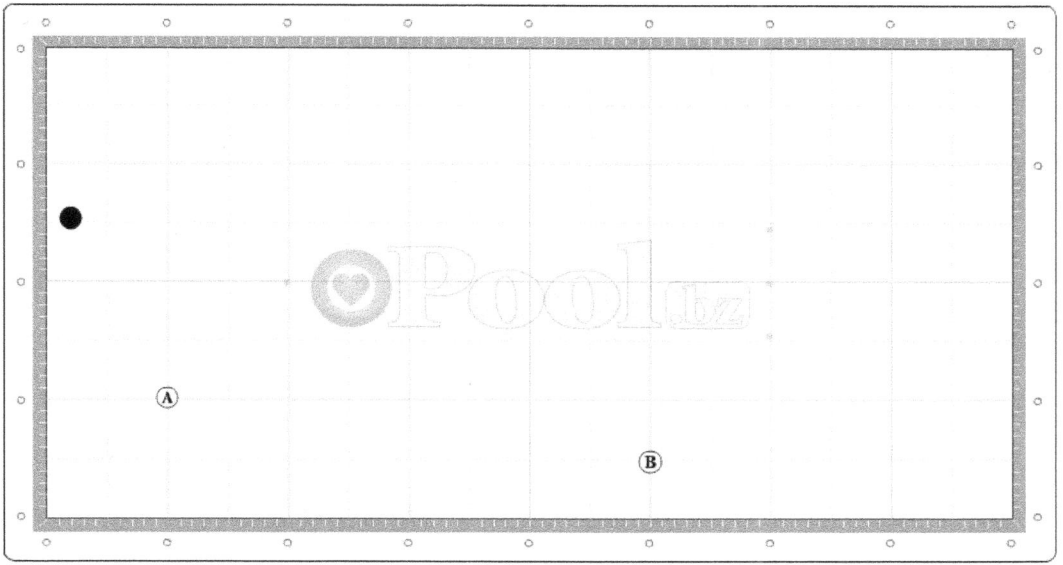

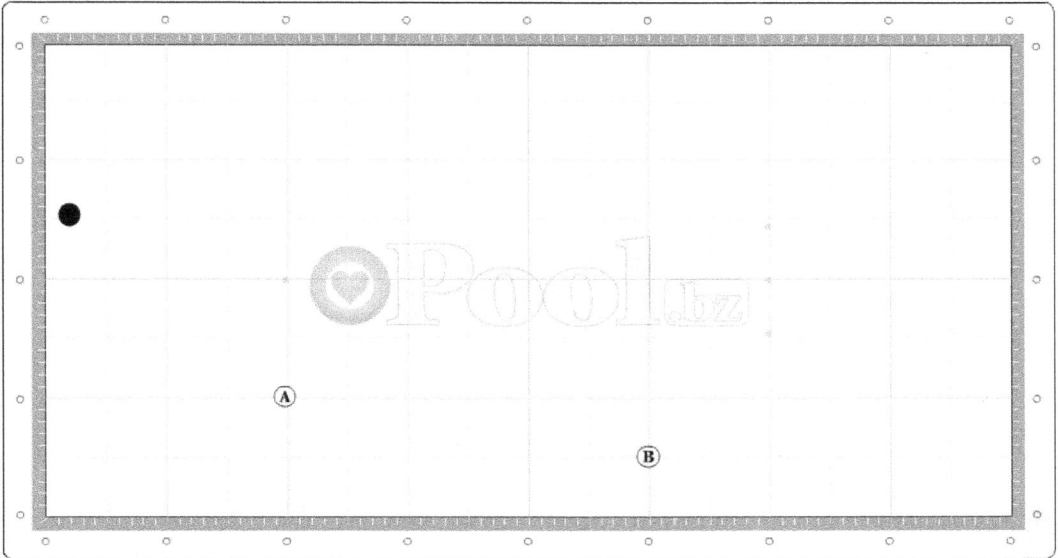

NOTASS:

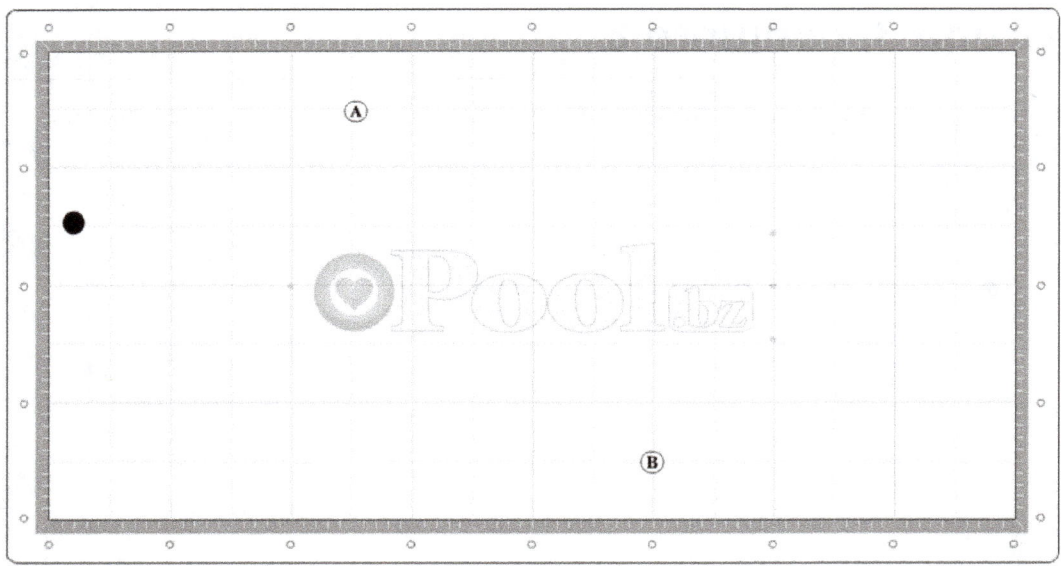

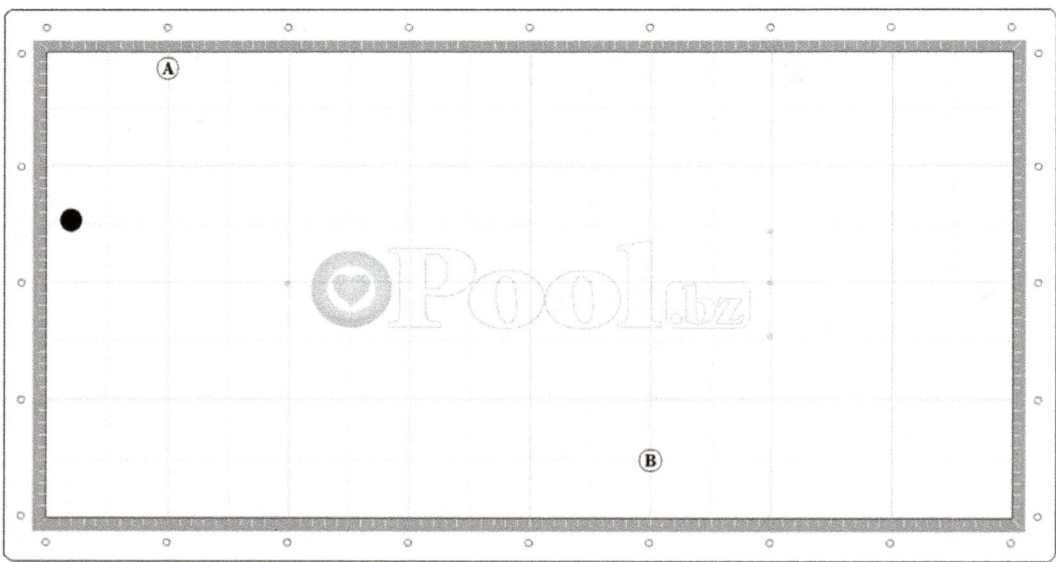

NOTASS:

Grupo 3, conjunto 7

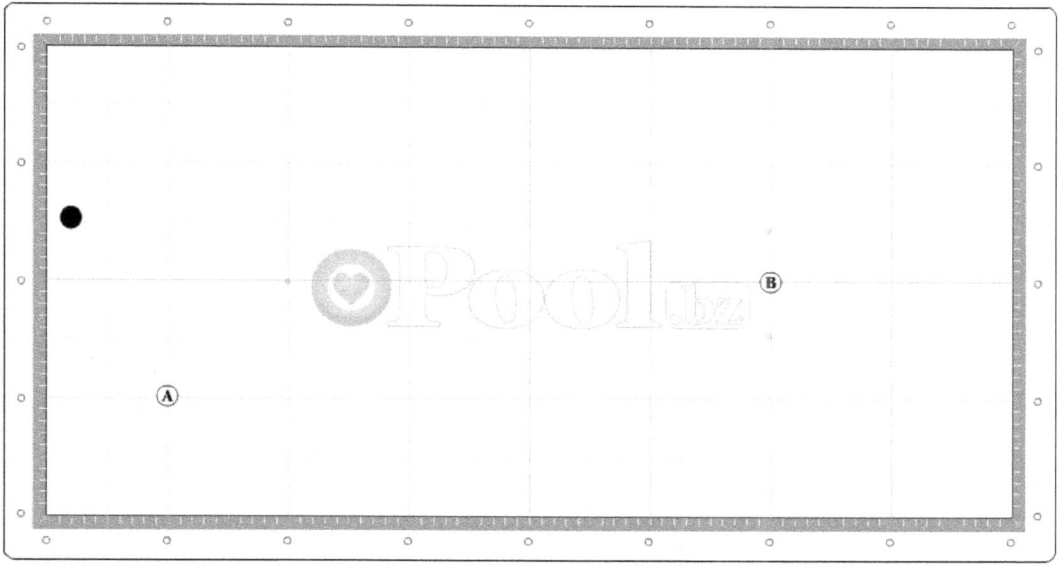

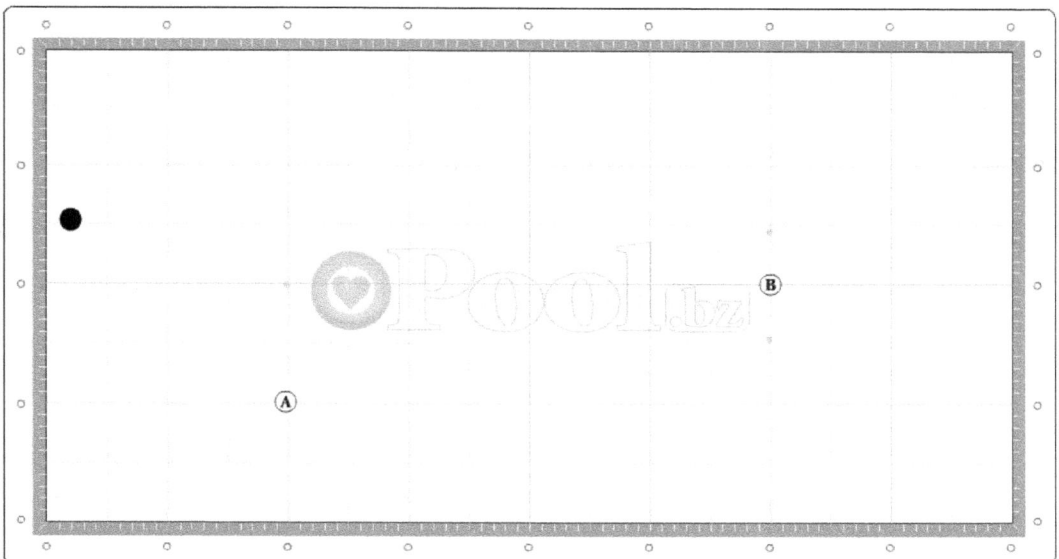

NOTASS:

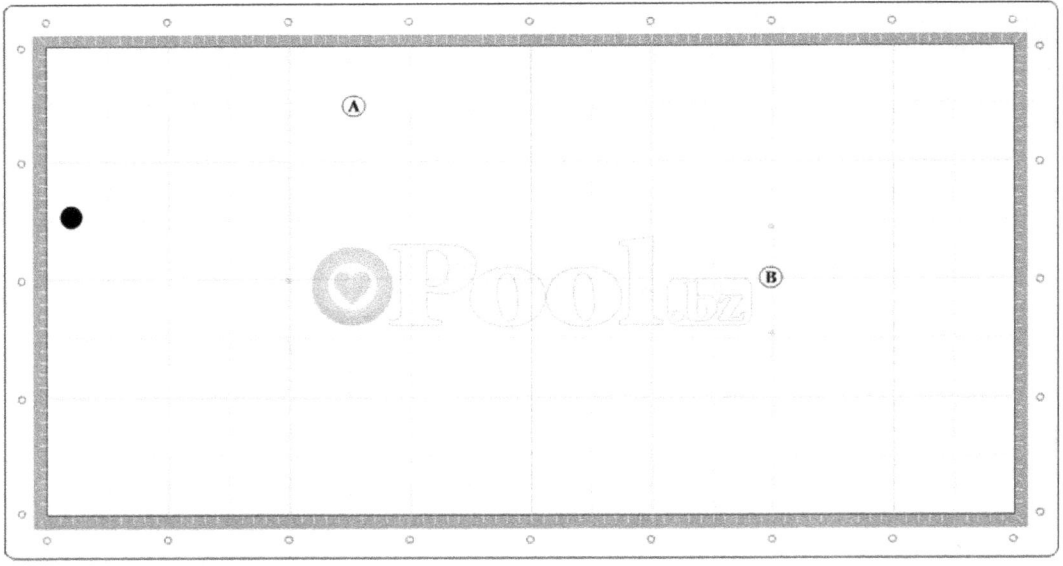

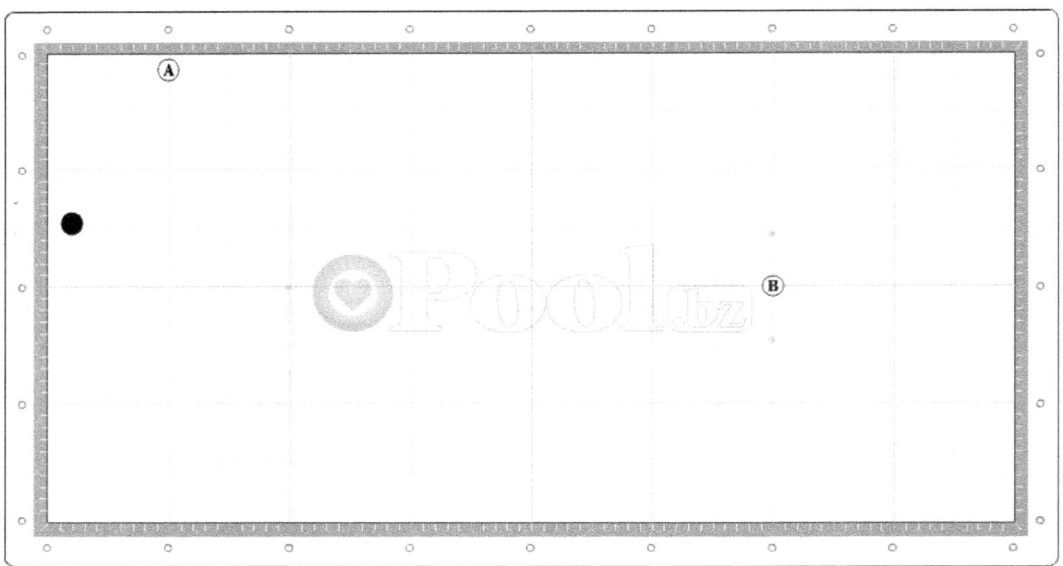

NOTASS:

Grupo 3, conjunto 8

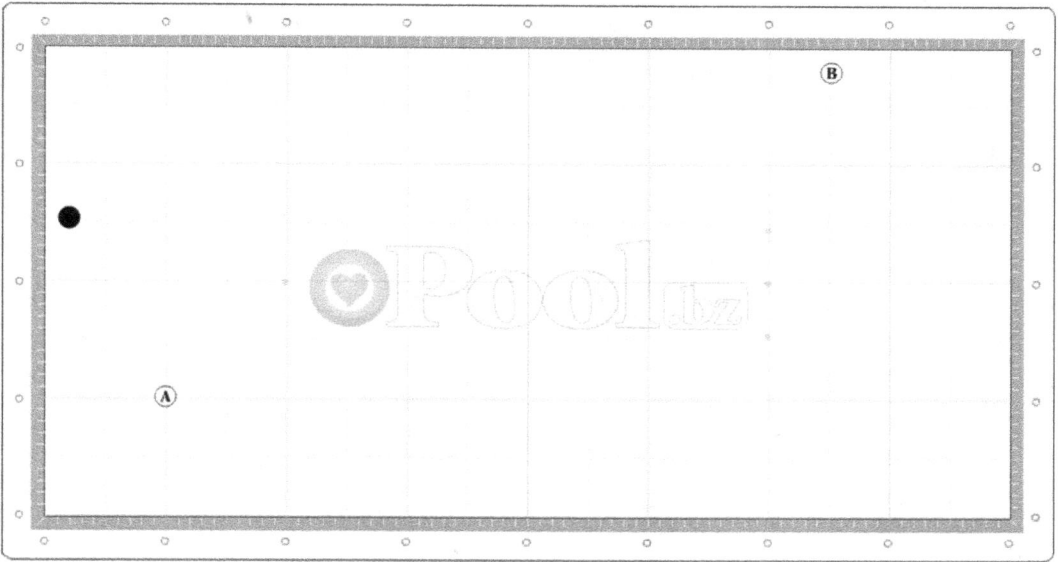

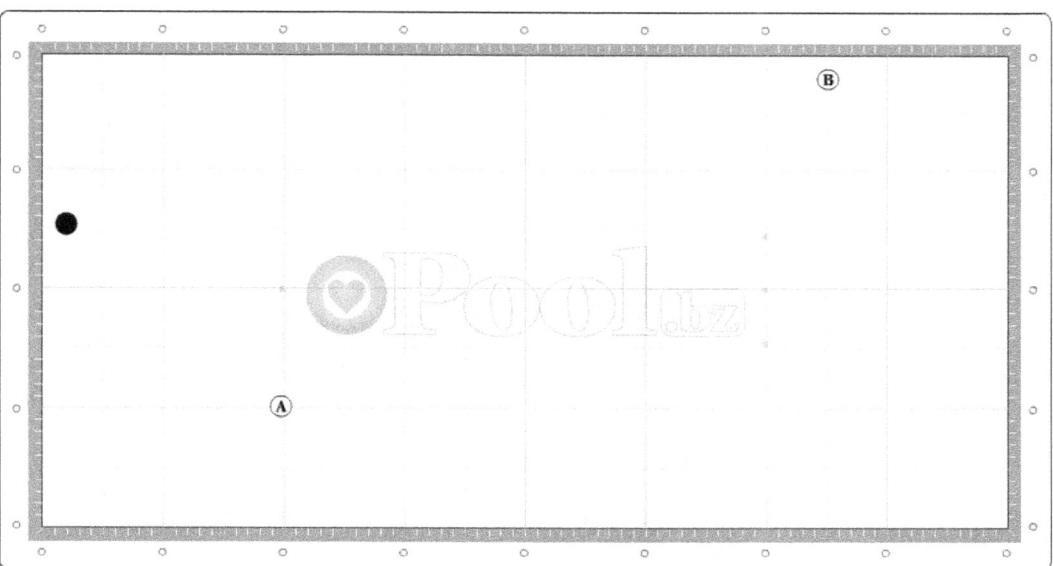

NOTASS:

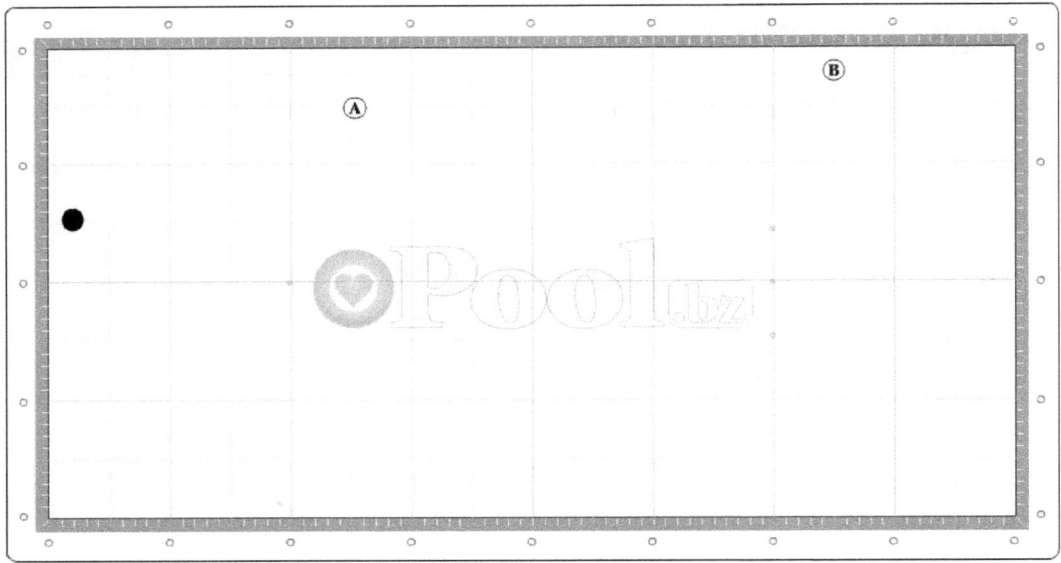

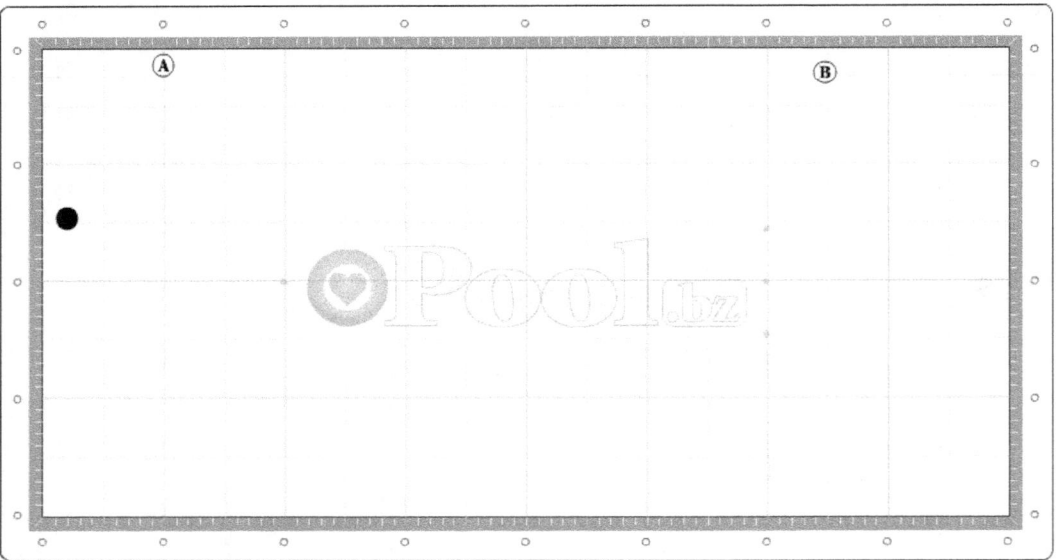

NOTASS:

Grupo 3, conjunto 9

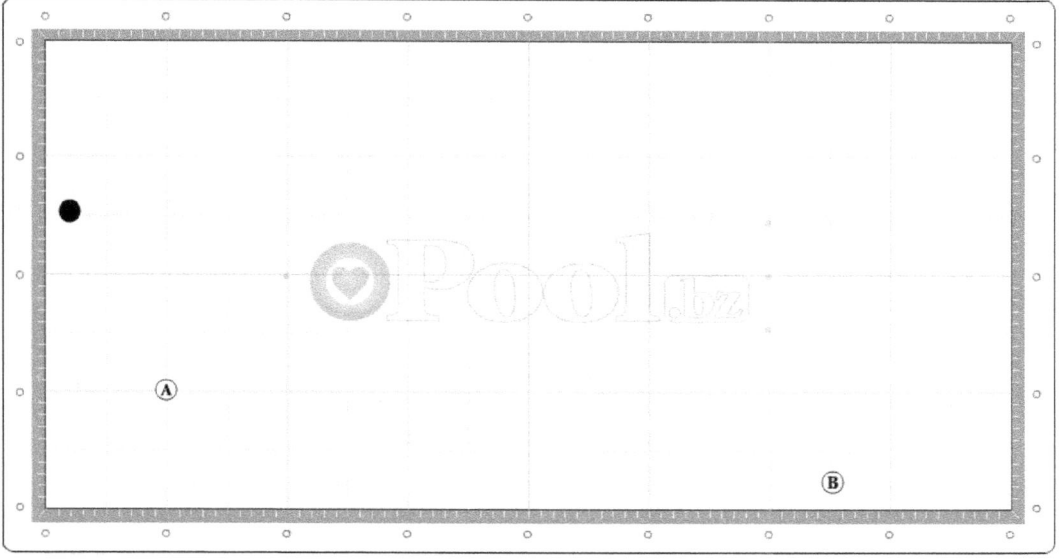

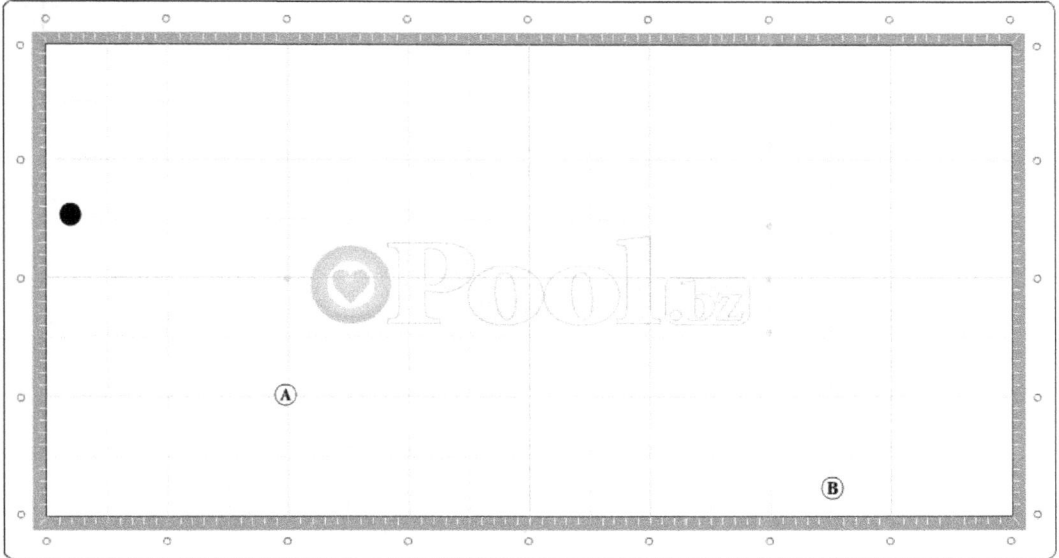

NOTASS:

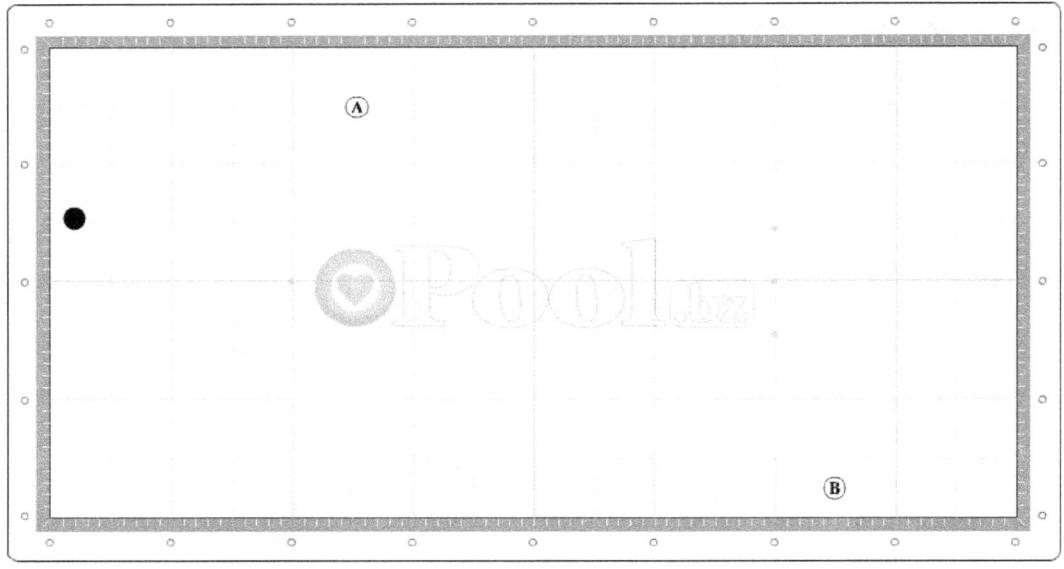

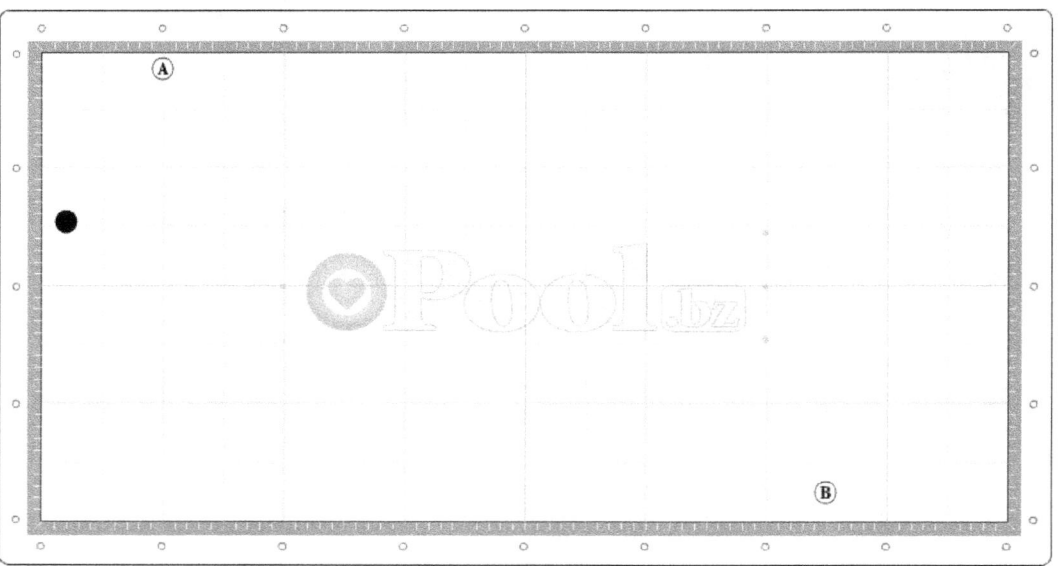

NOTASS:

Grupo 3, conjunto 10

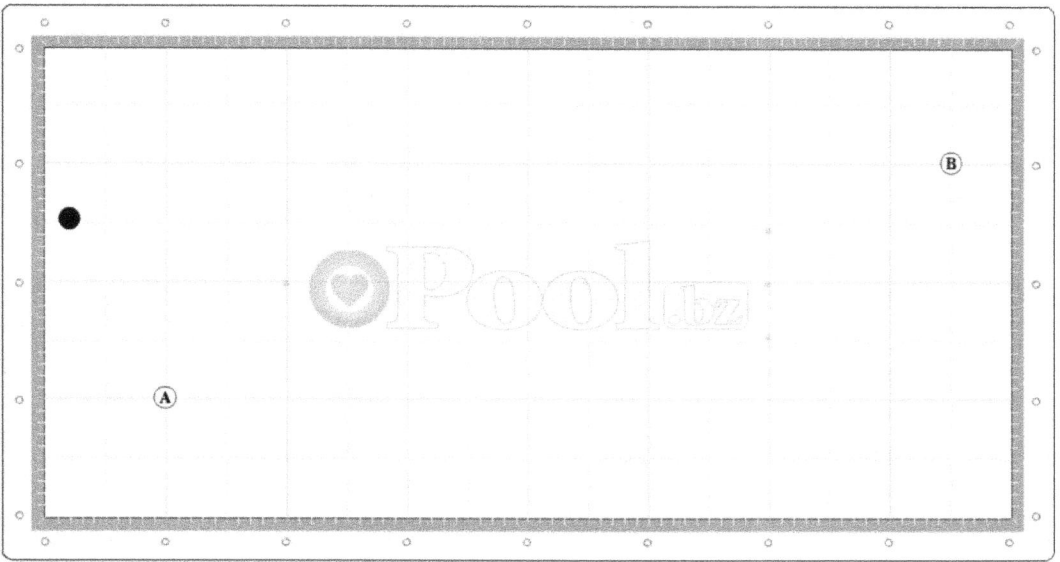

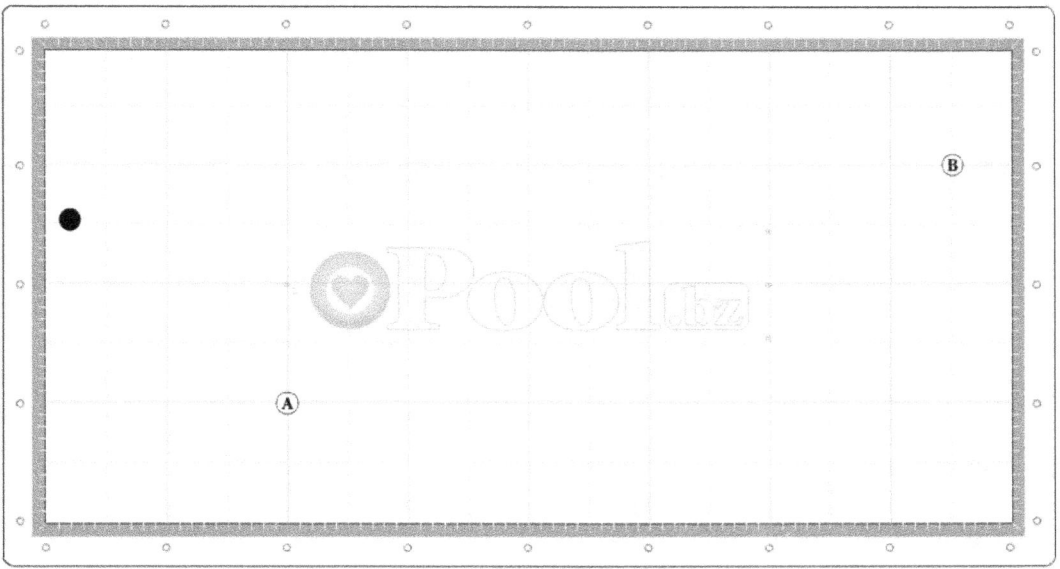

NOTASS:

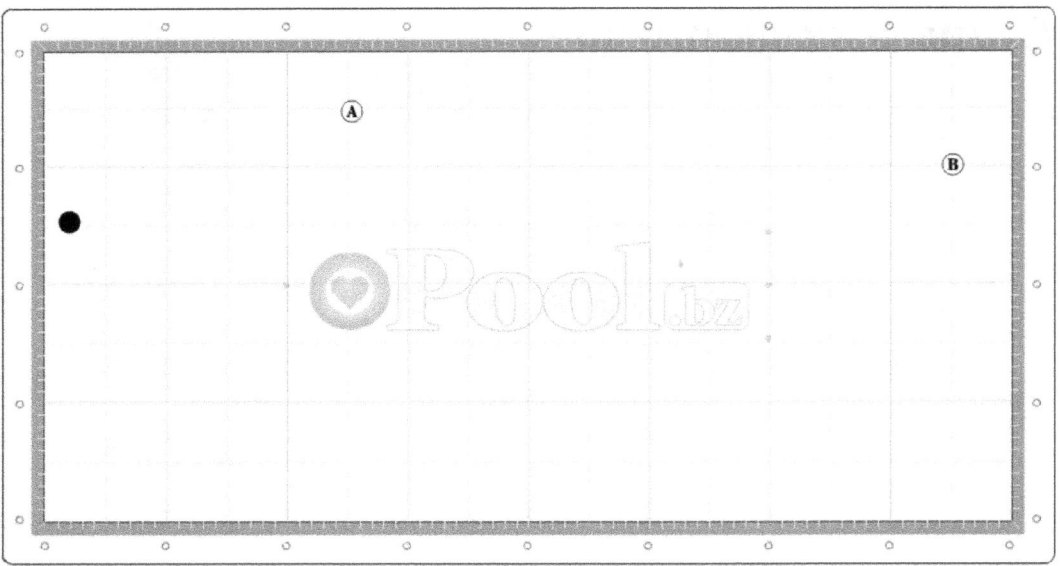

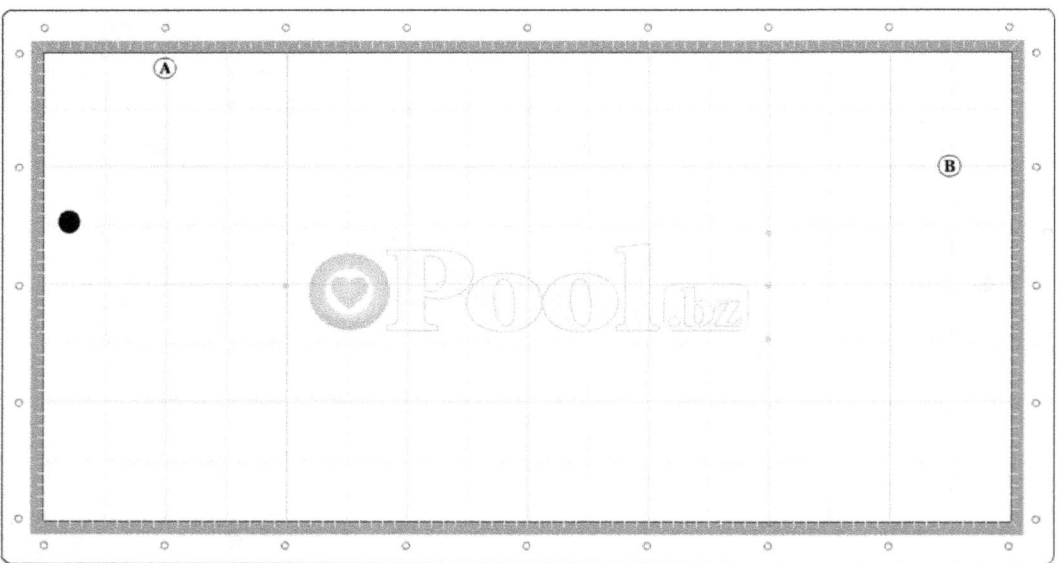

NOTASS:

Grupo 3, conjunto 11

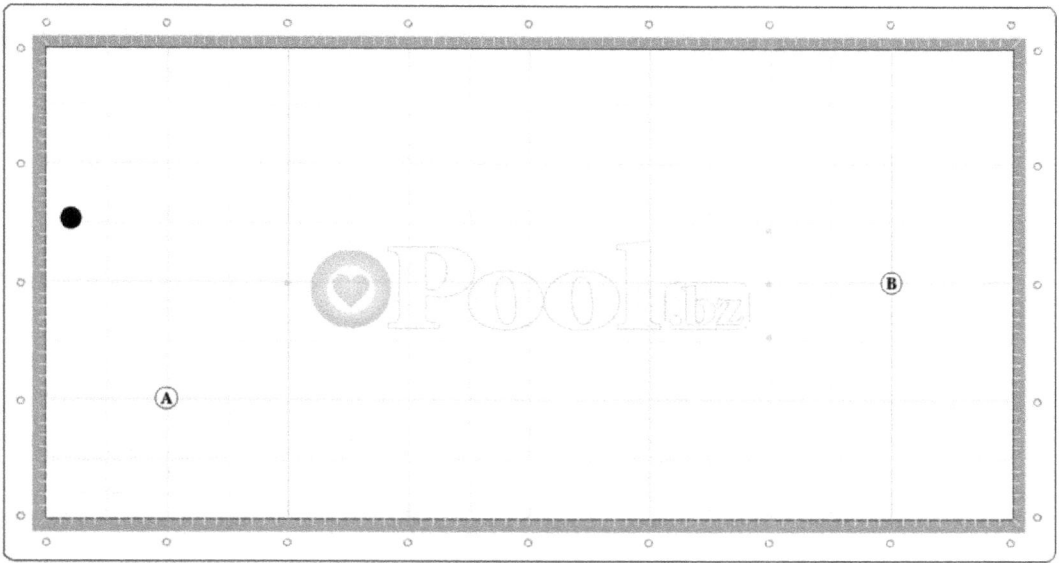

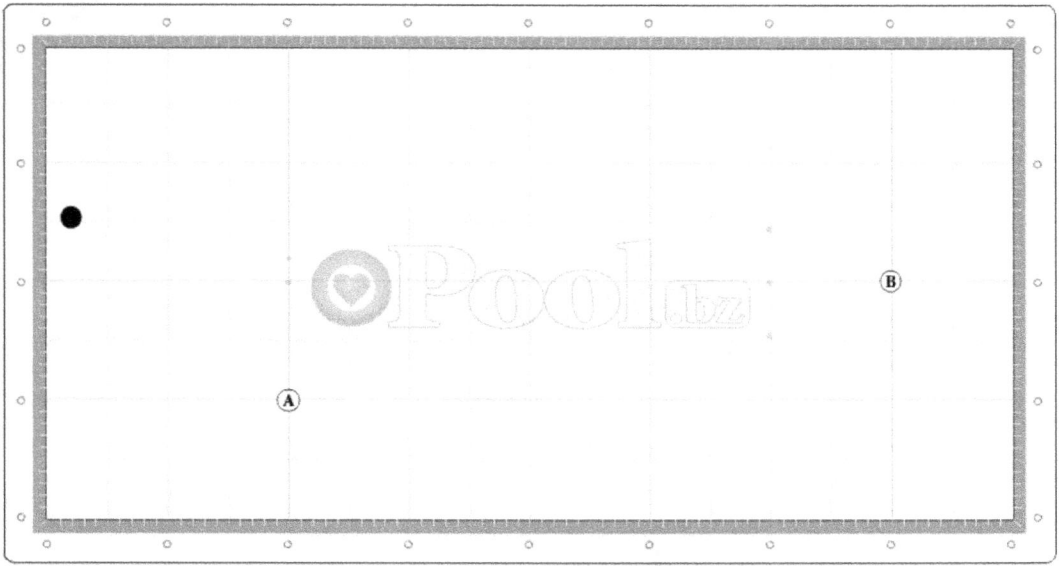

NOTASS:

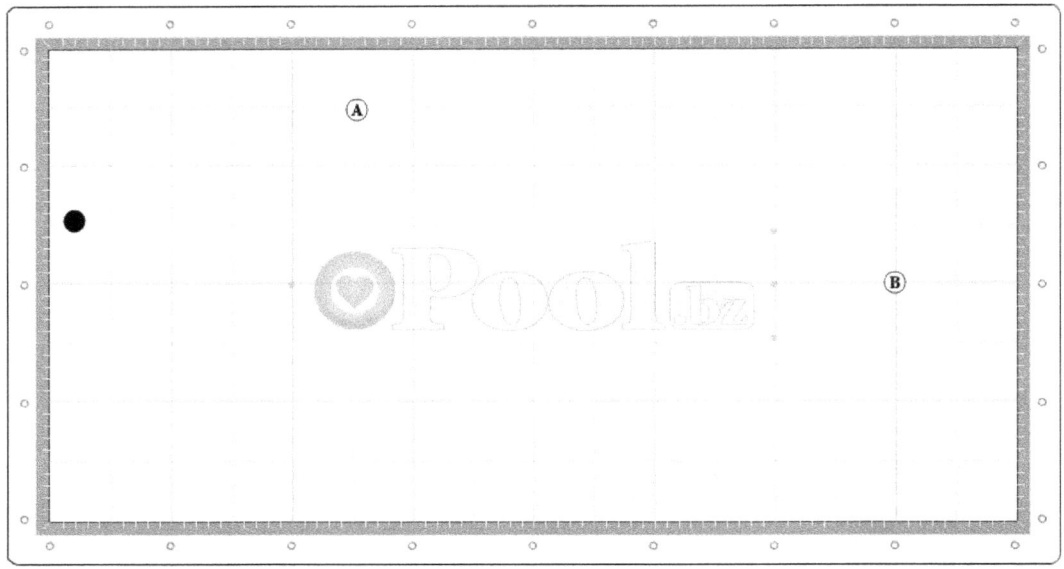

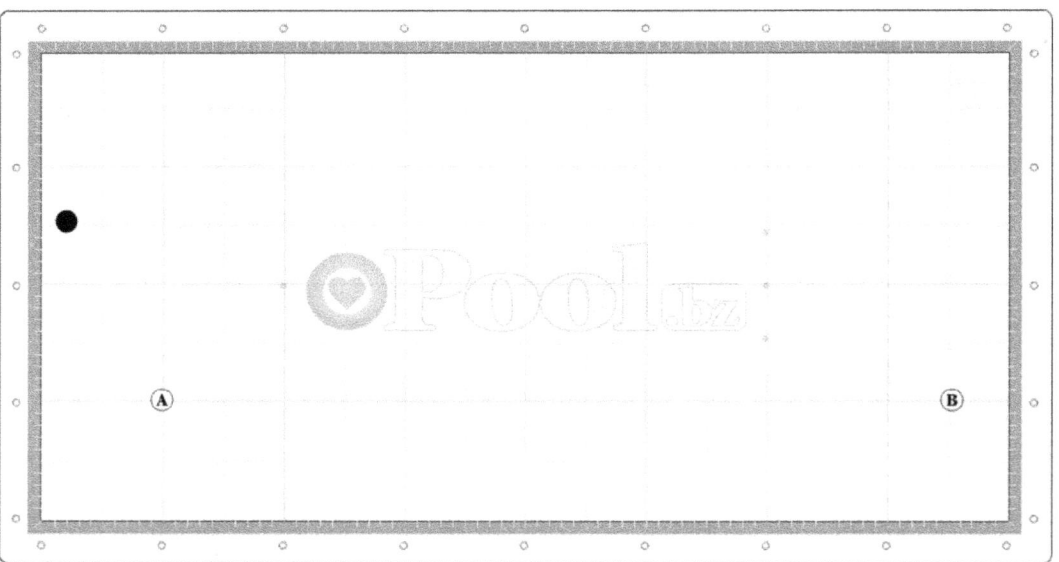

NOTASS:

Grupo 3, conjunto 12

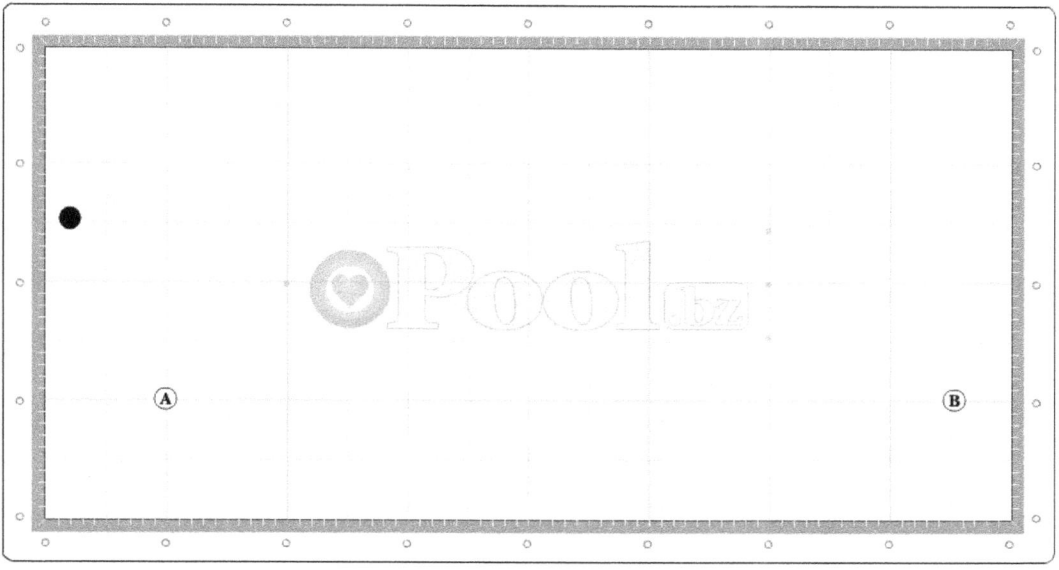

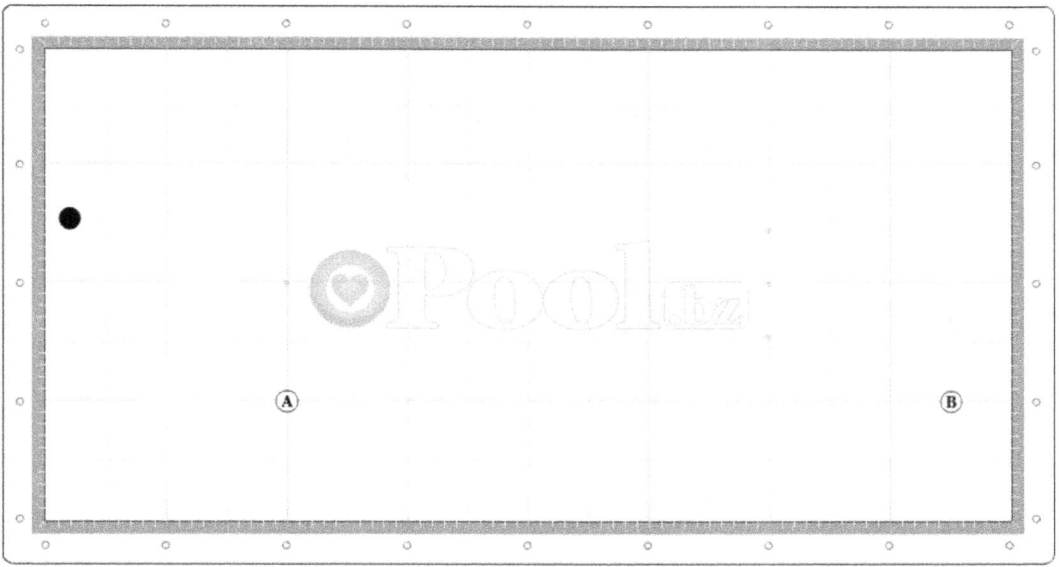

NOTASS:

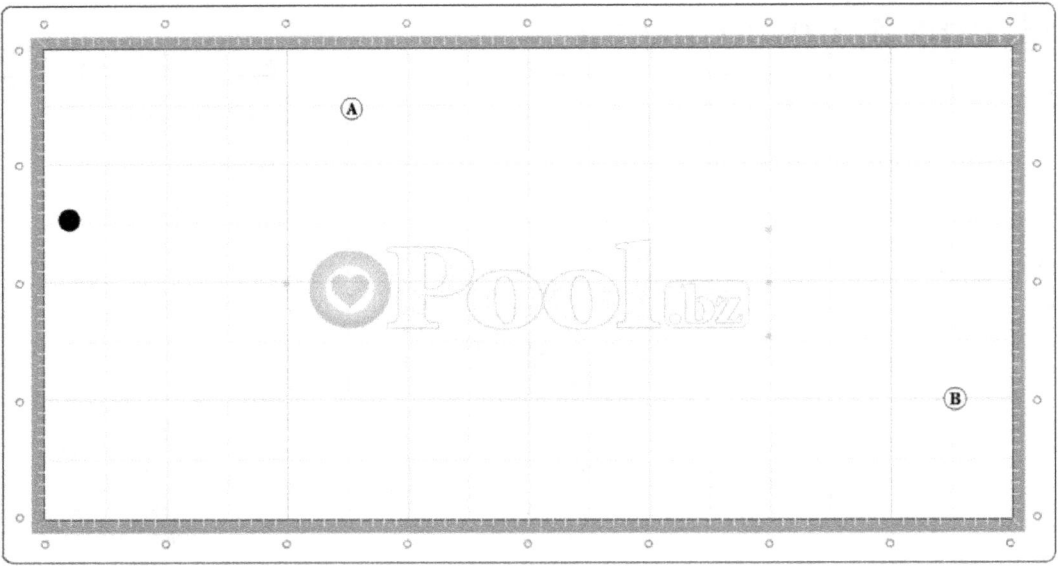

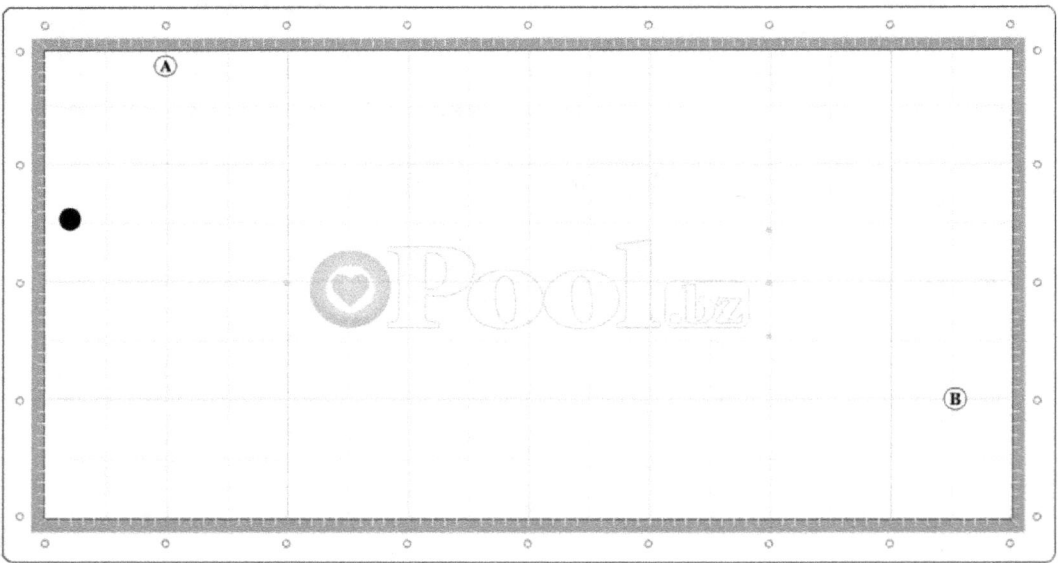

NOTASS:

GRUPO 4

Grupo 4, conjunto 1

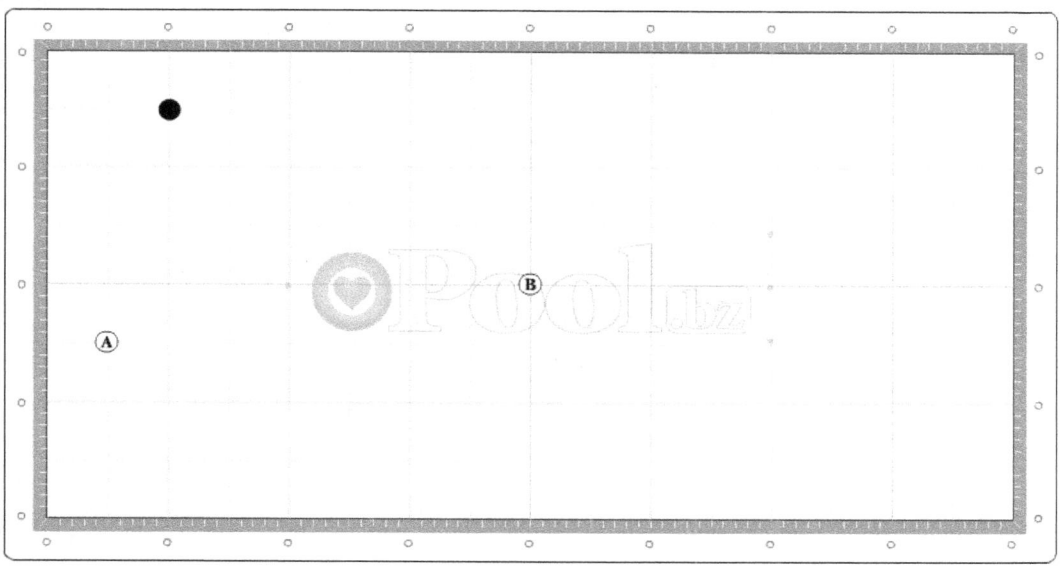

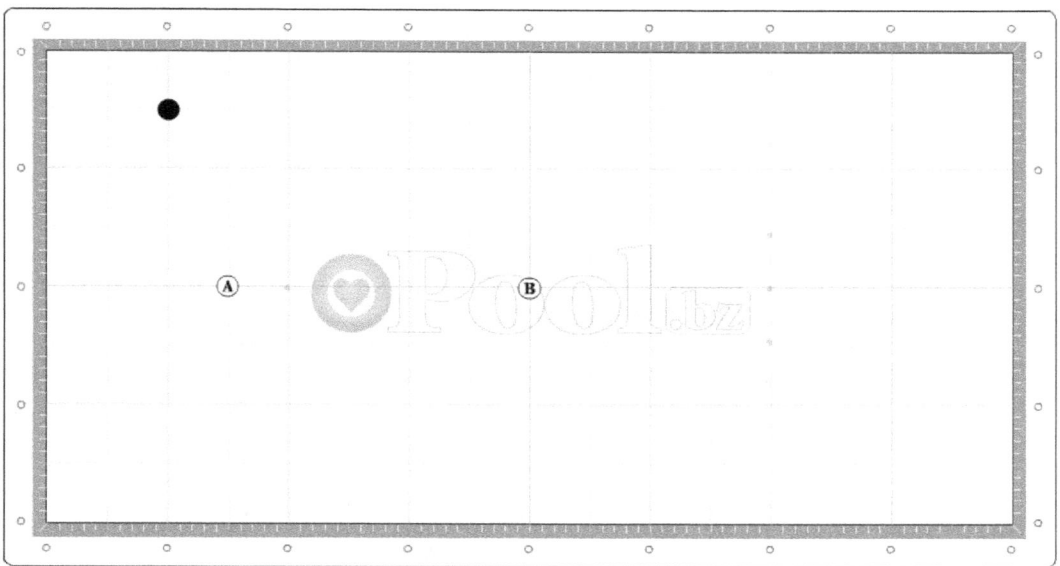

NOTASS:

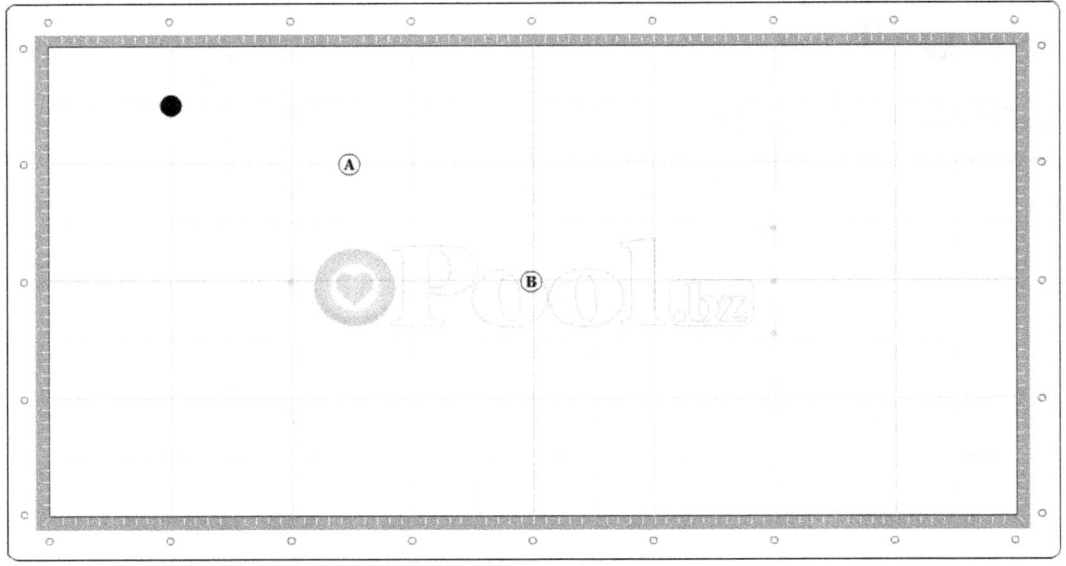

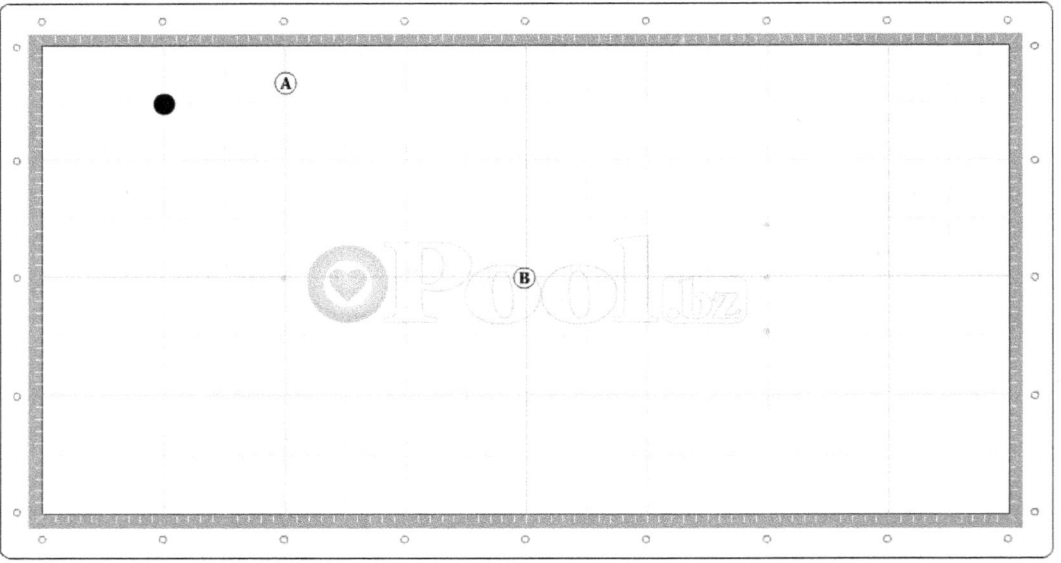

NOTASS:

Grupo 4, conjunto 2

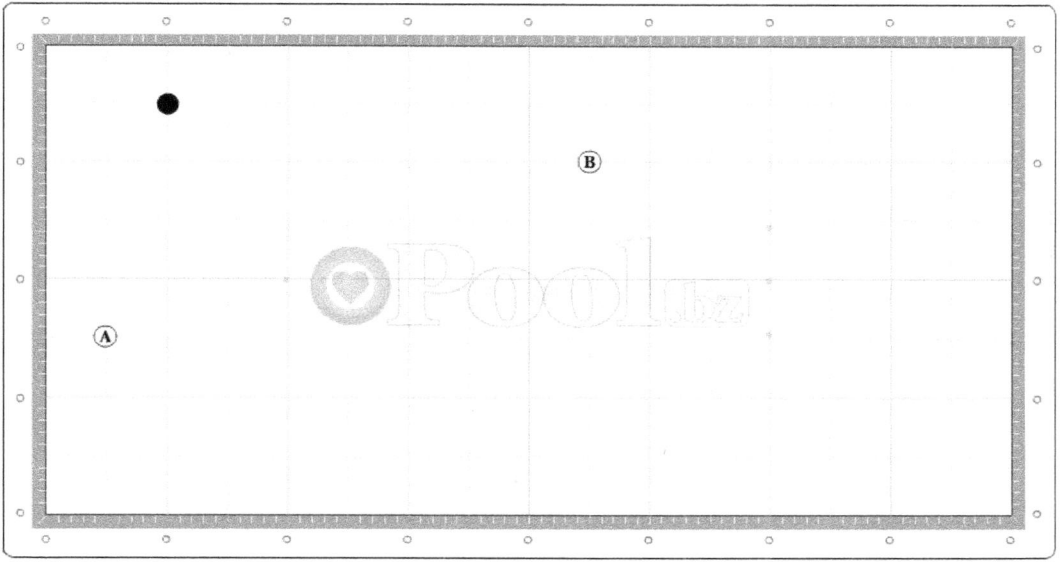

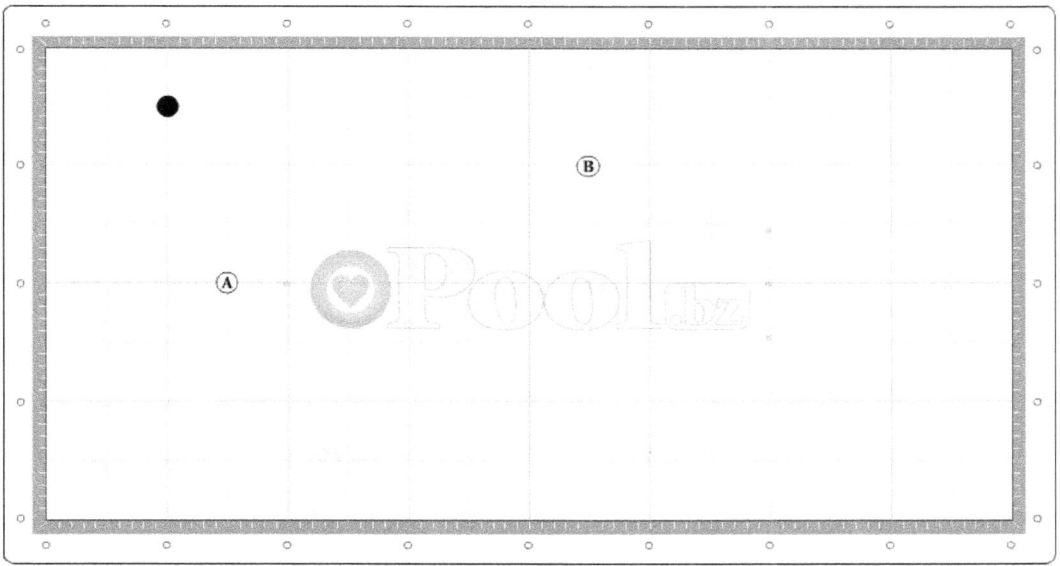

NOTASS:

Bilhar carambola: Mais enigmas e quebra-cabeças

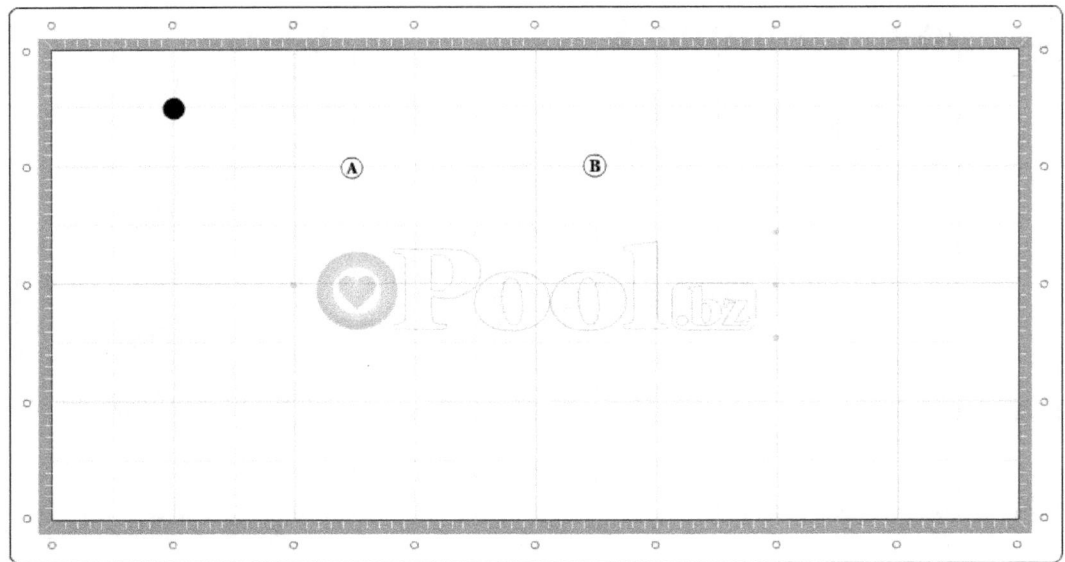

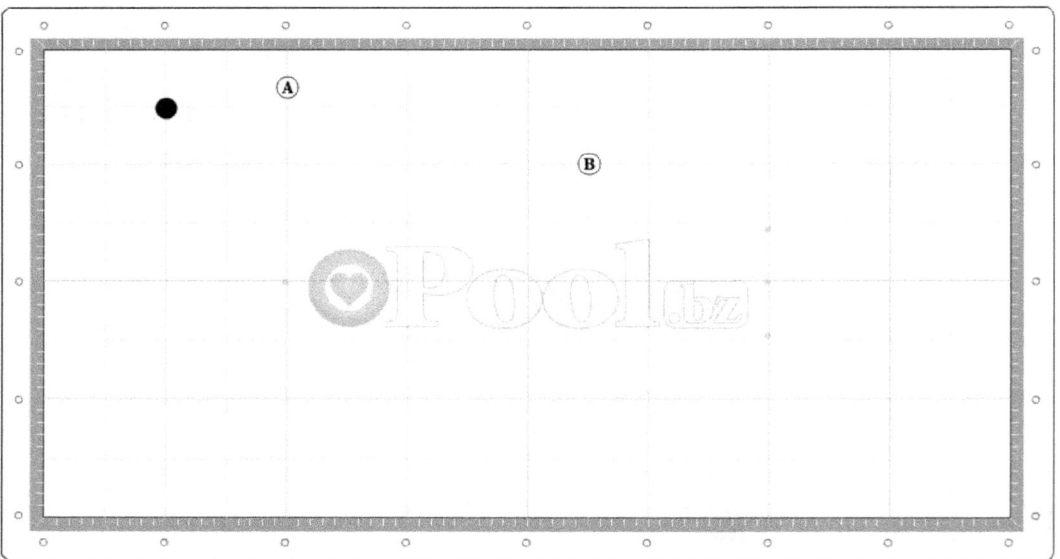

NOTASS:

Grupo 4, conjunto 3

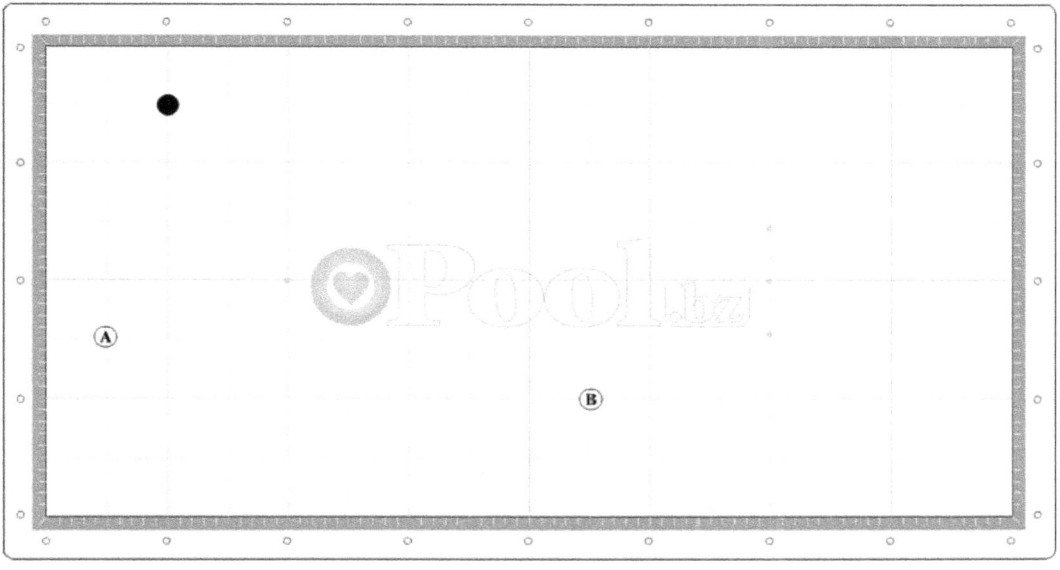

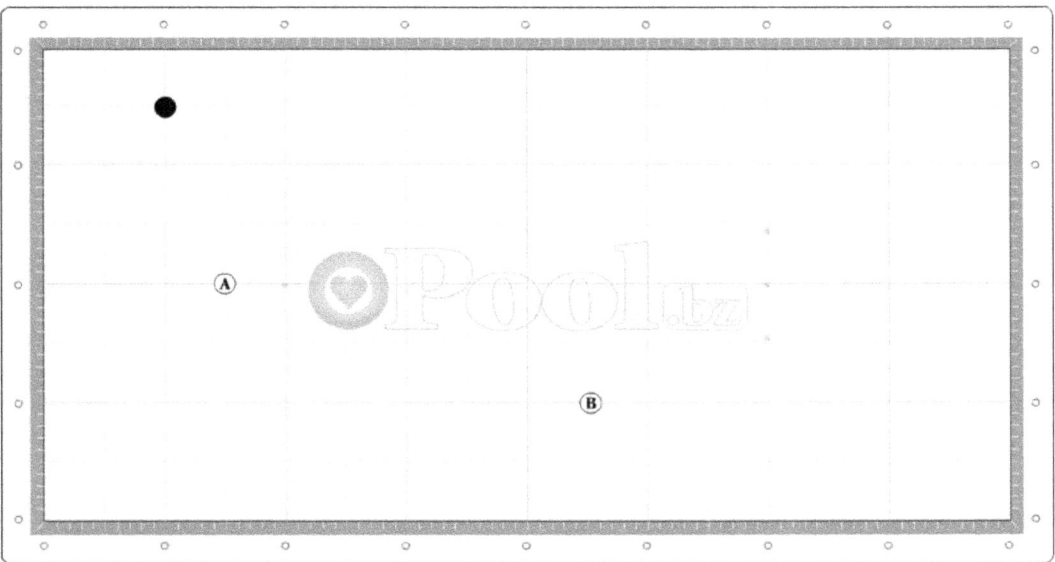

NOTASS:

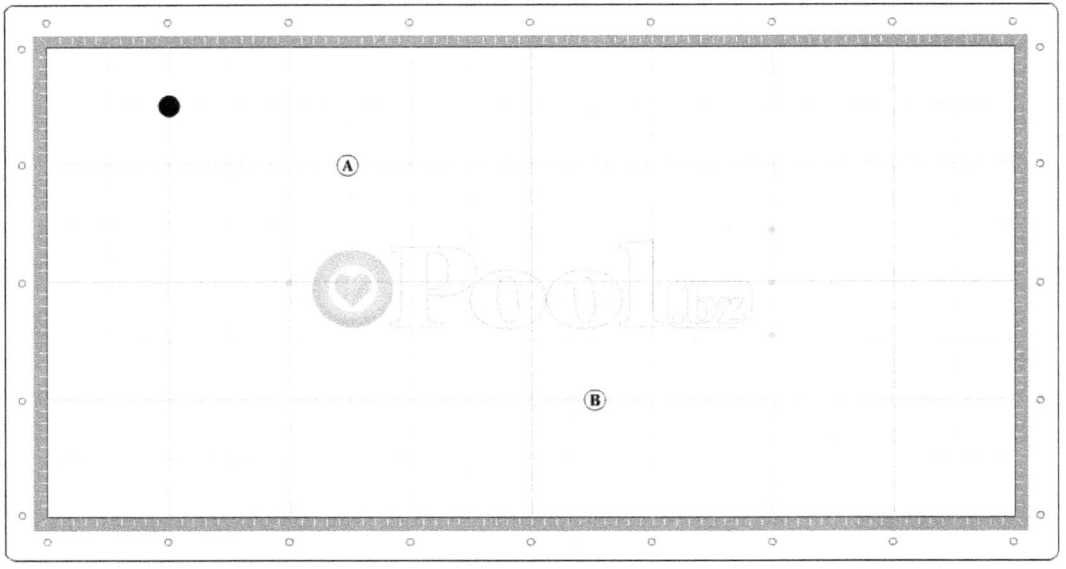

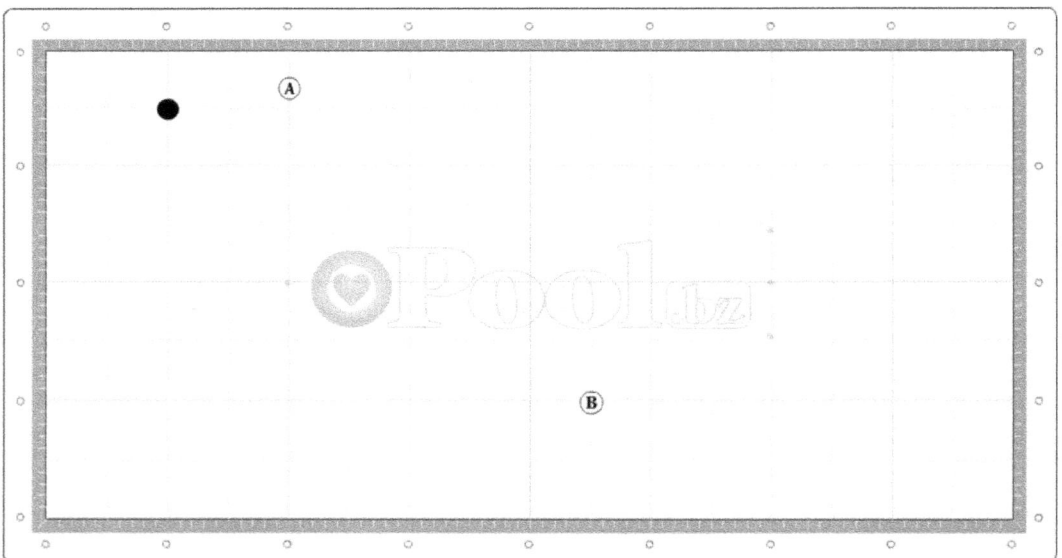

NOTASS:

Grupo 4, conjunto 4

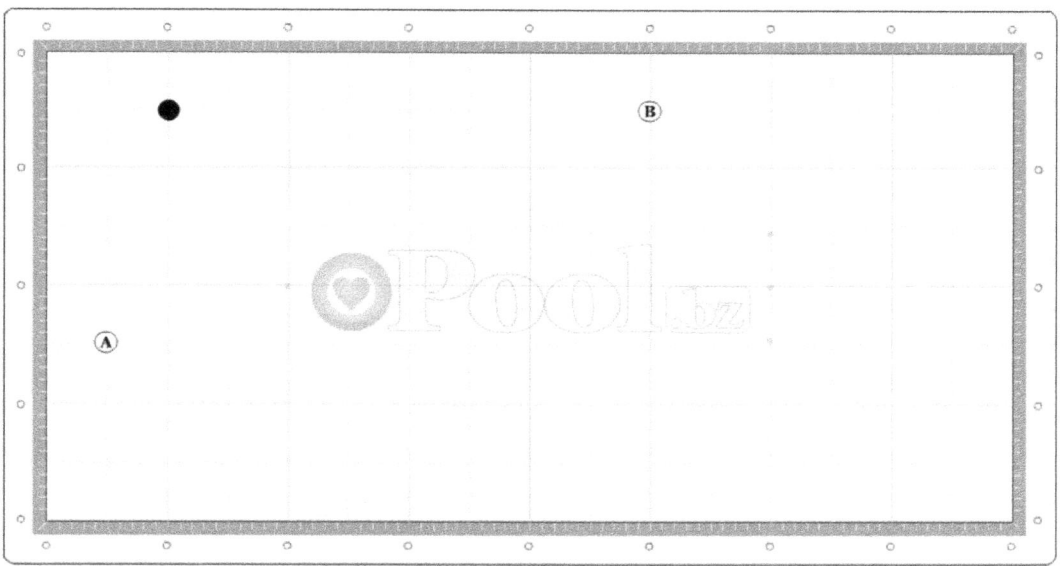

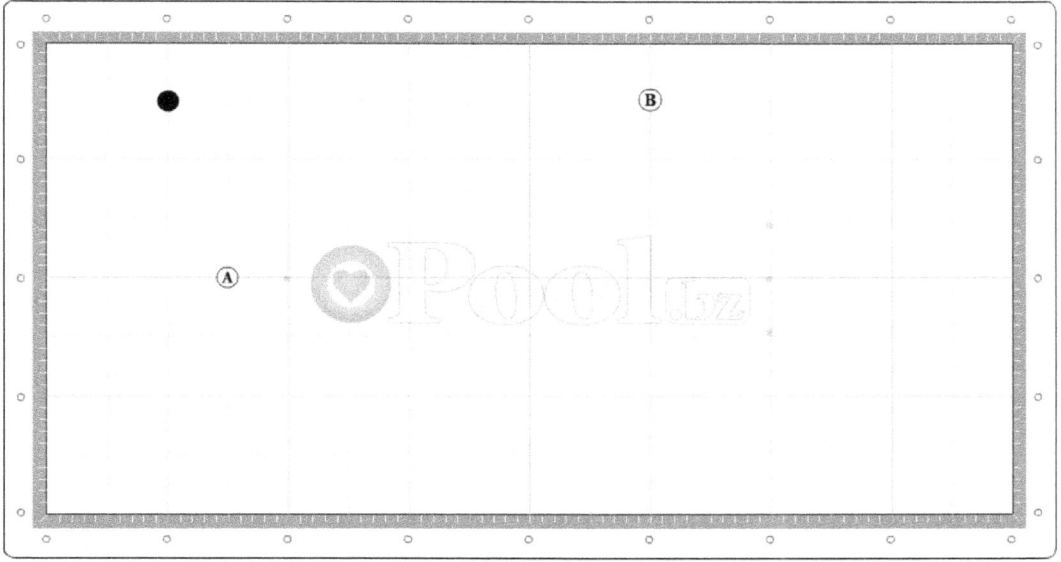

NOTASS:

Bilhar carambola: Mais enigmas e quebra-cabeças

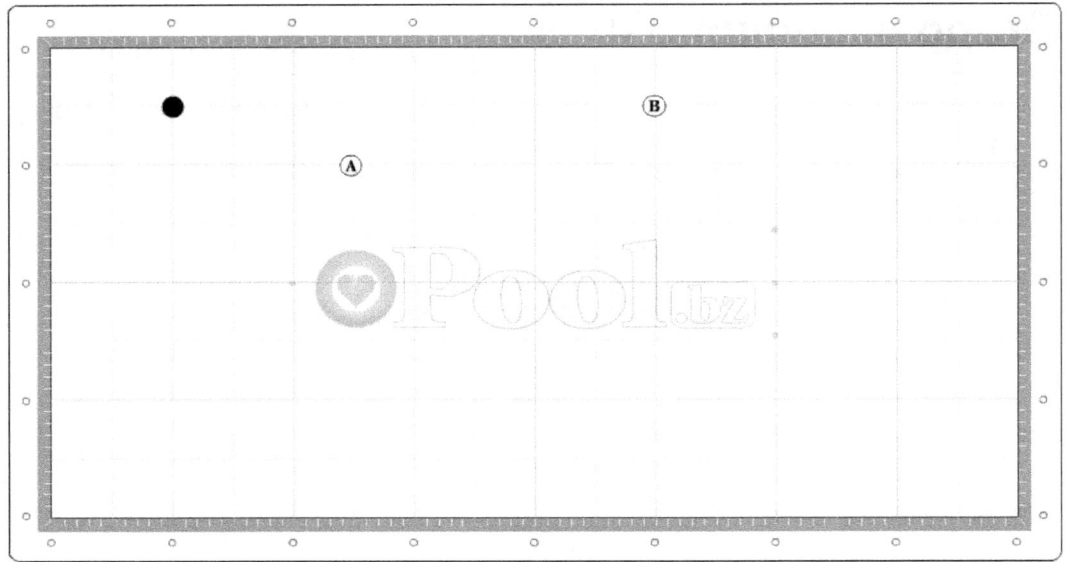

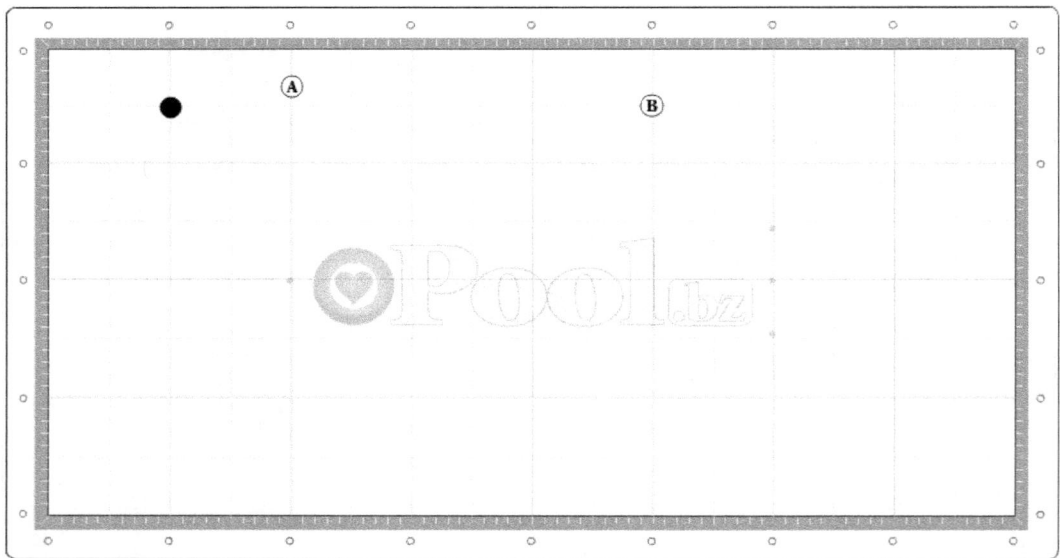

NOTASS:

Grupo 4, conjunto 5

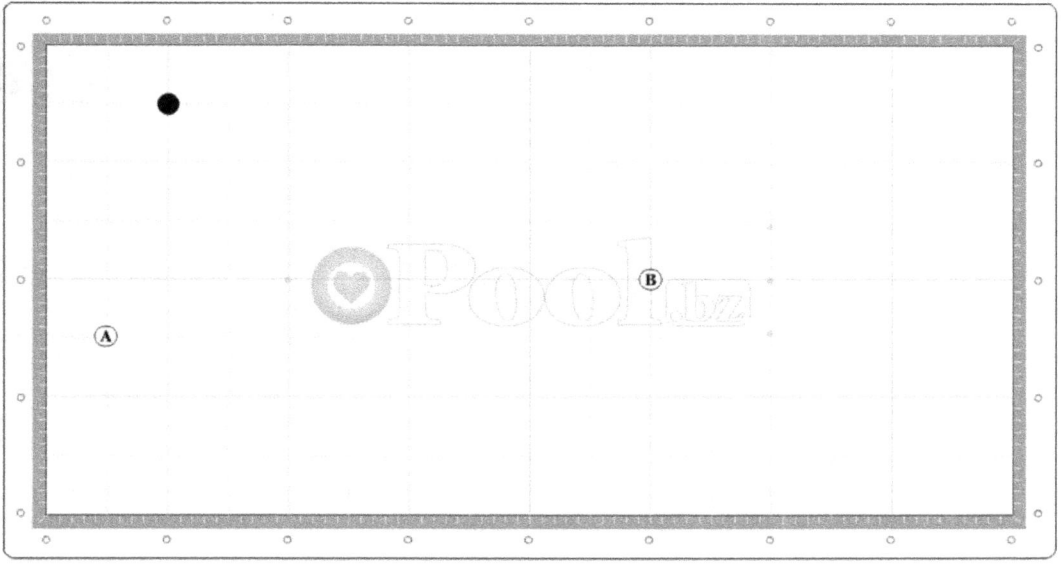

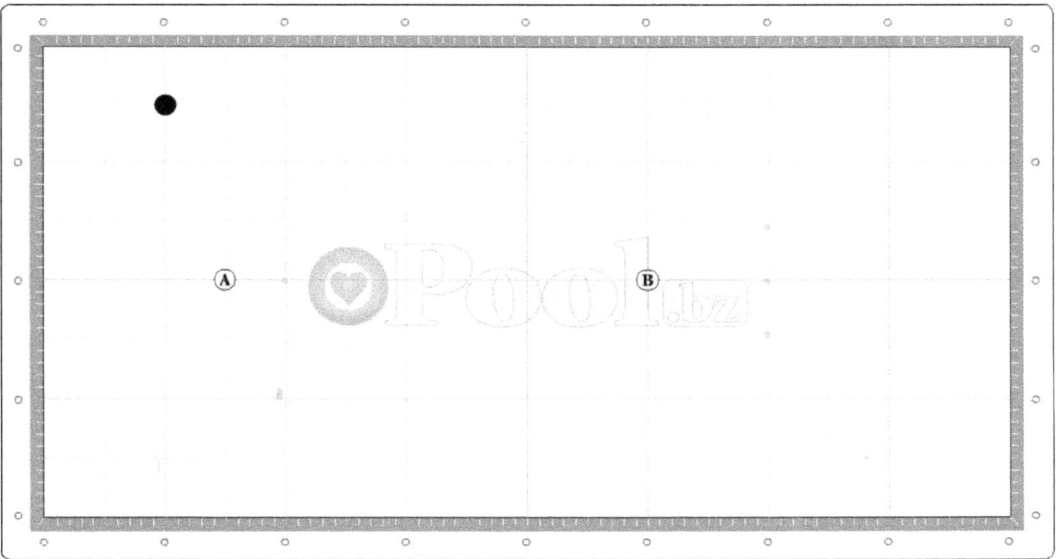

NOTASS:

Bilhar carambola: Mais enigmas e quebra-cabeças

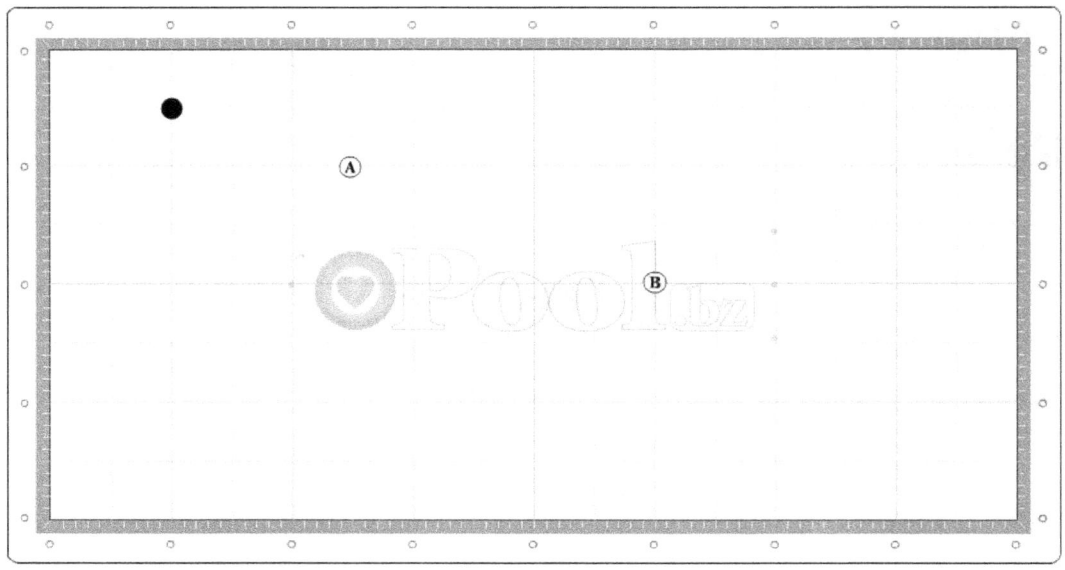

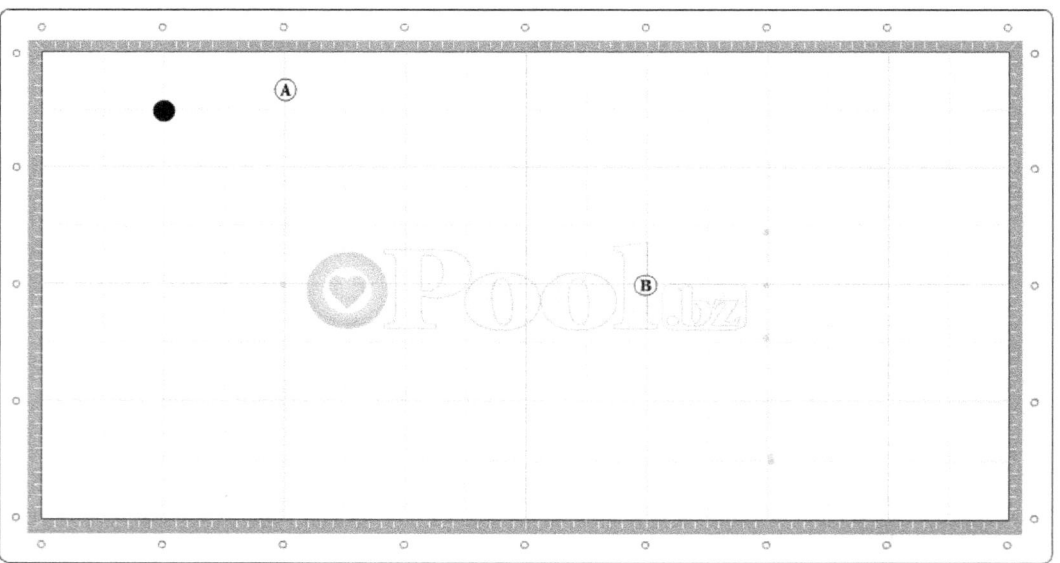

NOTASS:

Grupo 4, conjunto 6

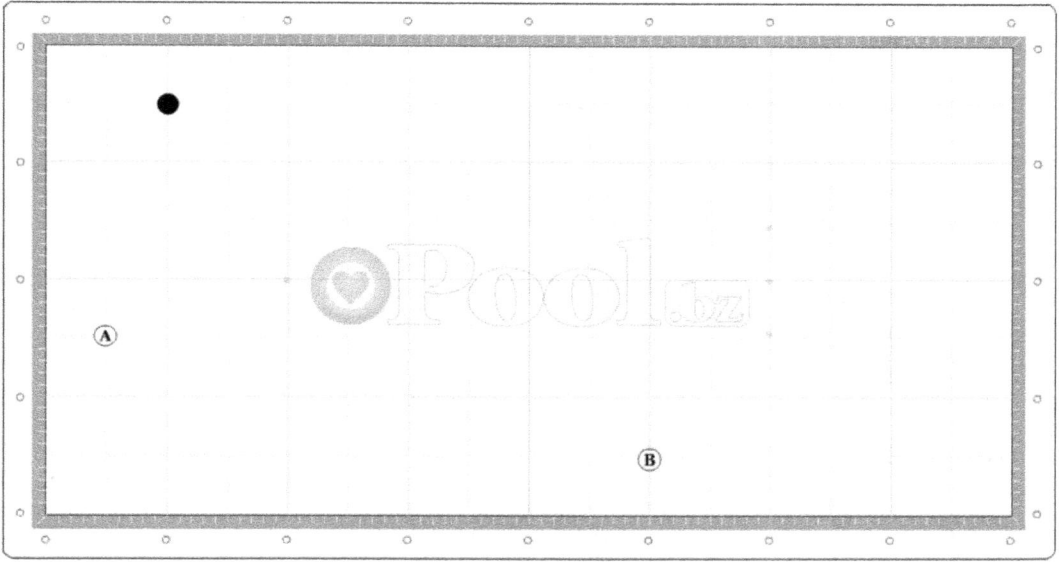

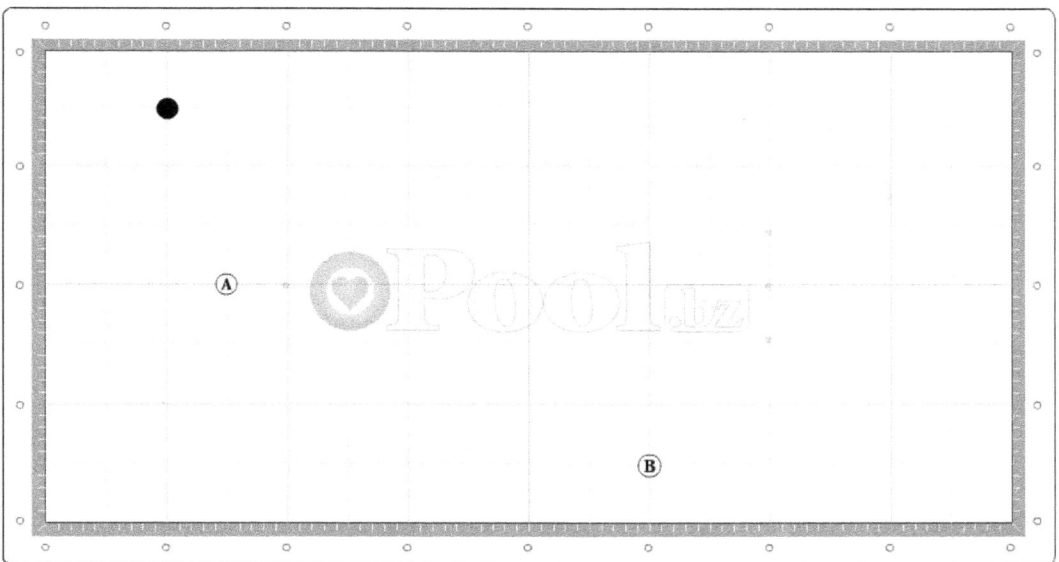

NOTASS:

Bilhar carambola: Mais enigmas e quebra-cabeças

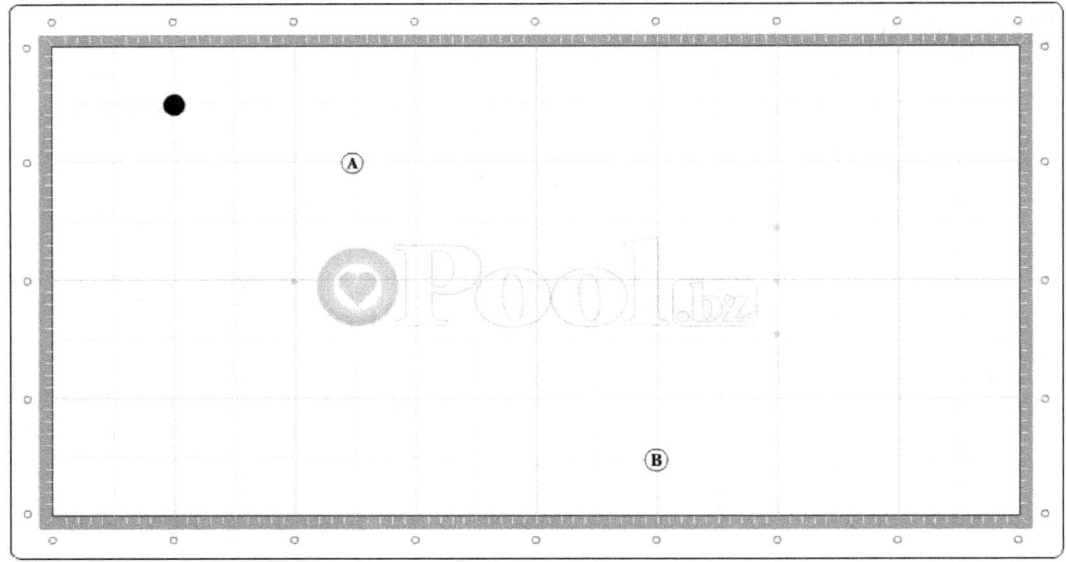

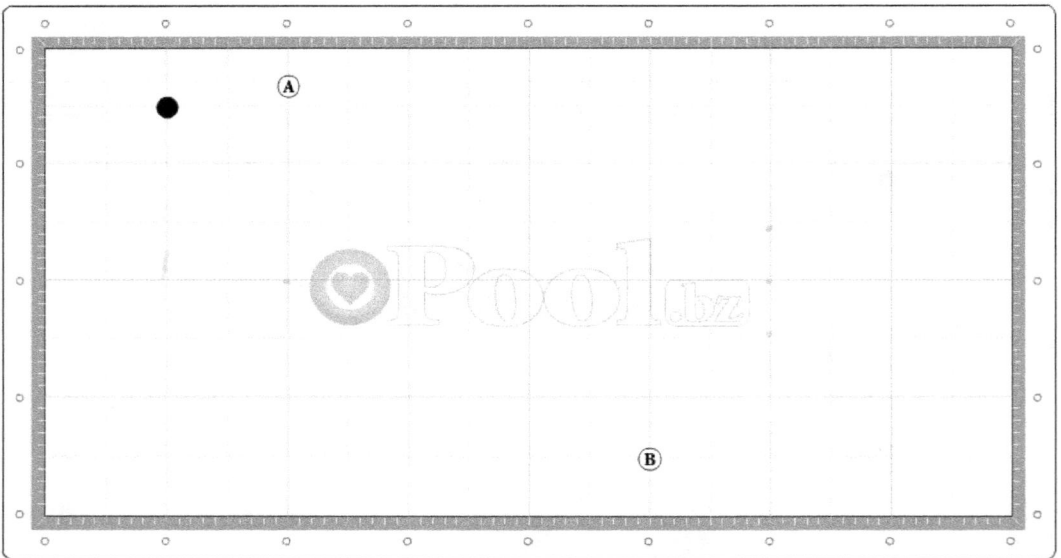

NOTASS:

Grupo 4, conjunto 7

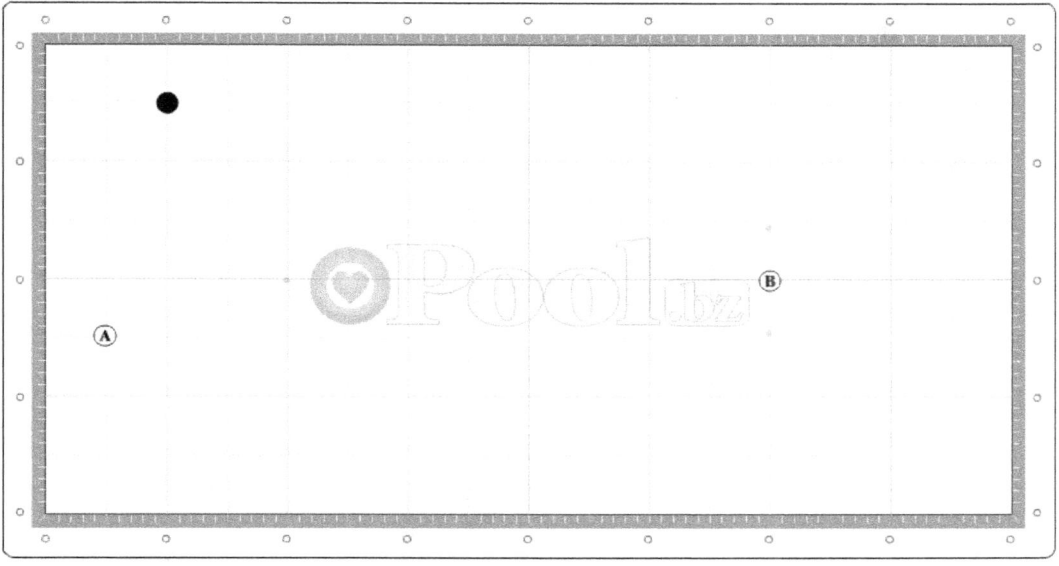

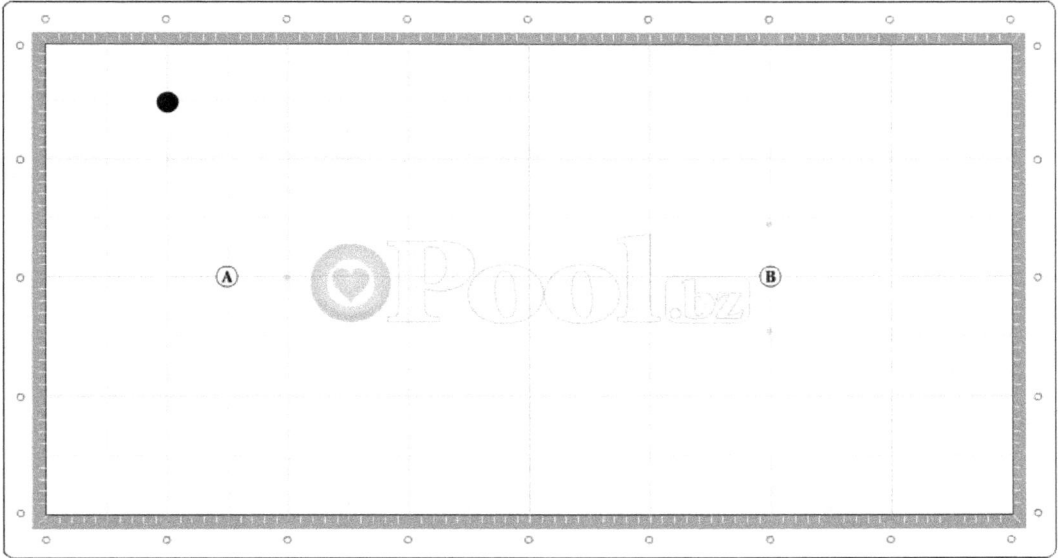

NOTASS:

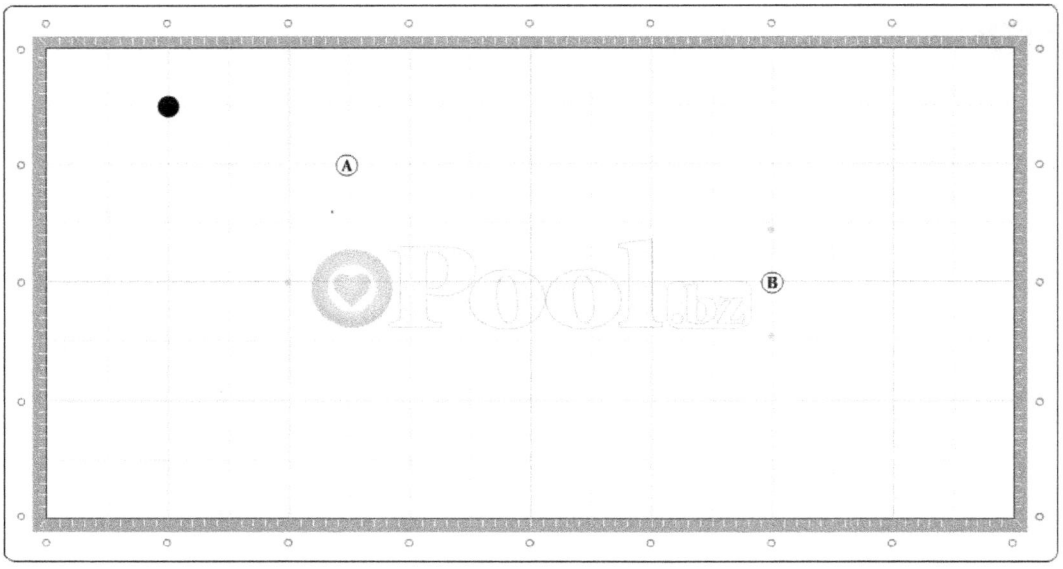

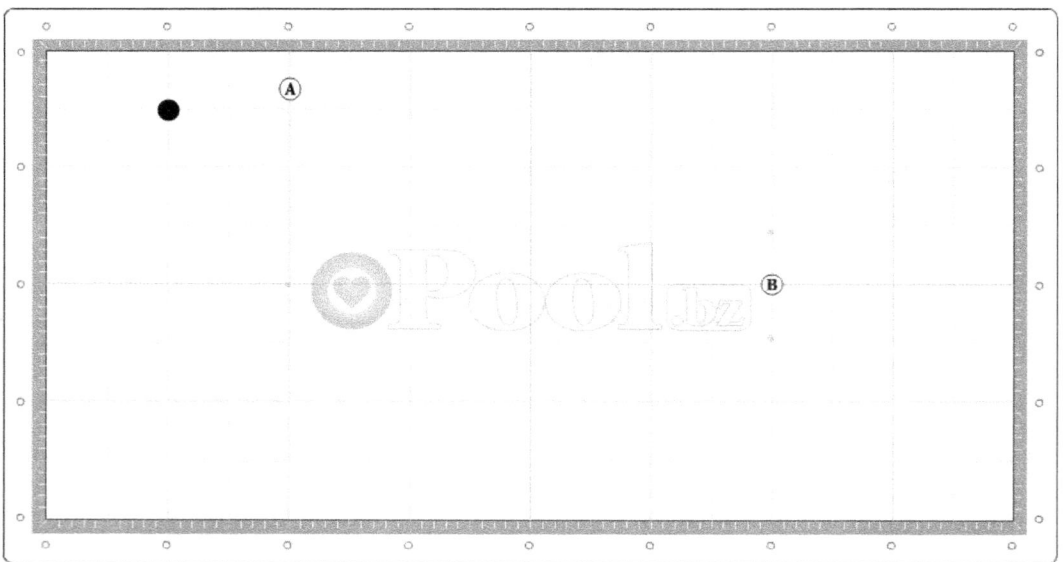

NOTASS:

Grupo 4, conjunto 8

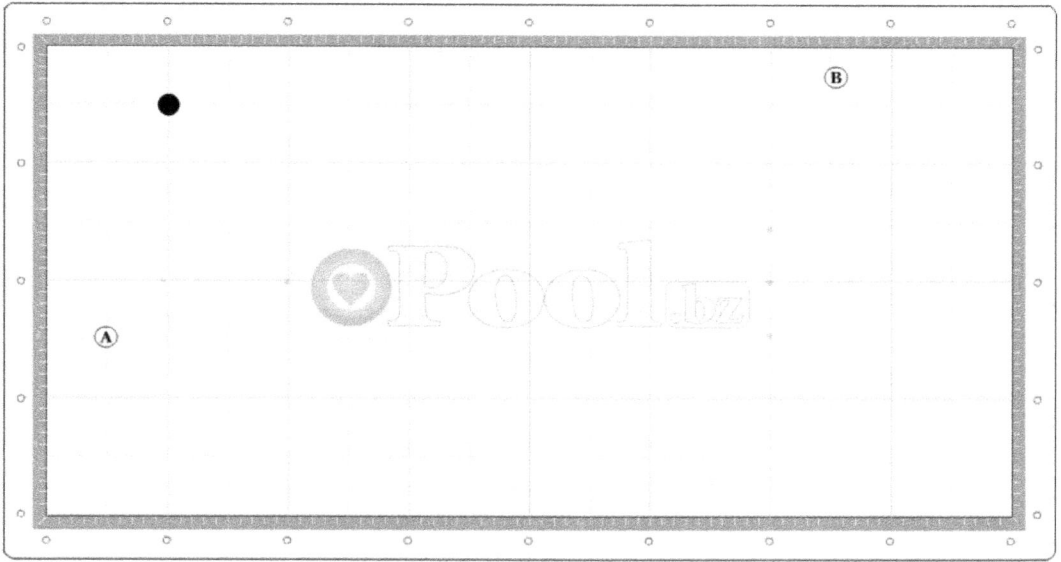

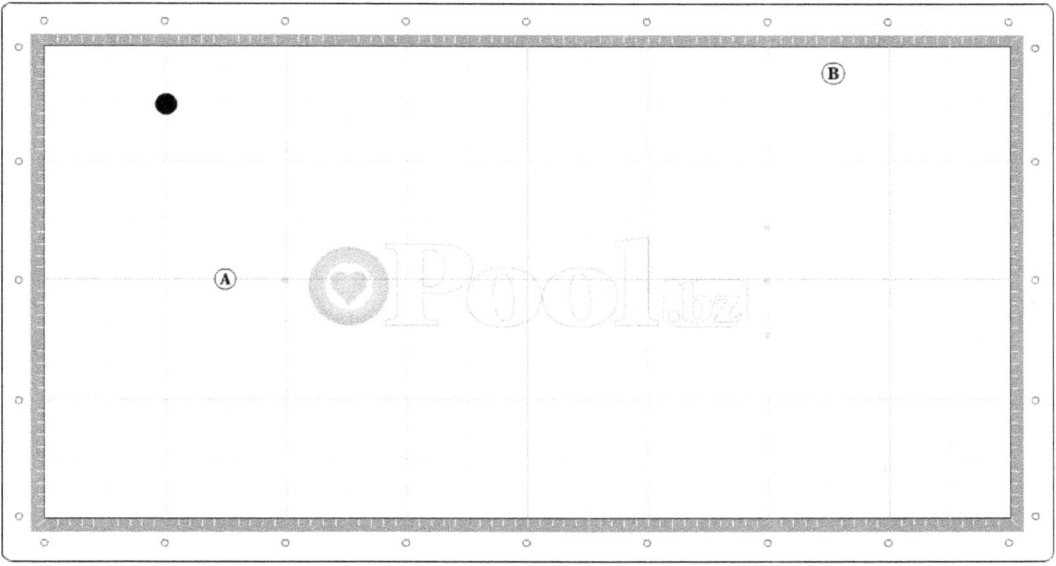

NOTASS:

Bilhar carambola: Mais enigmas e quebra-cabeças

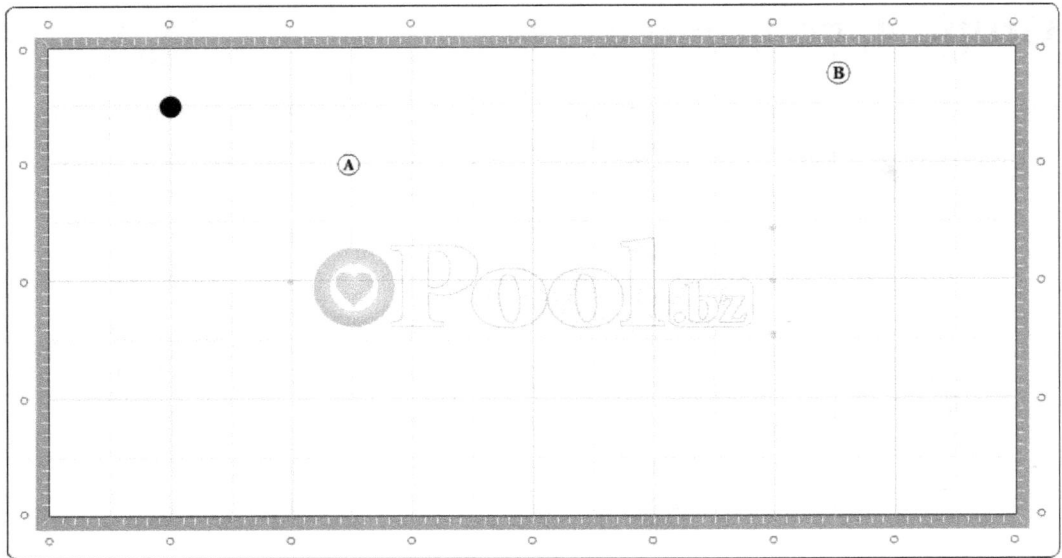

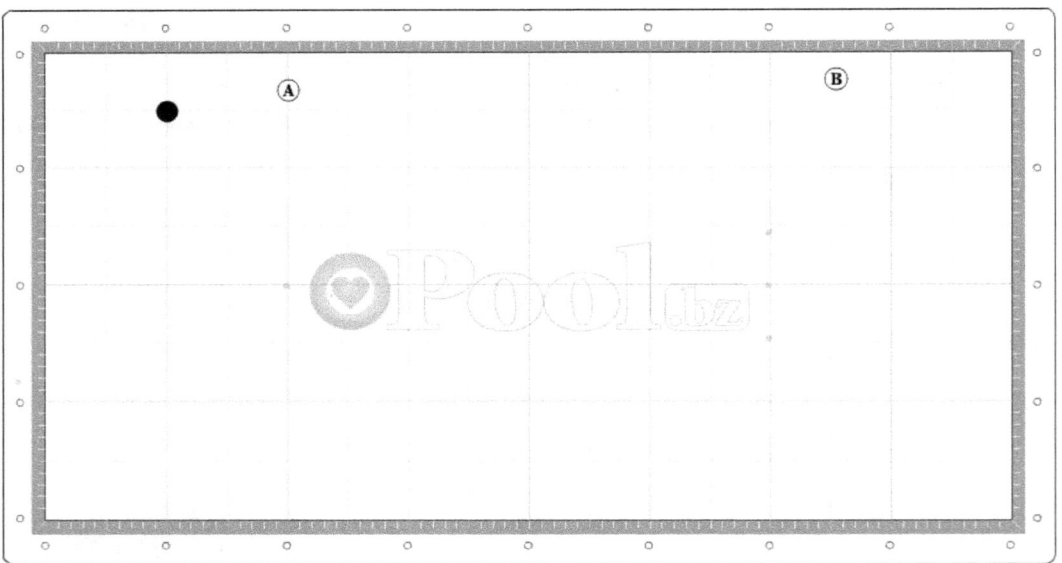

NOTASS:

Grupo 4, conjunto 9

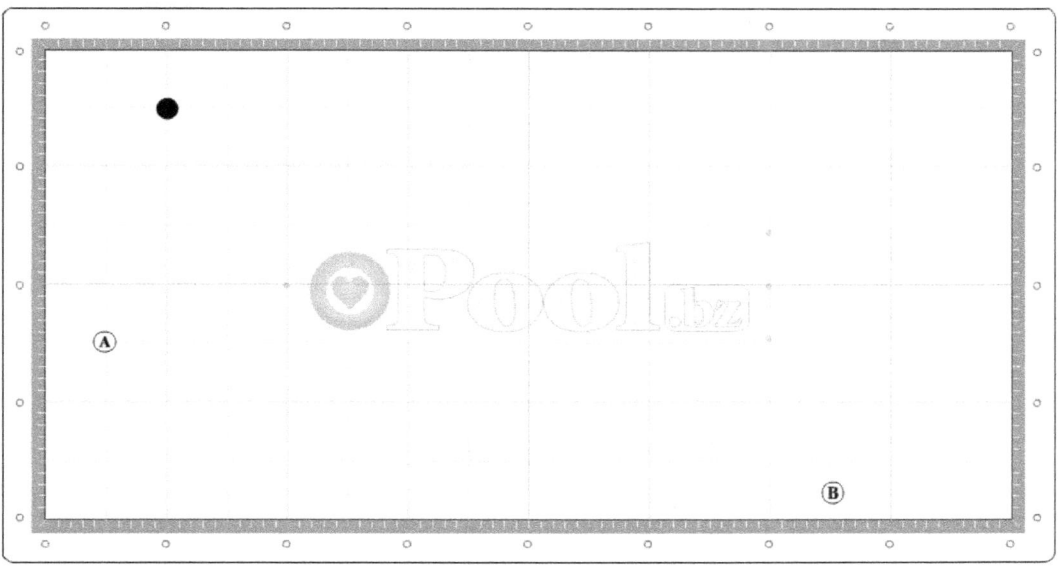

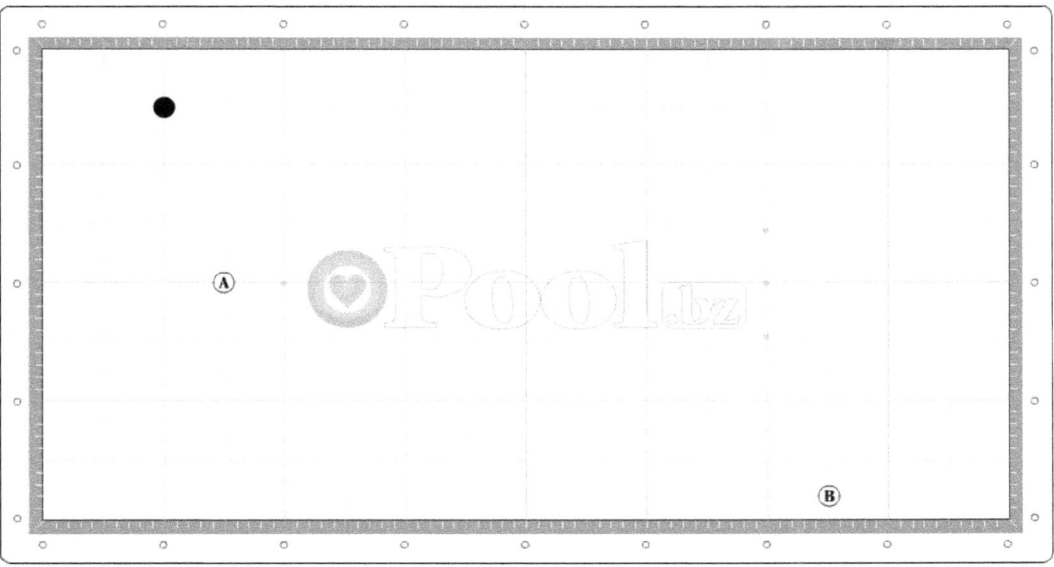

NOTASS:

Bilhar carambola: Mais enigmas e quebra-cabeças

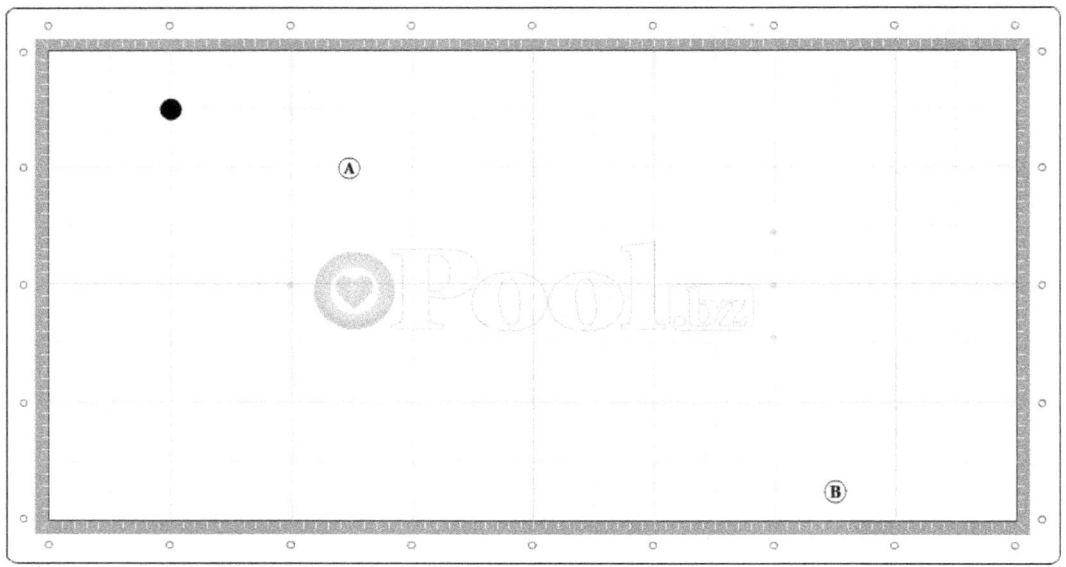

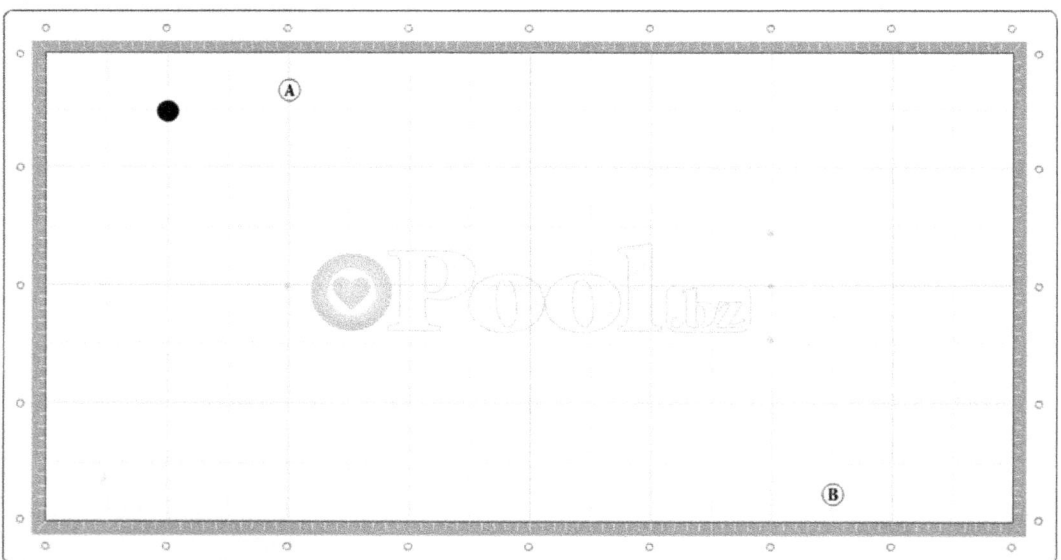

NOTASS:

Grupo 4, conjunto 10

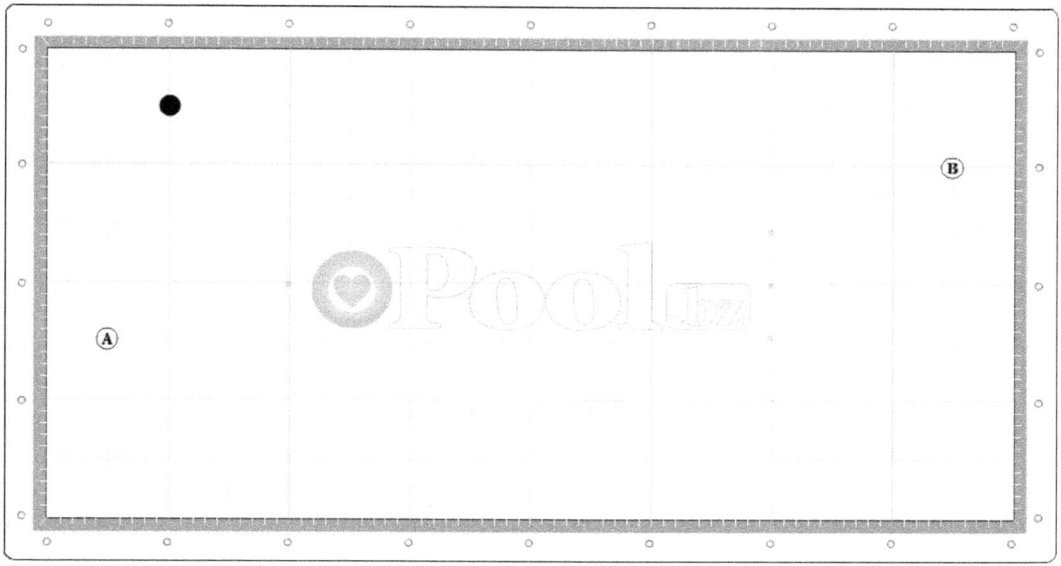

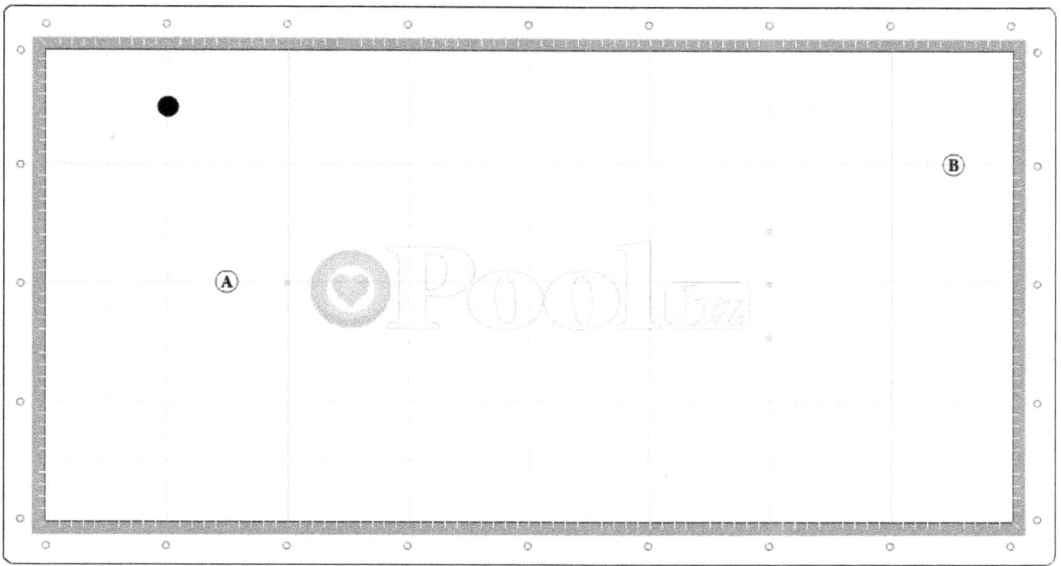

NOTASS:

Bilhar carambola: Mais enigmas e quebra-cabeças

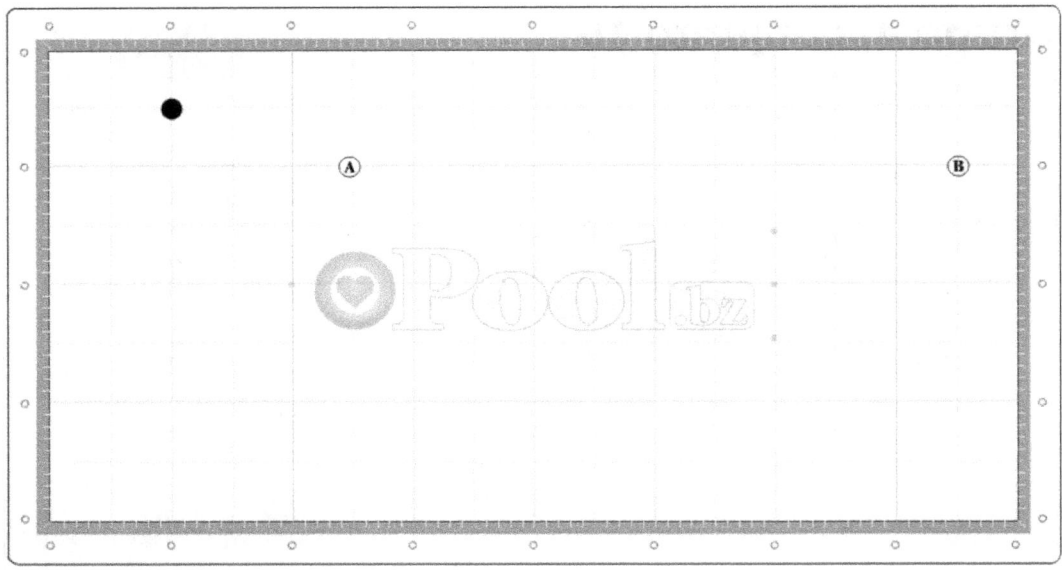

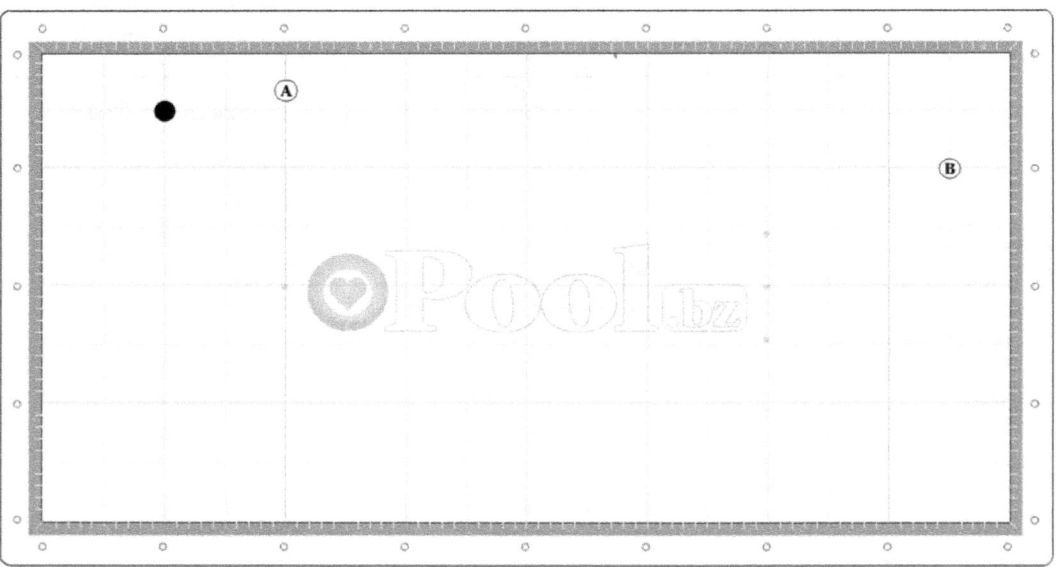

NOTASS:

Grupo 4, conjunto 11

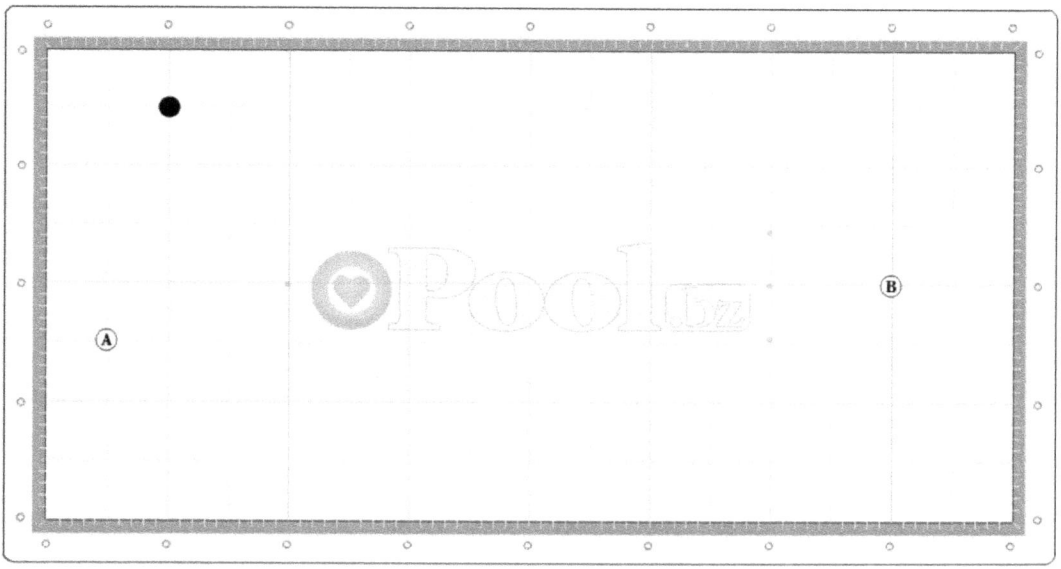

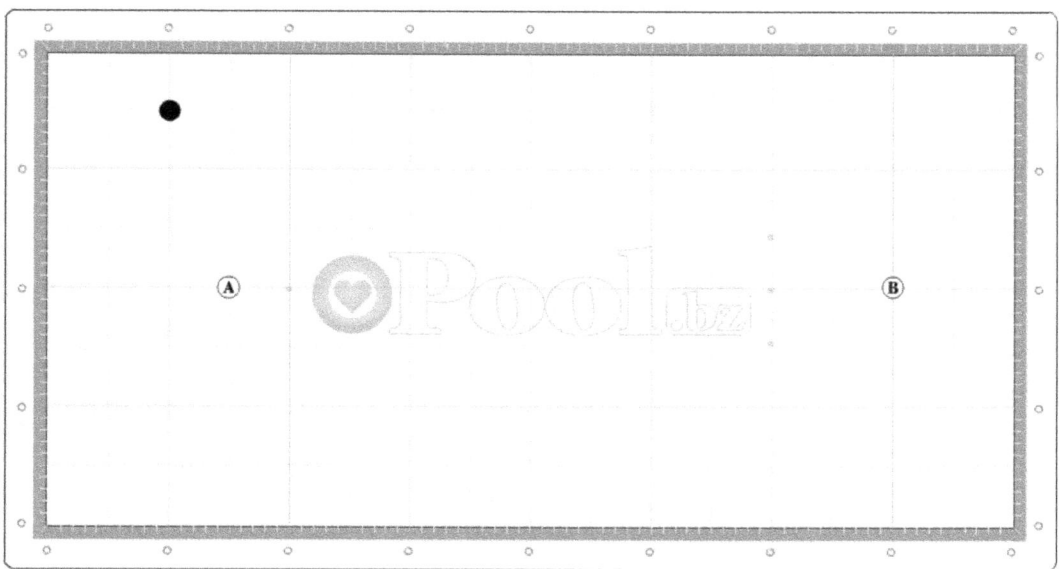

NOTASS:

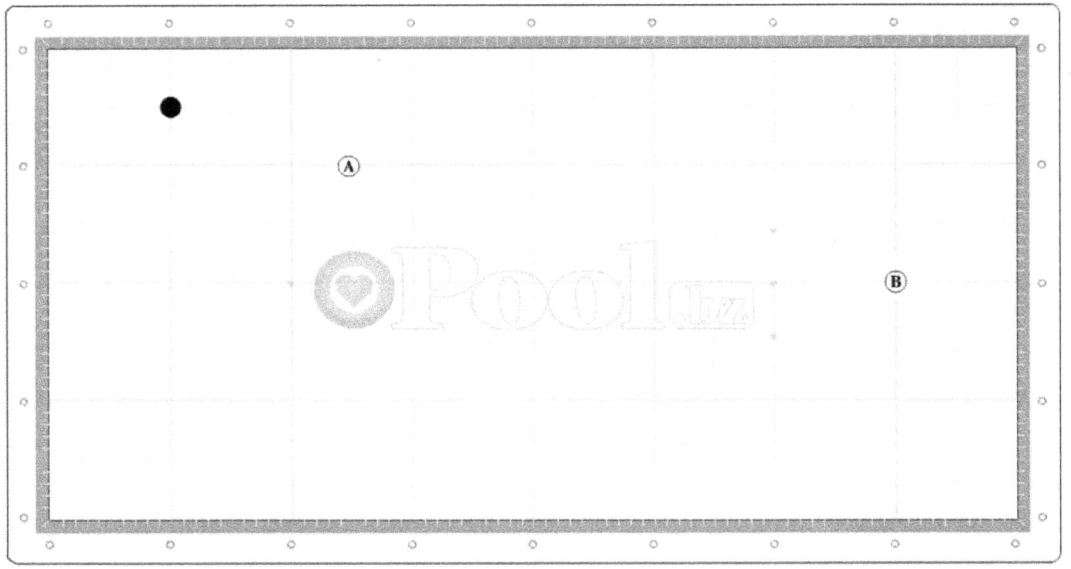

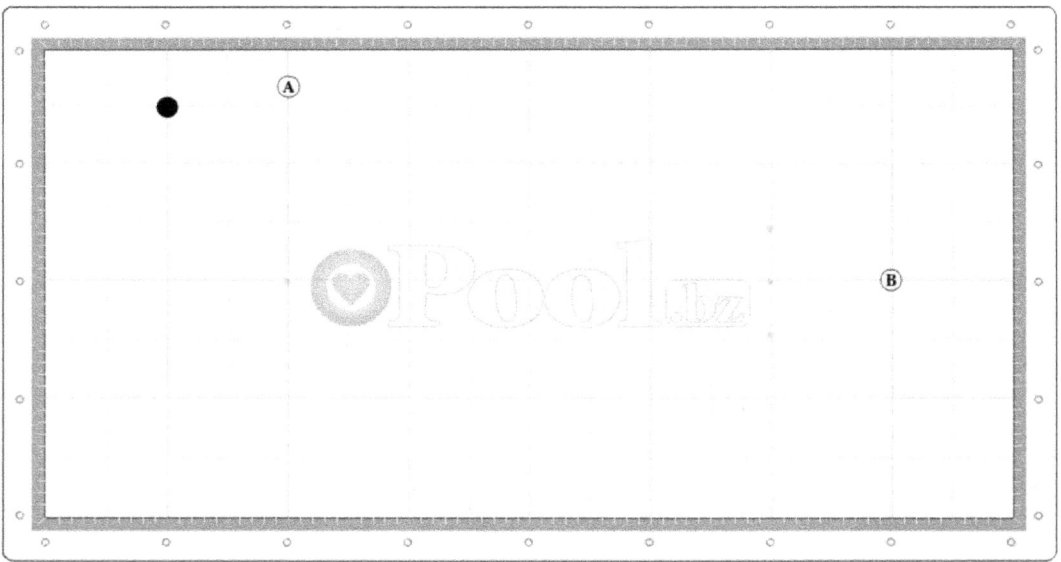

NOTAS:

Grupo 4, conjunto 12

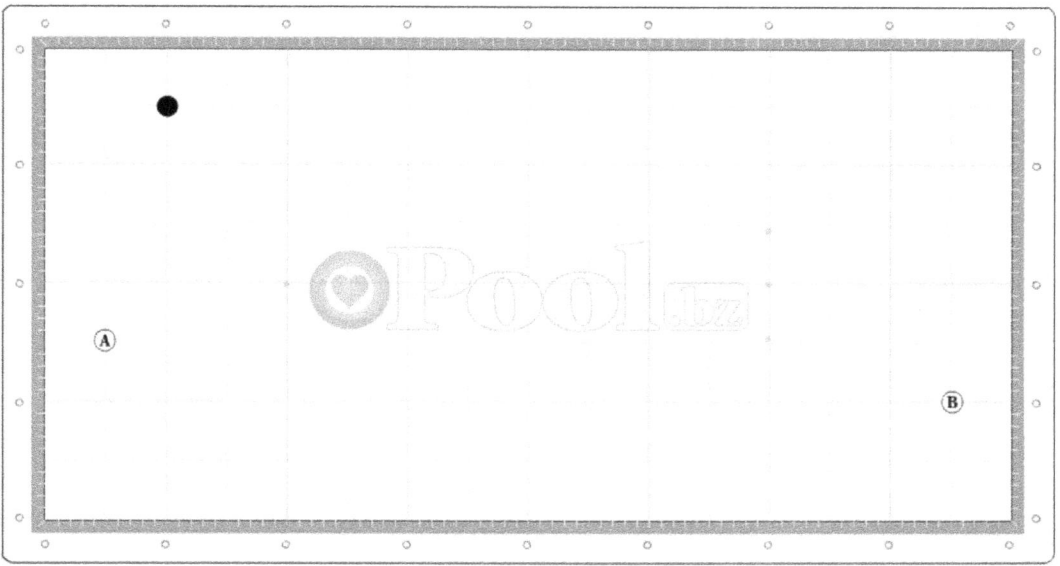

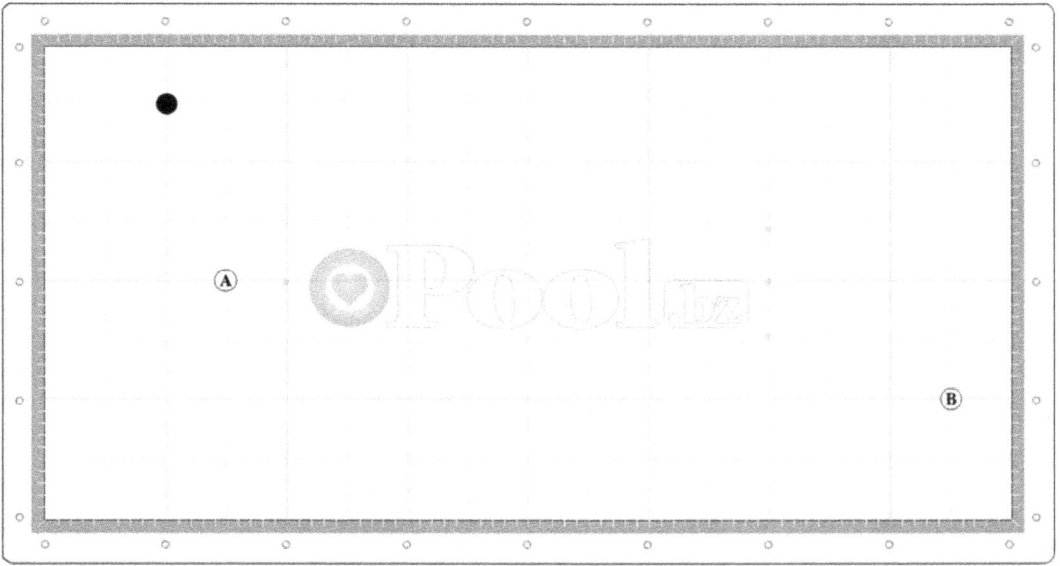

NOTASS:

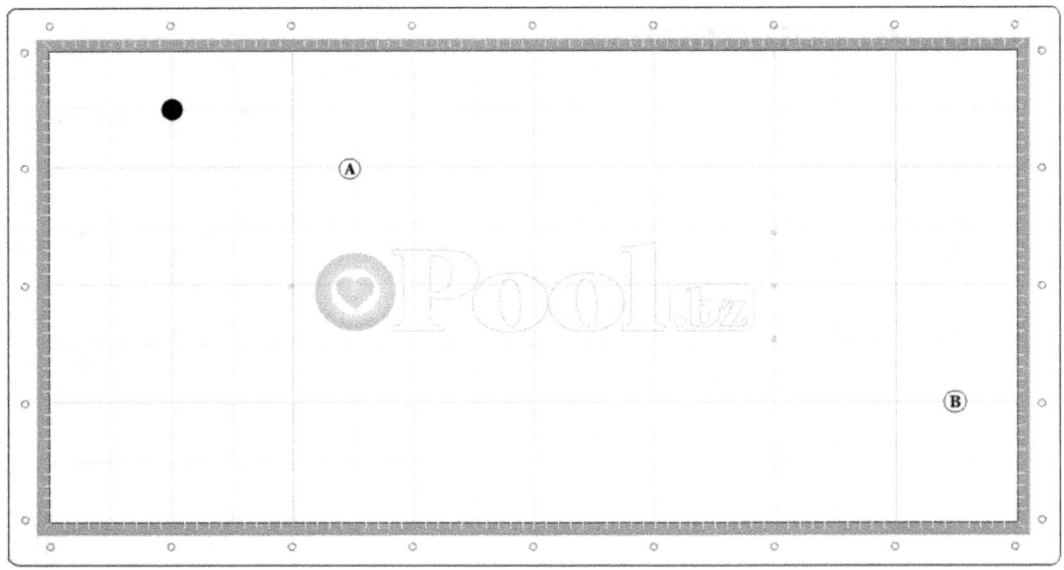

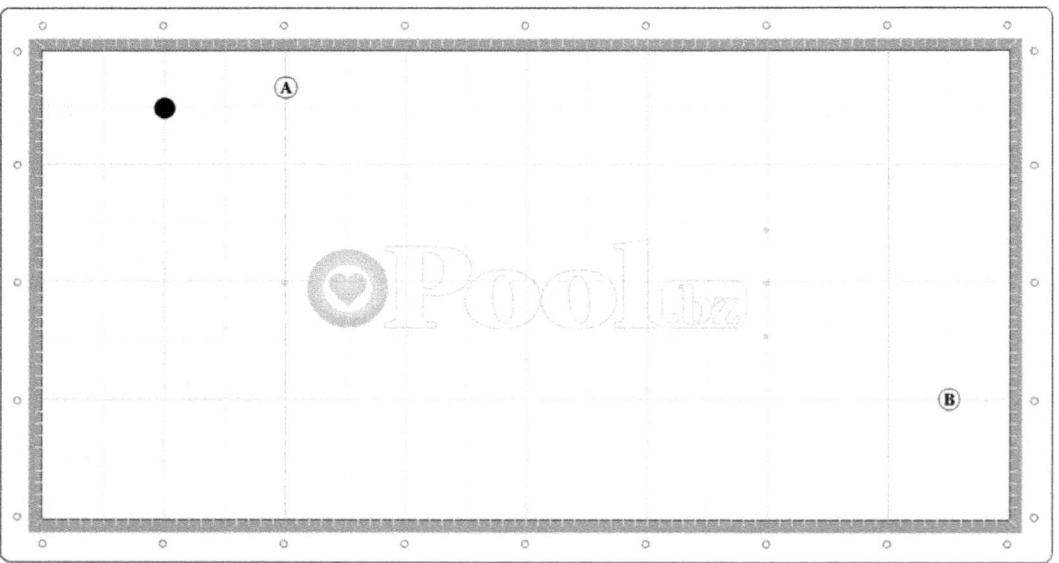

NOTASS:

GRUPO 5

Grupo 5, conjunto 1

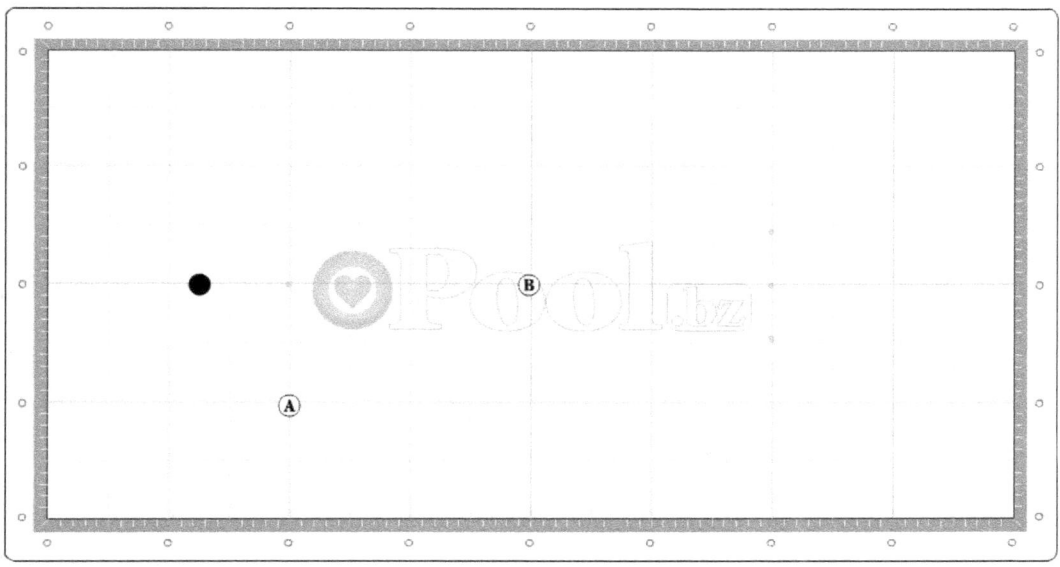

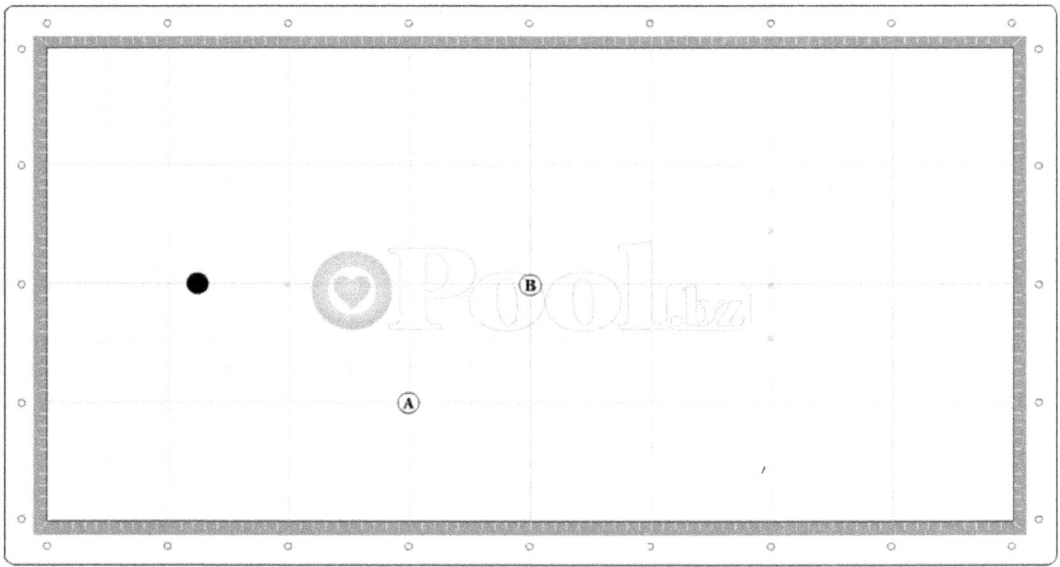

NOTASS:

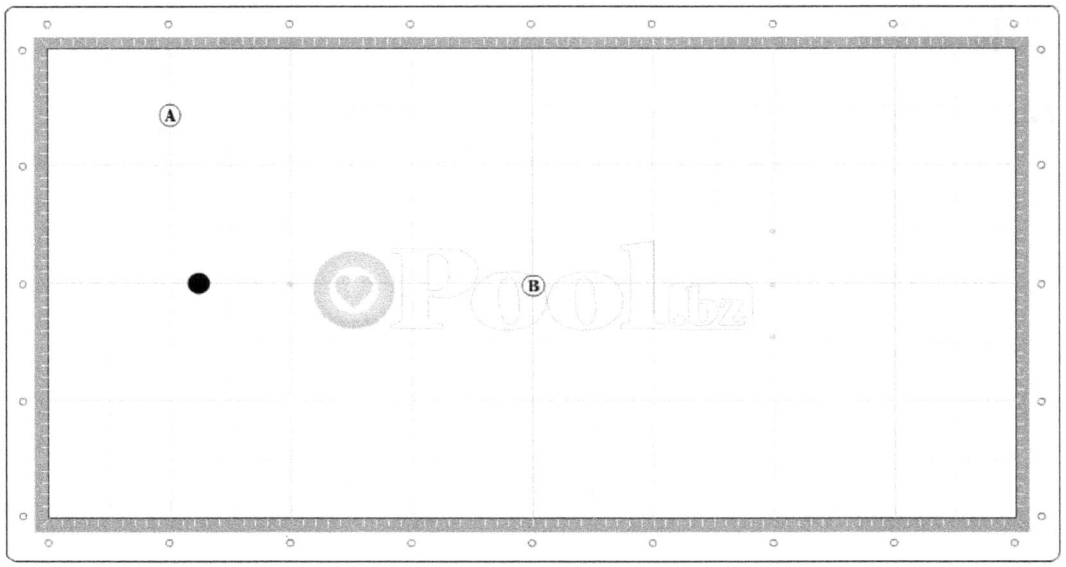

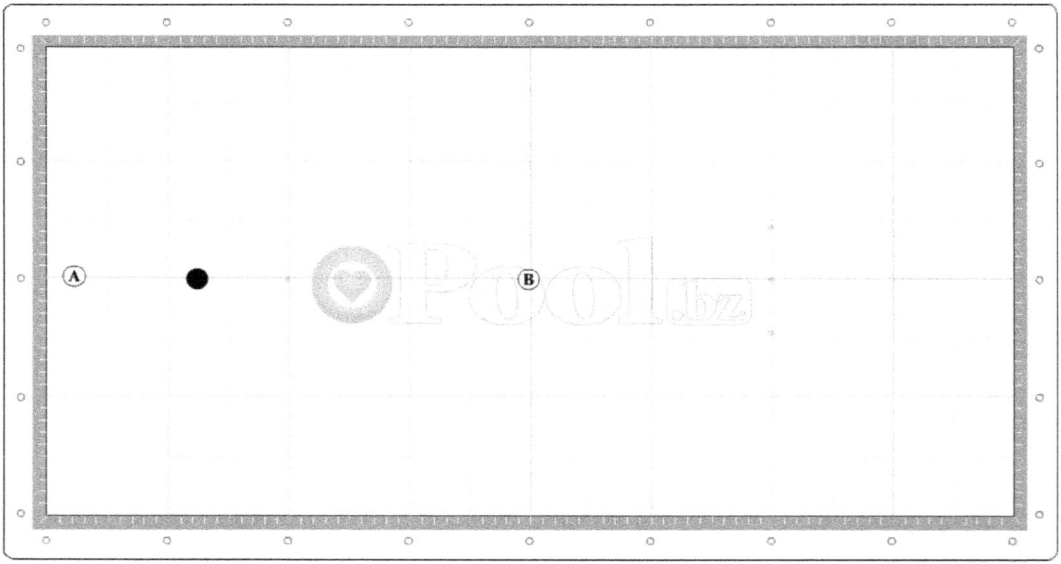

NOTASS:

Grupo 5, conjunto 2

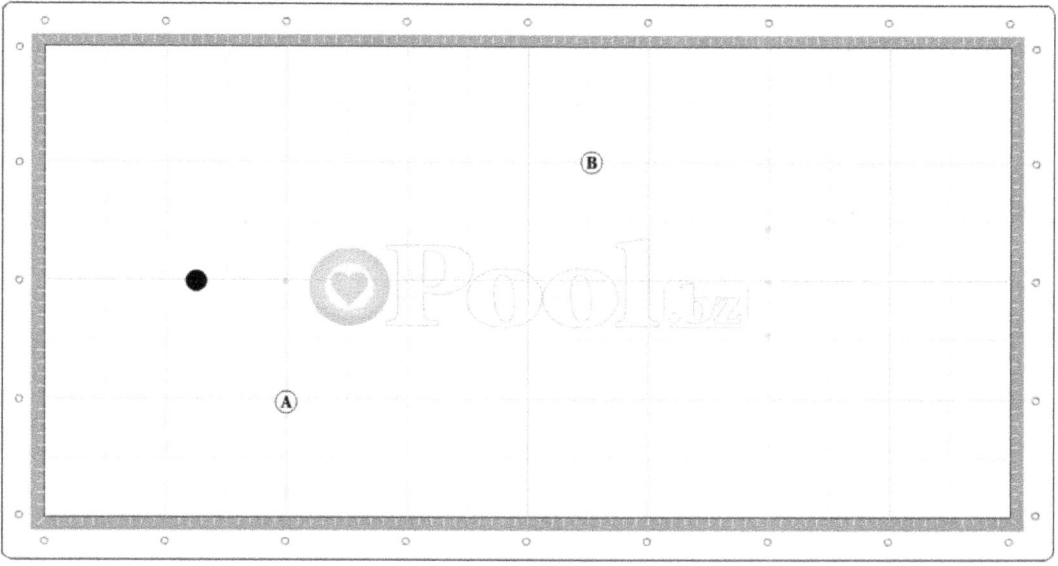

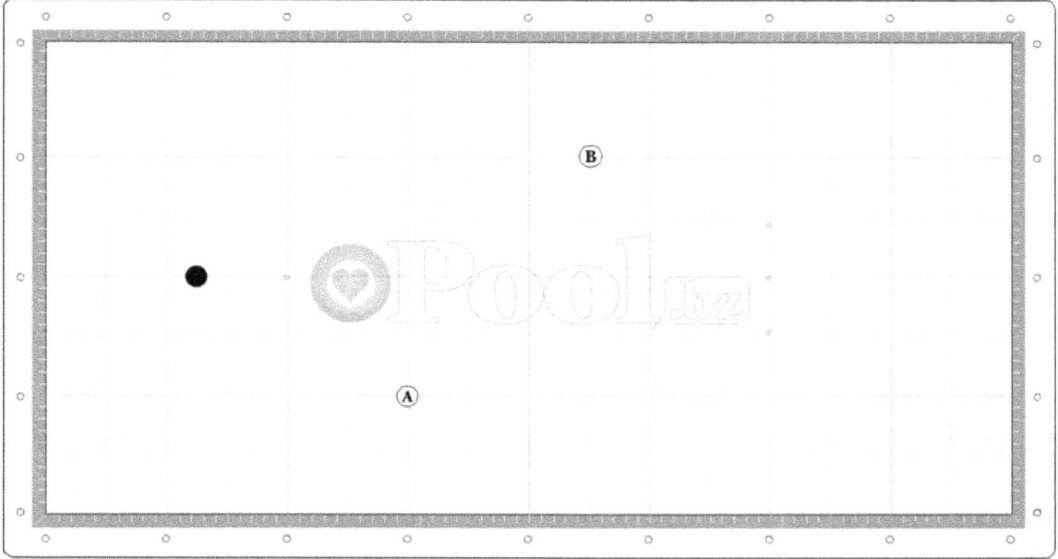

NOTASS:

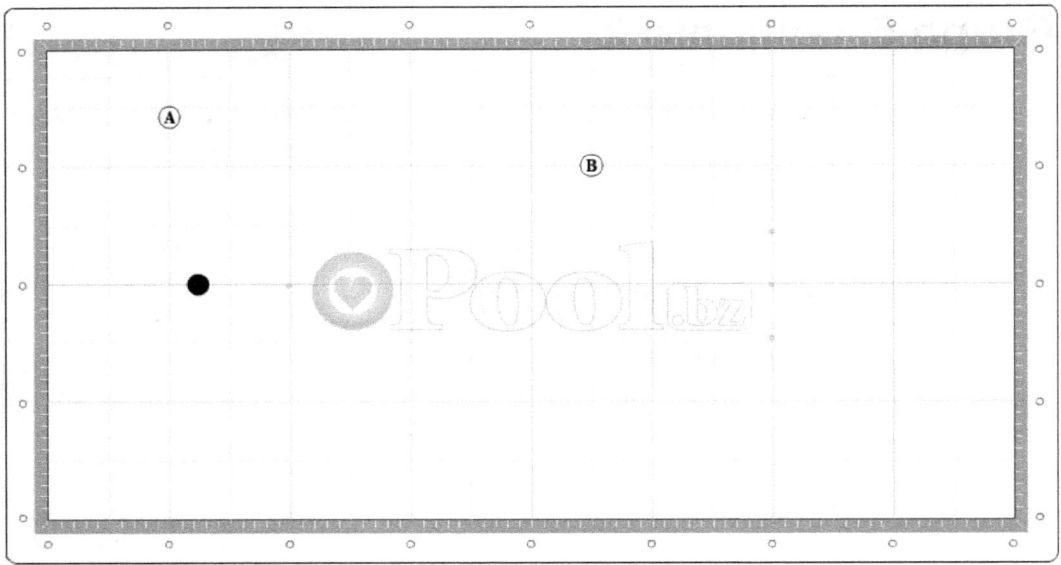

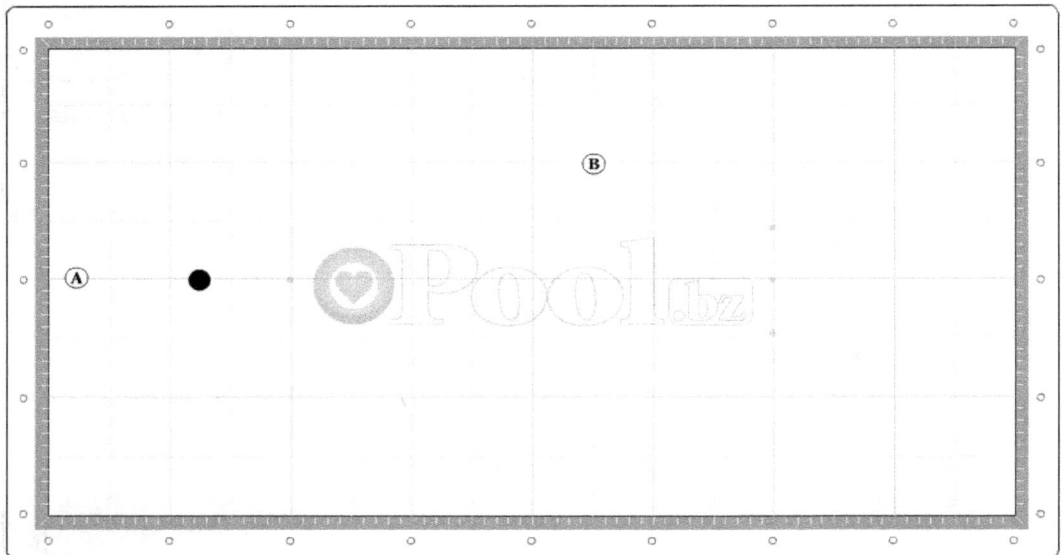

NOTASS:

Grupo 5, conjunto 3

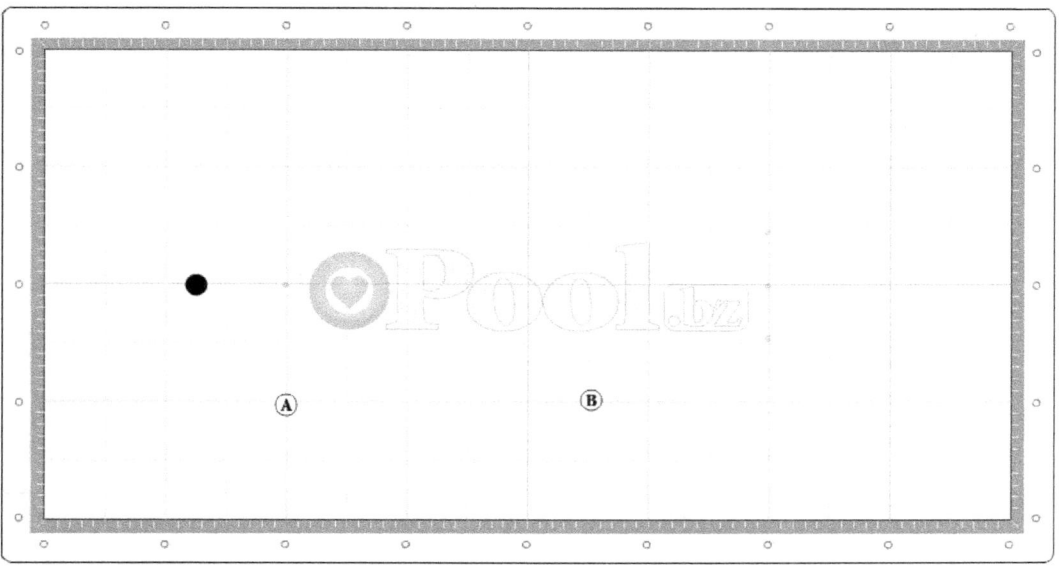

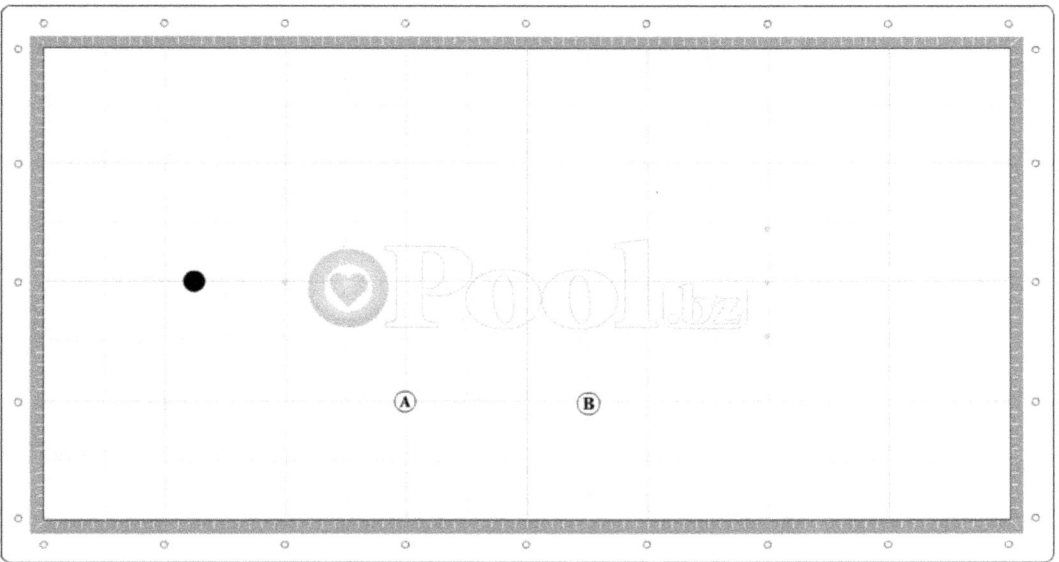

NOTASS:

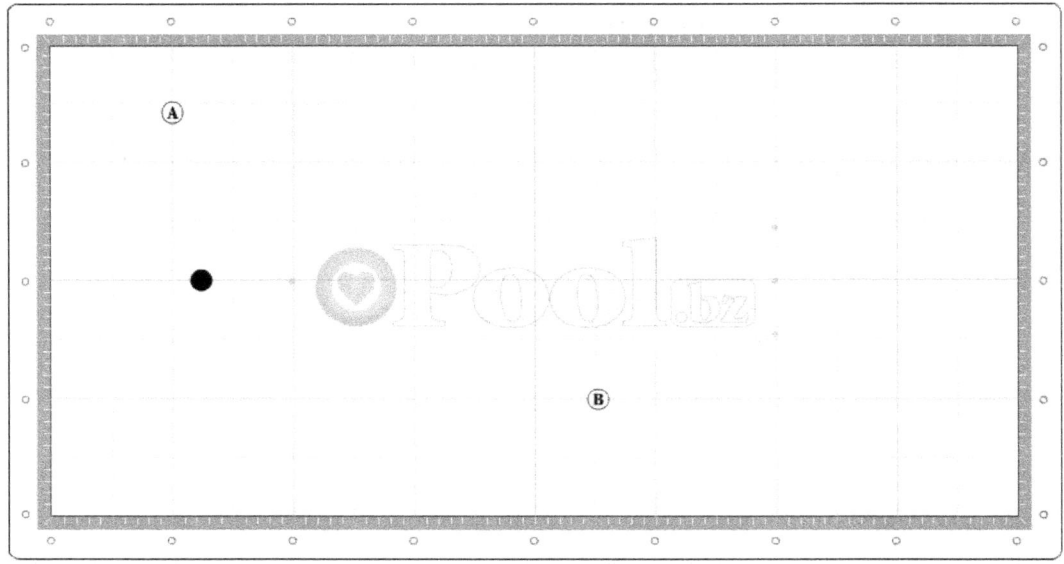

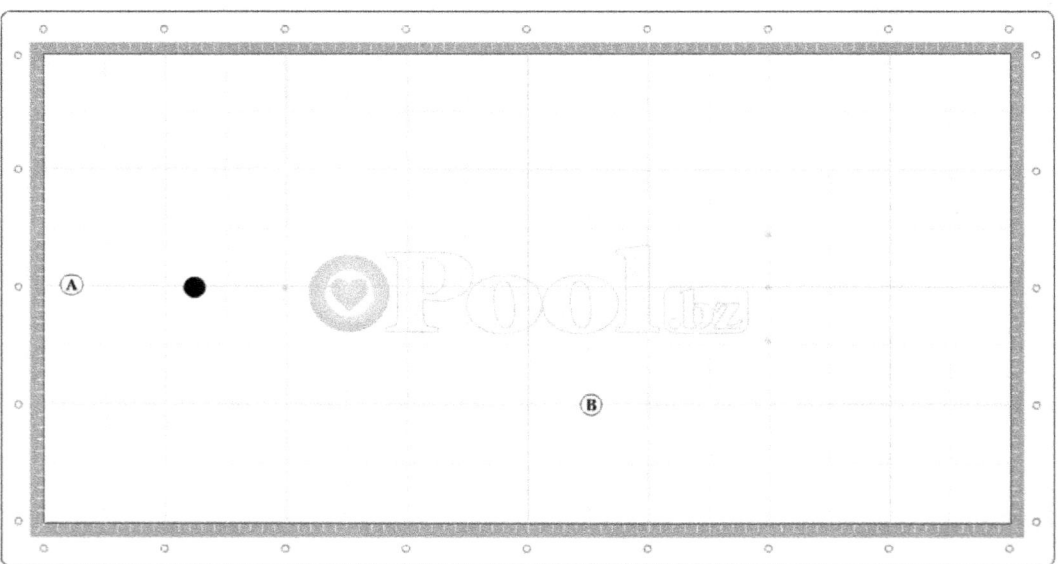

NOTASS:

Grupo 5, conjunto 4

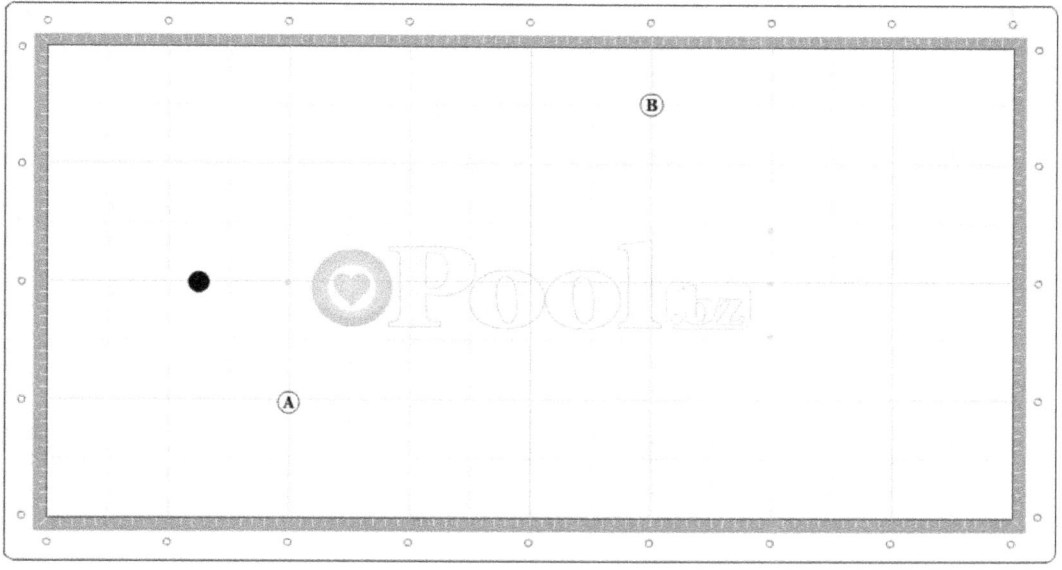

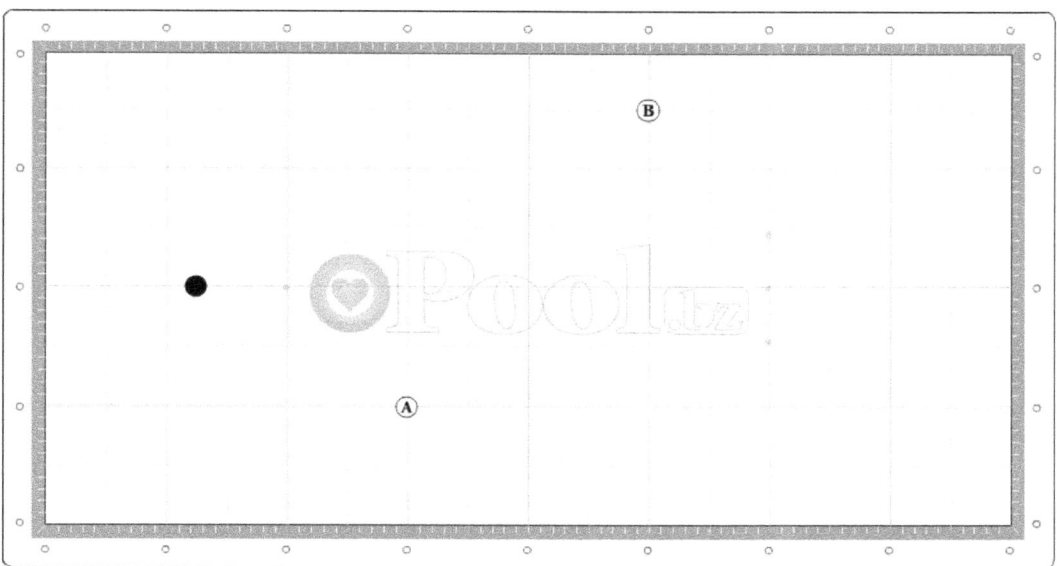

NOTASS:

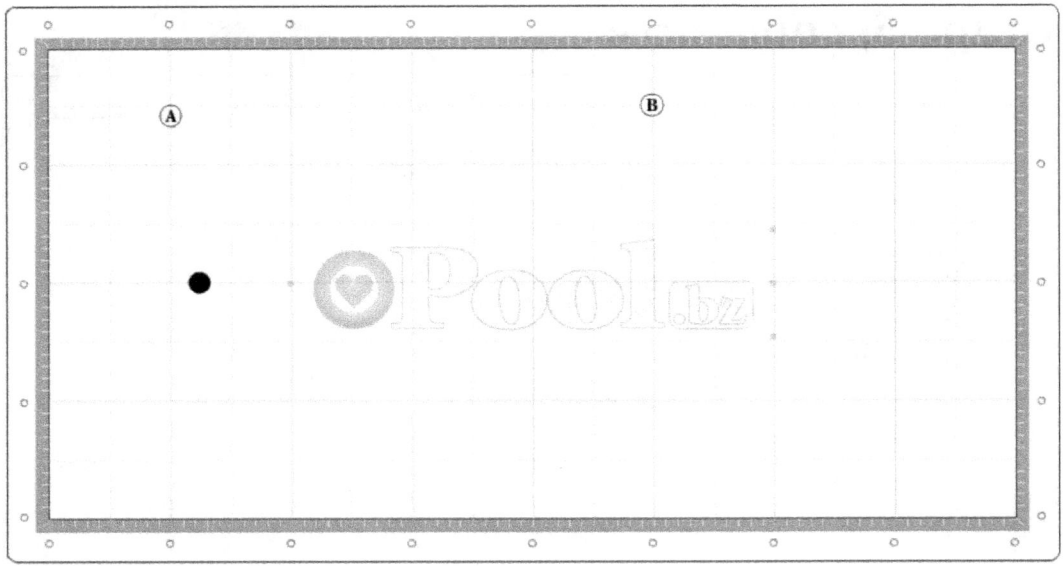

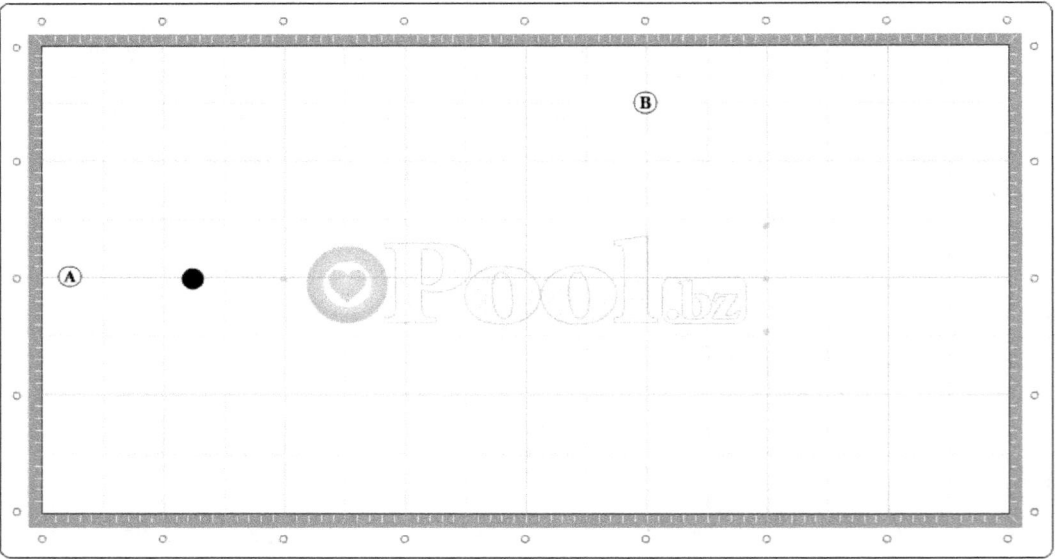

NOTASS:

Grupo 5, conjunto 5

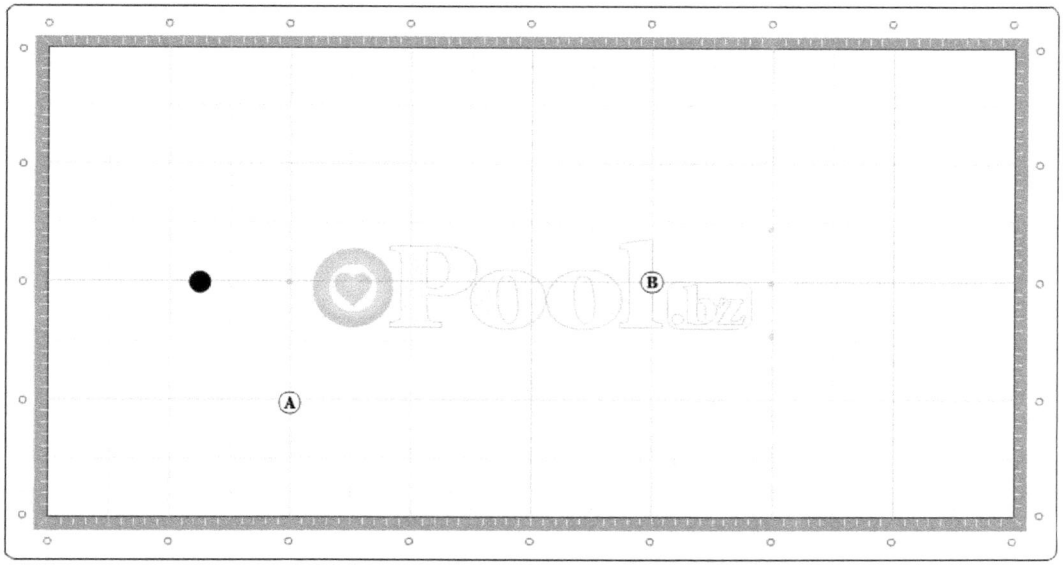

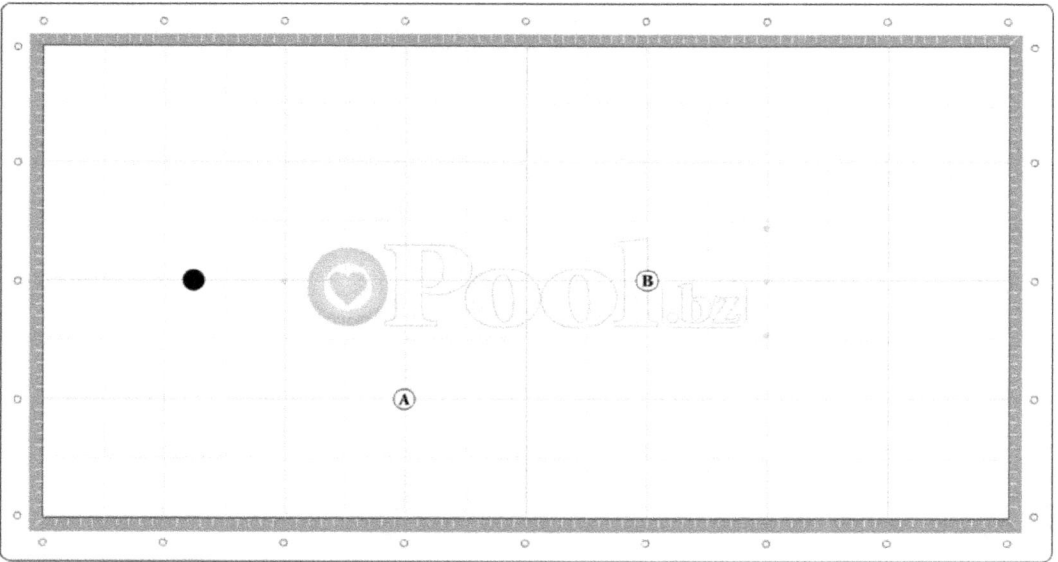

NOTASS:

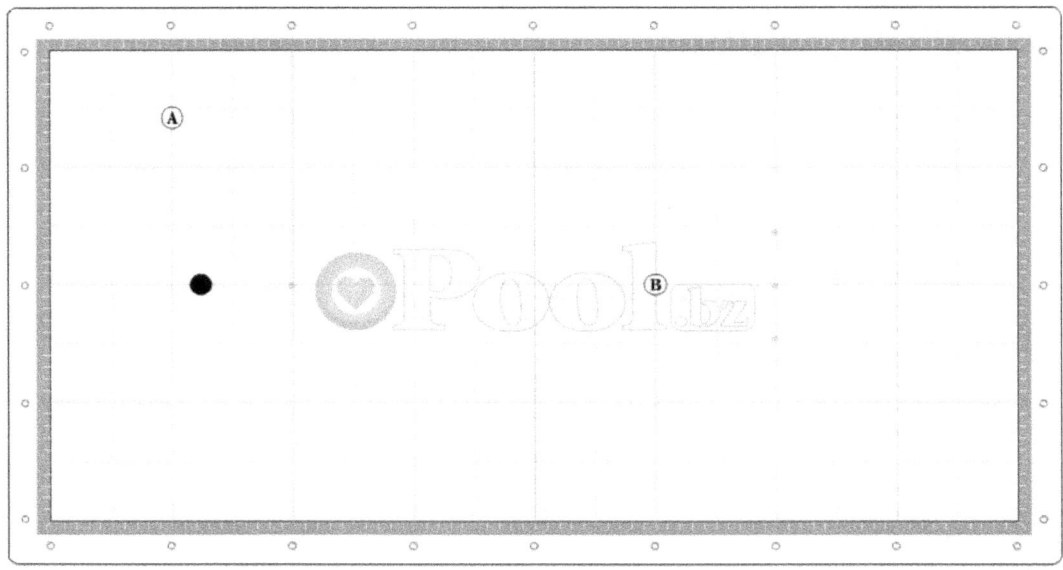

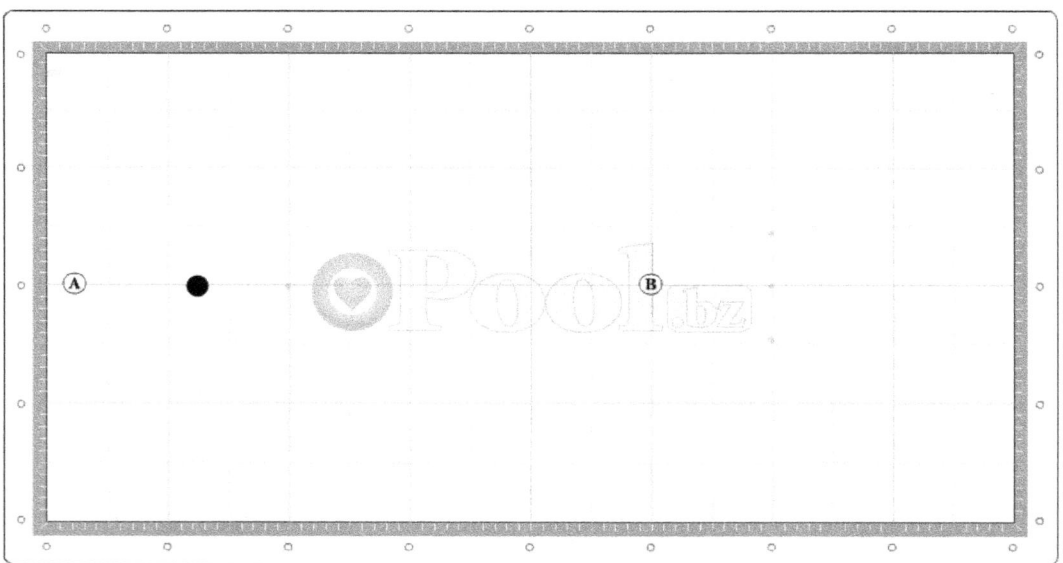

NOTASS:

Grupo 5, conjunto 6

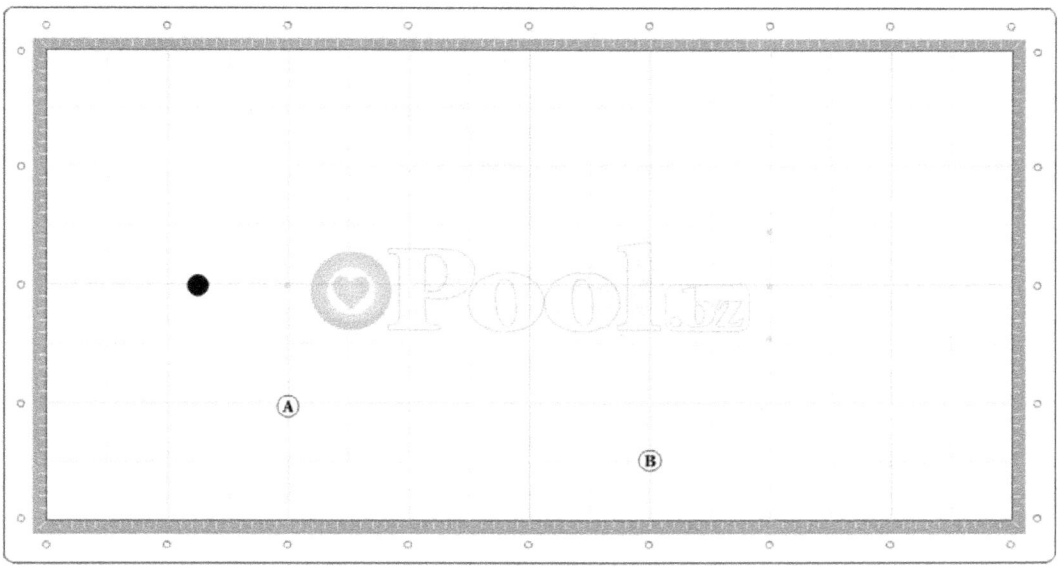

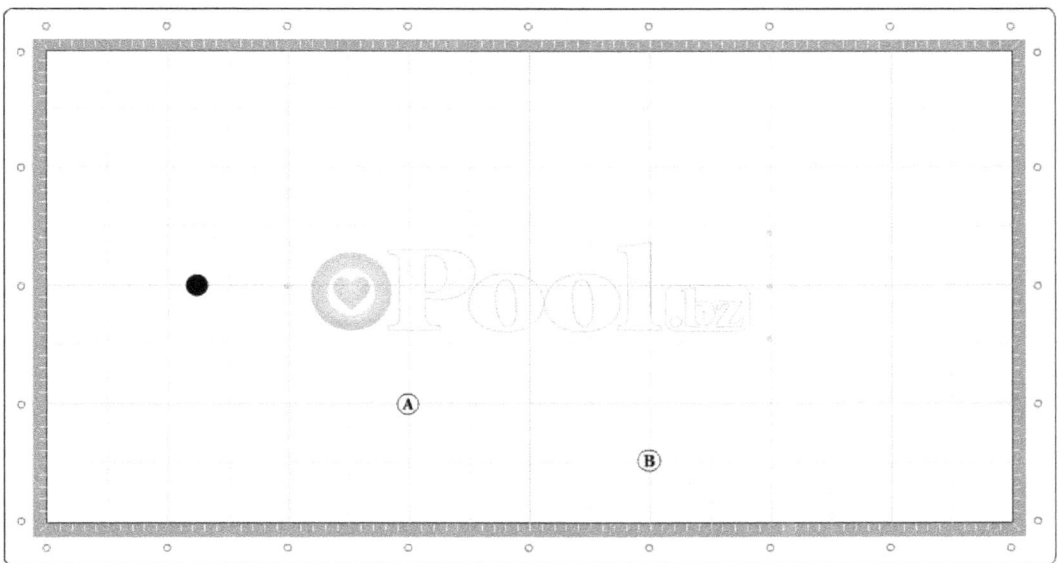

NOTASS:

Bilhar carambola: Mais enigmas e quebra-cabeças

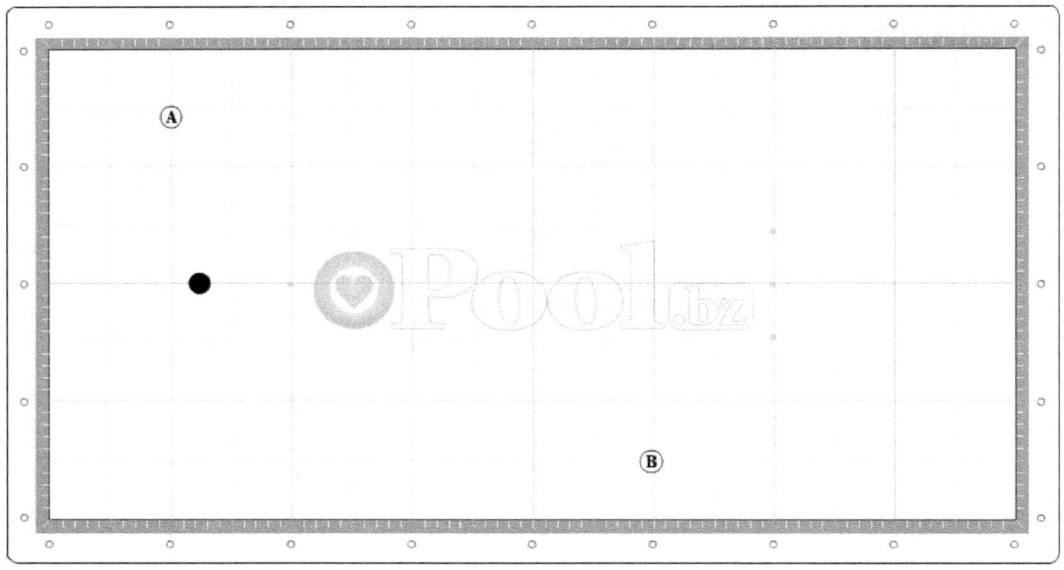

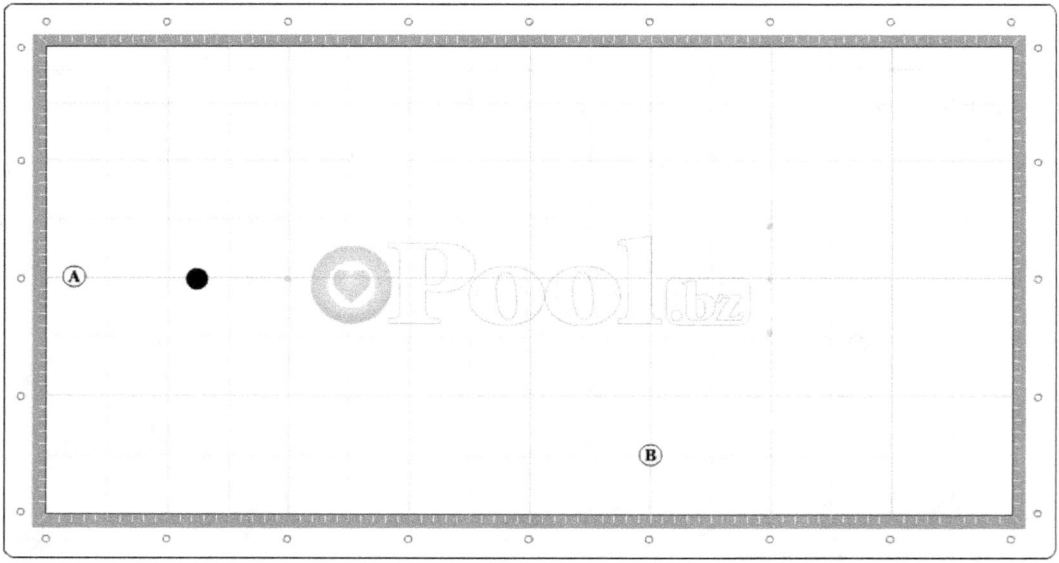

NOTASS:

Grupo 5, conjunto 7

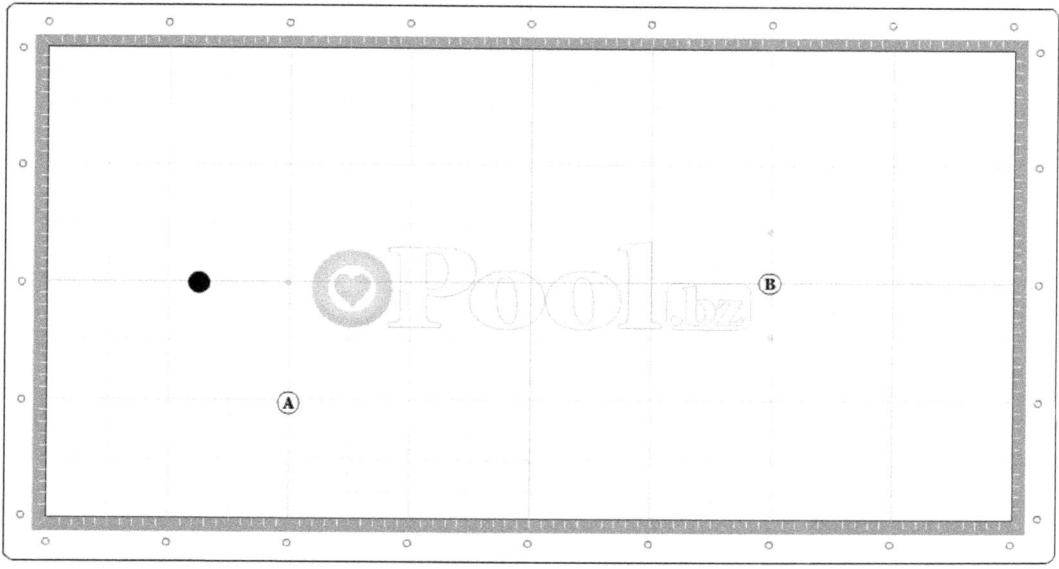

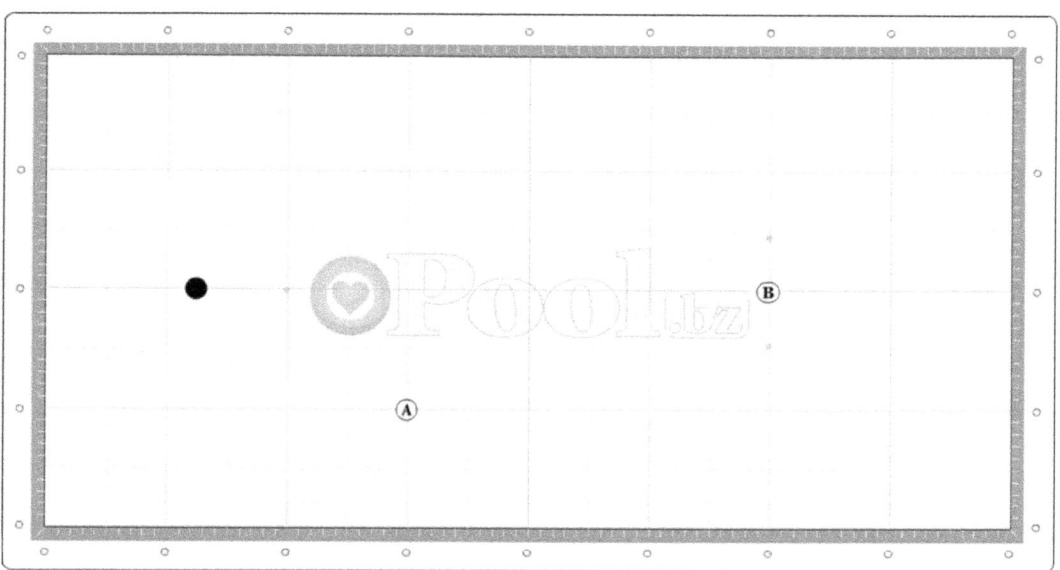

NOTASS:

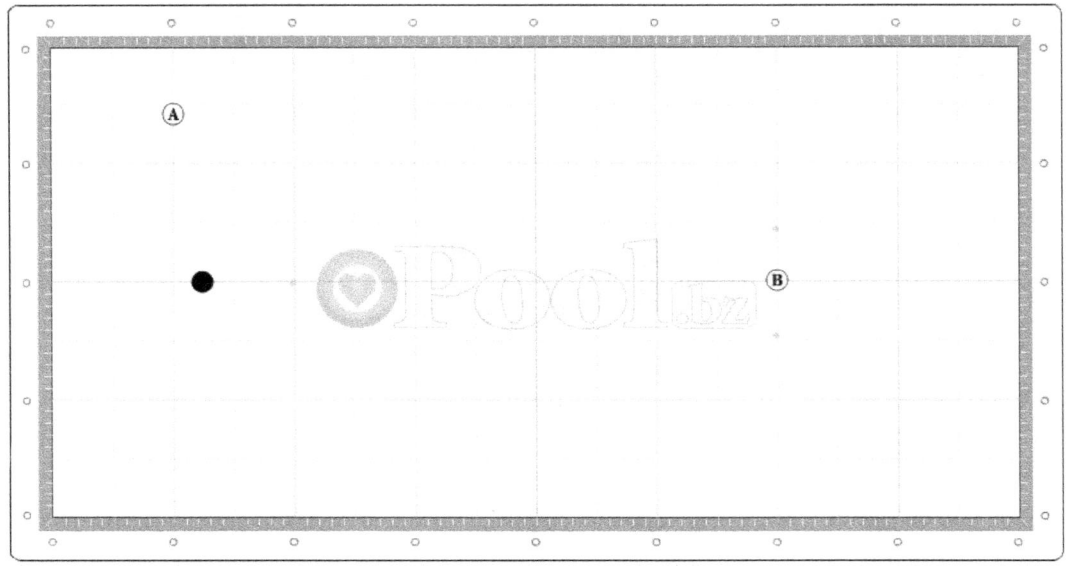

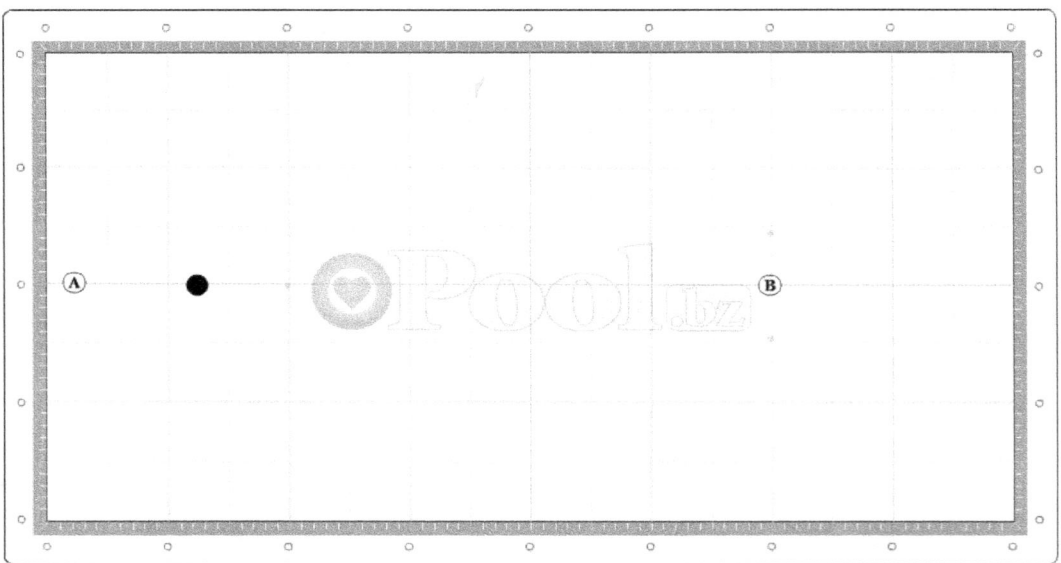

NOTASS:

Grupo 5, conjunto 8

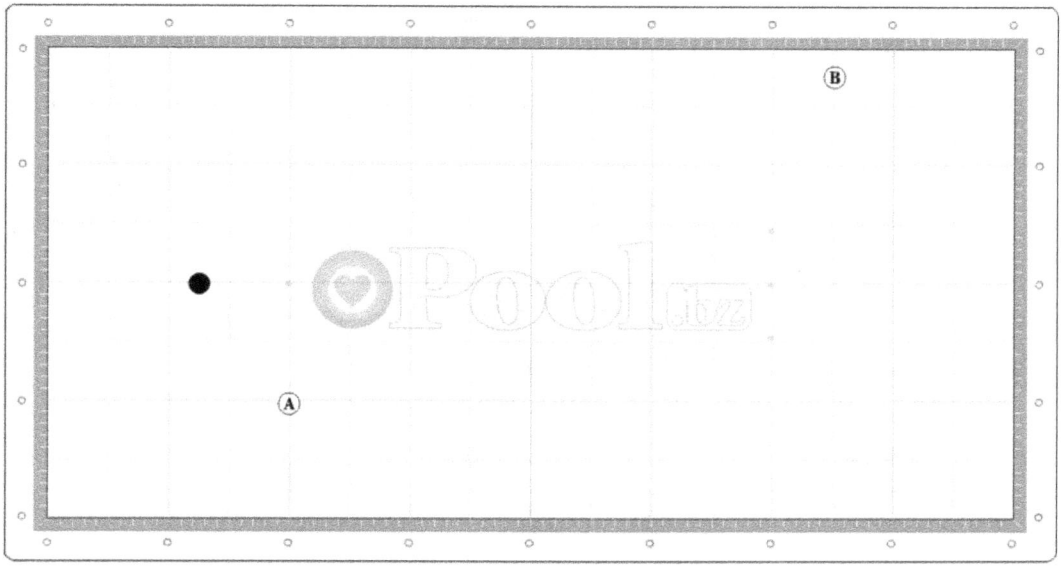

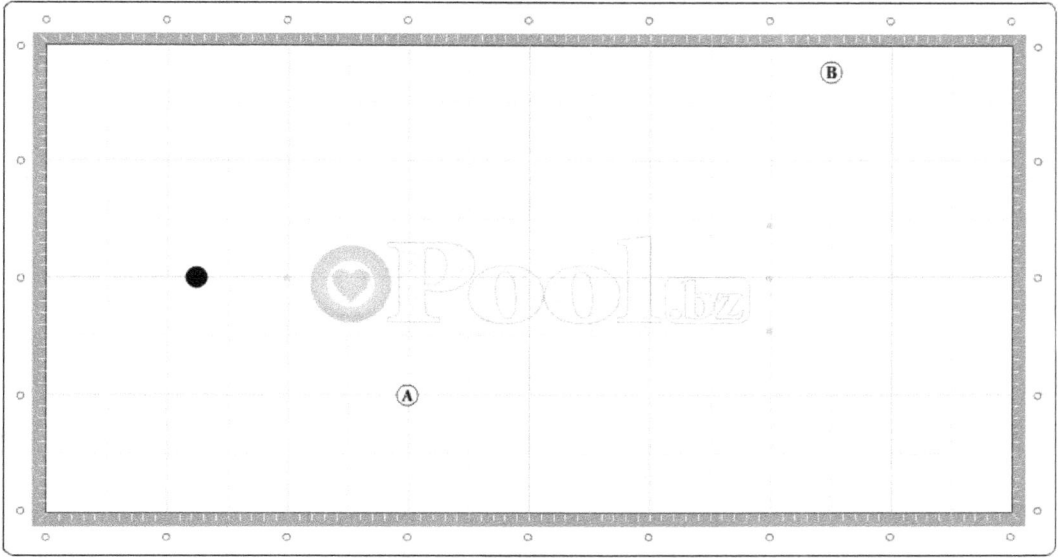

NOTASS:

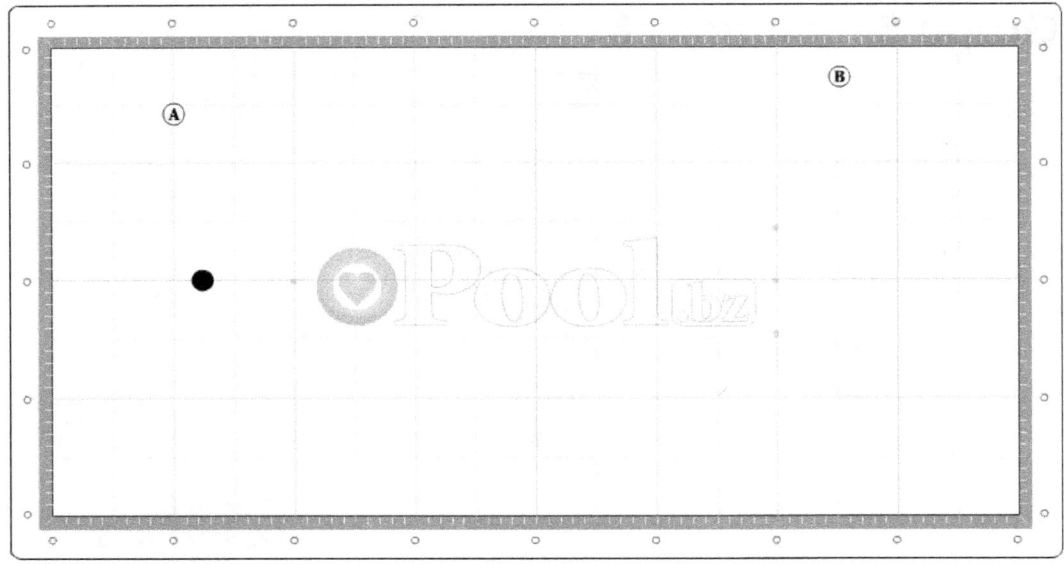

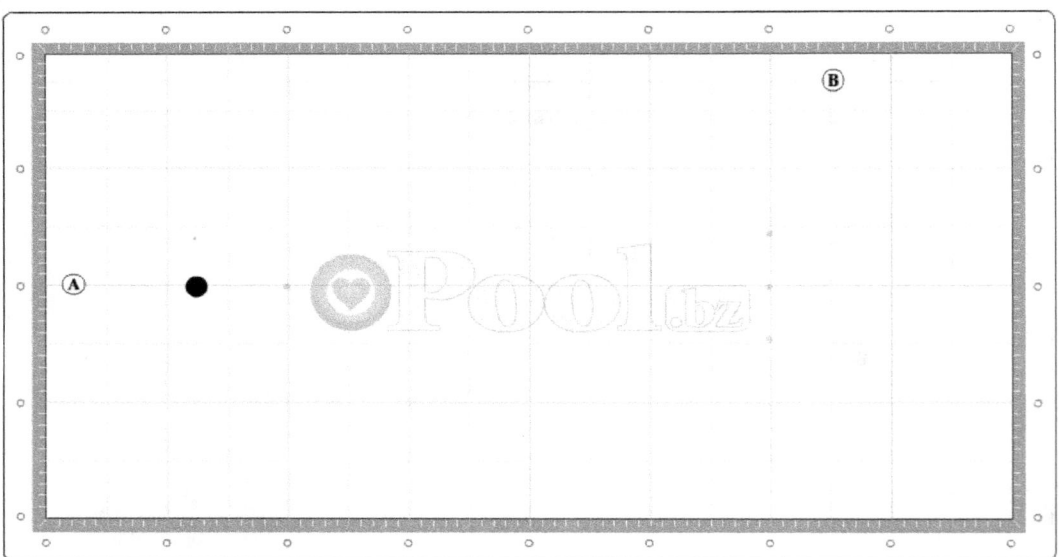

NOTASS:

Grupo 5, conjunto 9

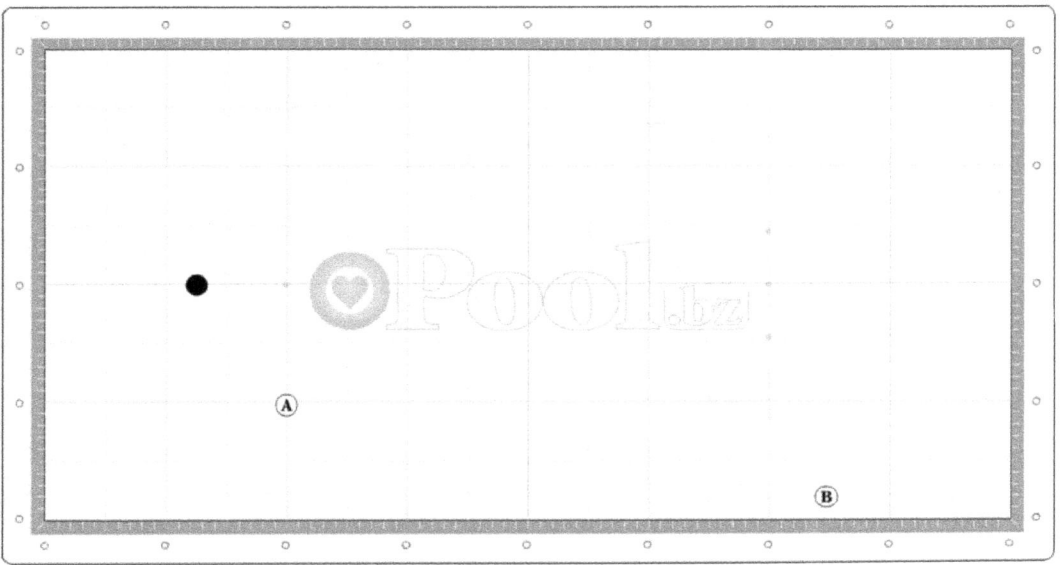

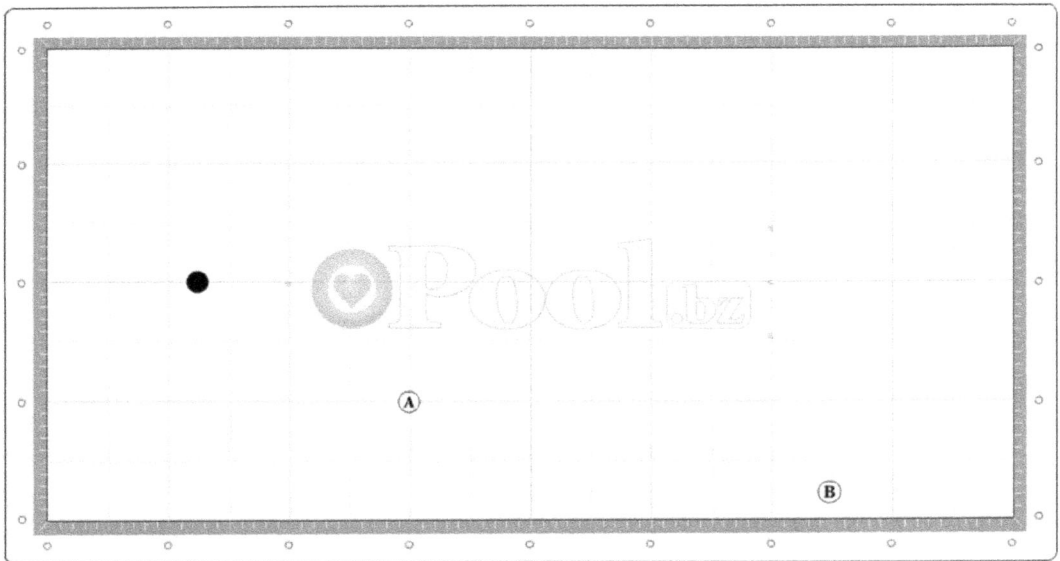

NOTASS:

Bilhar carambola: Mais enigmas e quebra-cabeças

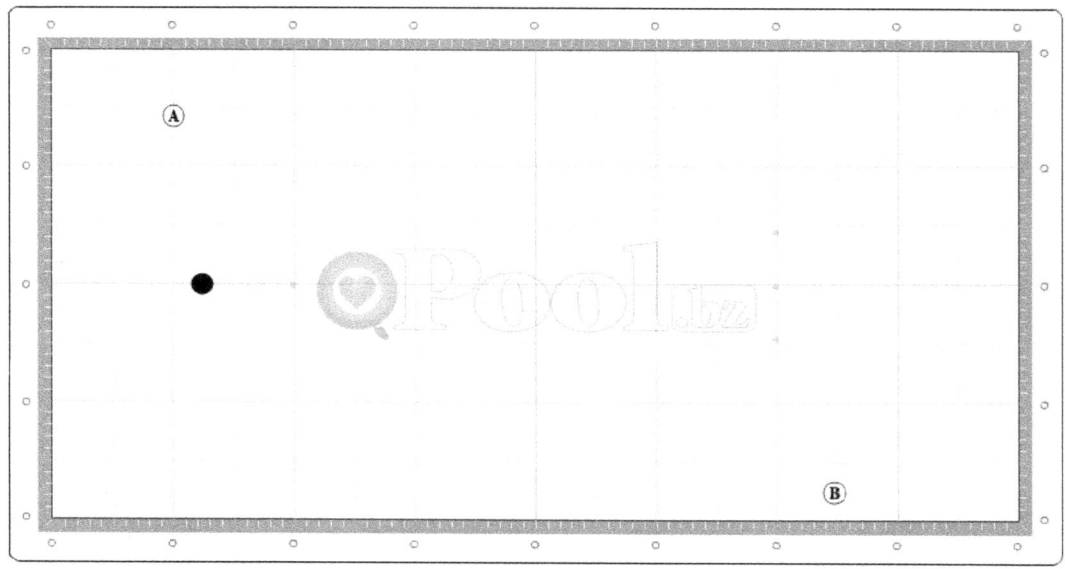

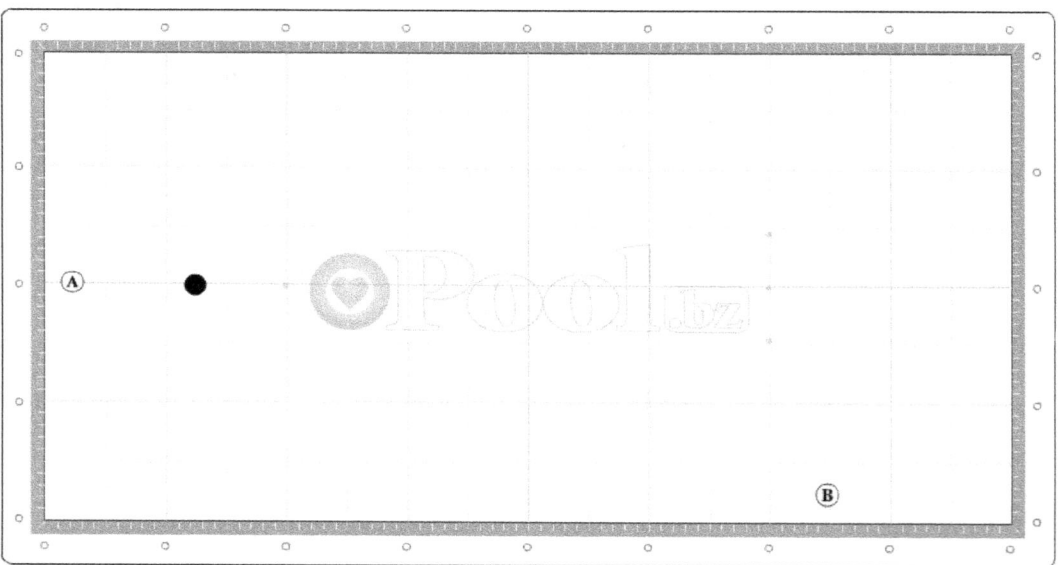

NOTASS:

Grupo 5, conjunto 10

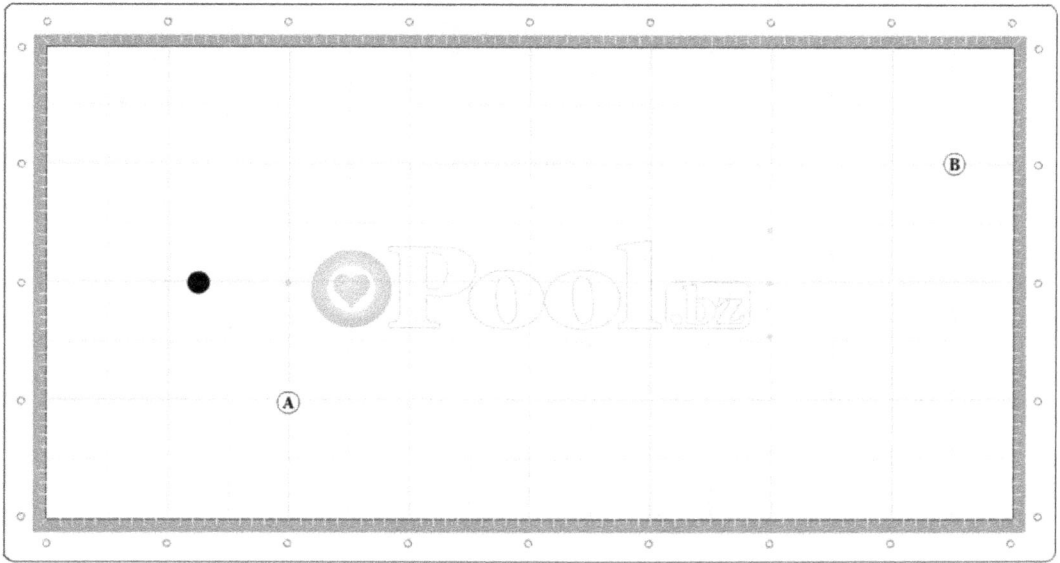

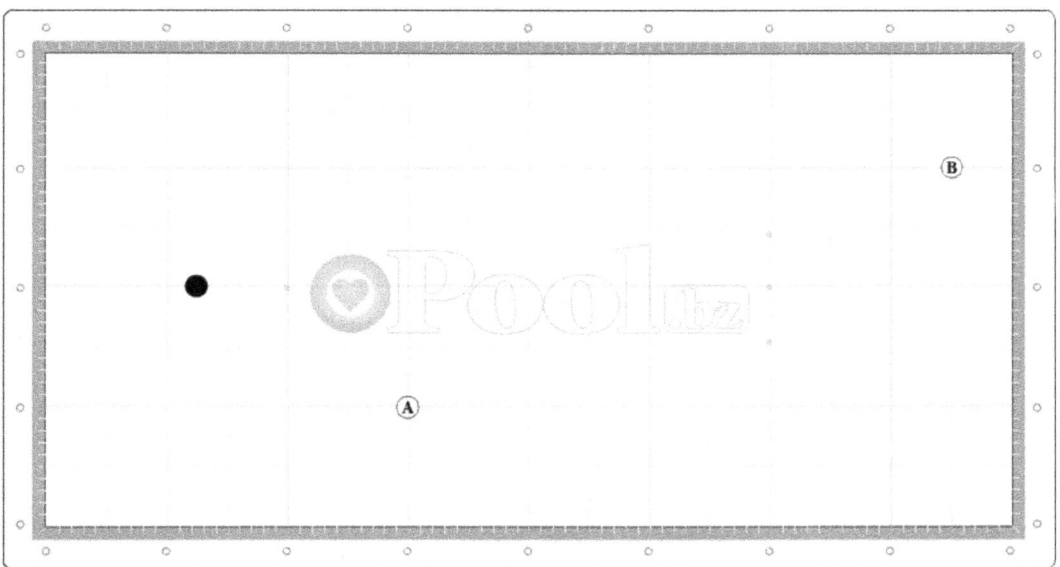

NOTASS:

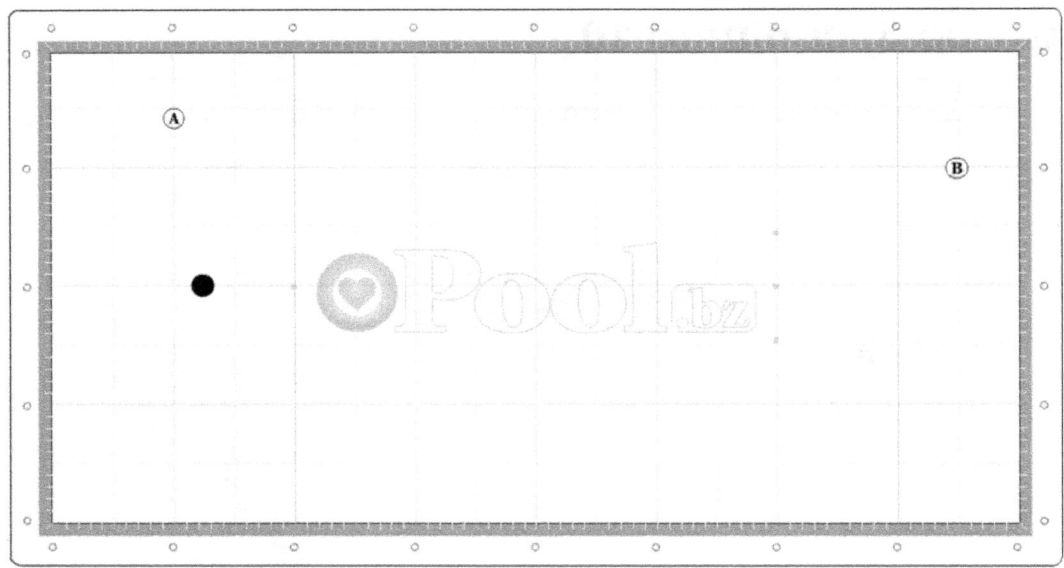

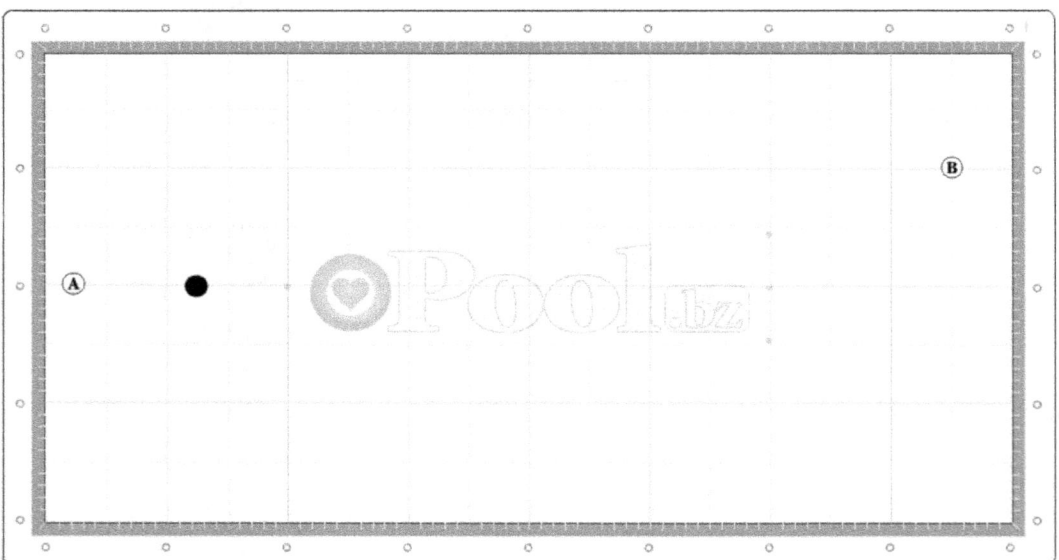

NOTASS:

Grupo 5, conjunto 11

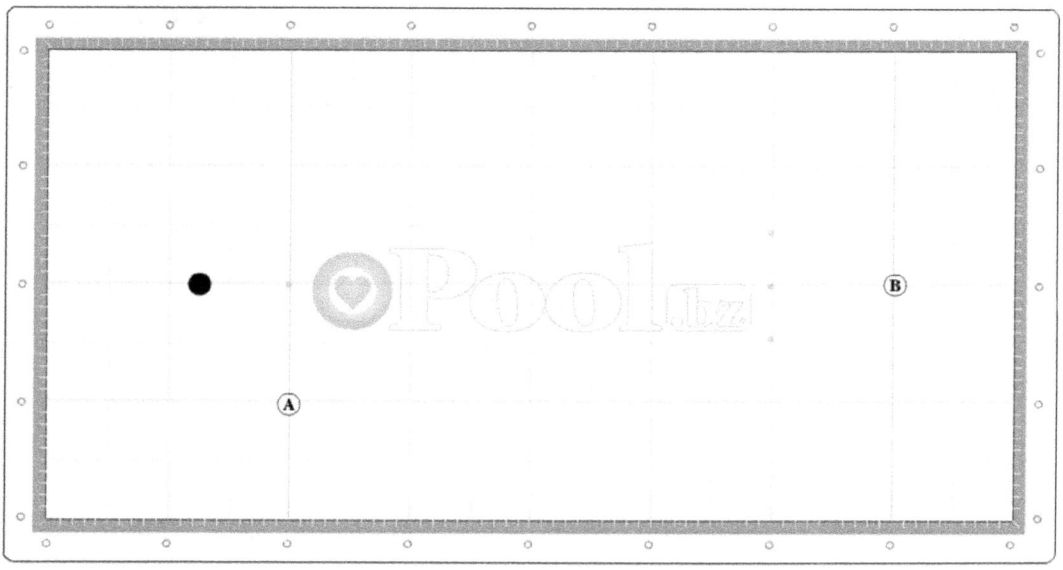

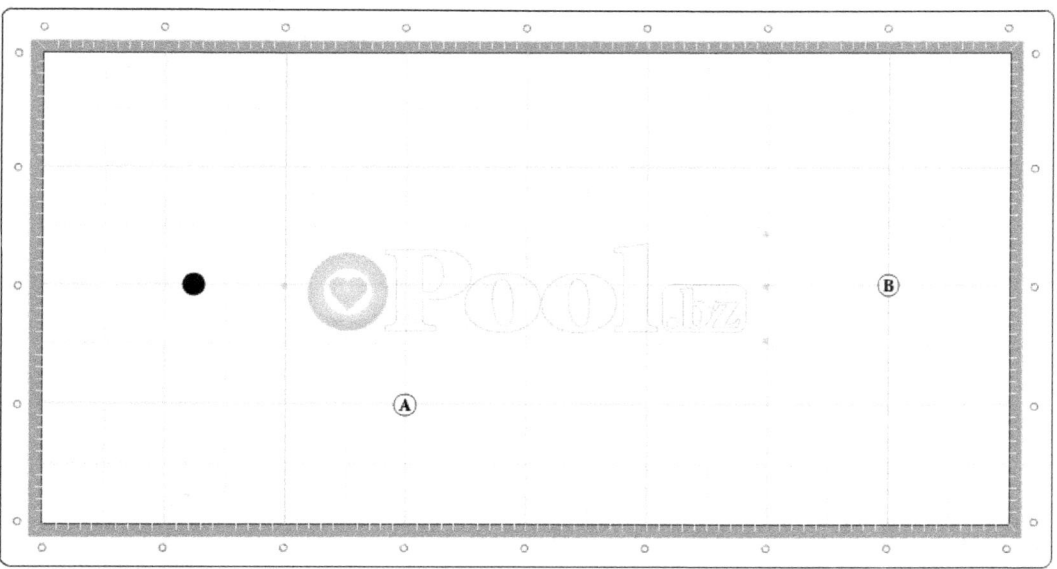

NOTASS:

(Na frente deste livro, há 4 soluções de amostra desse layout.)

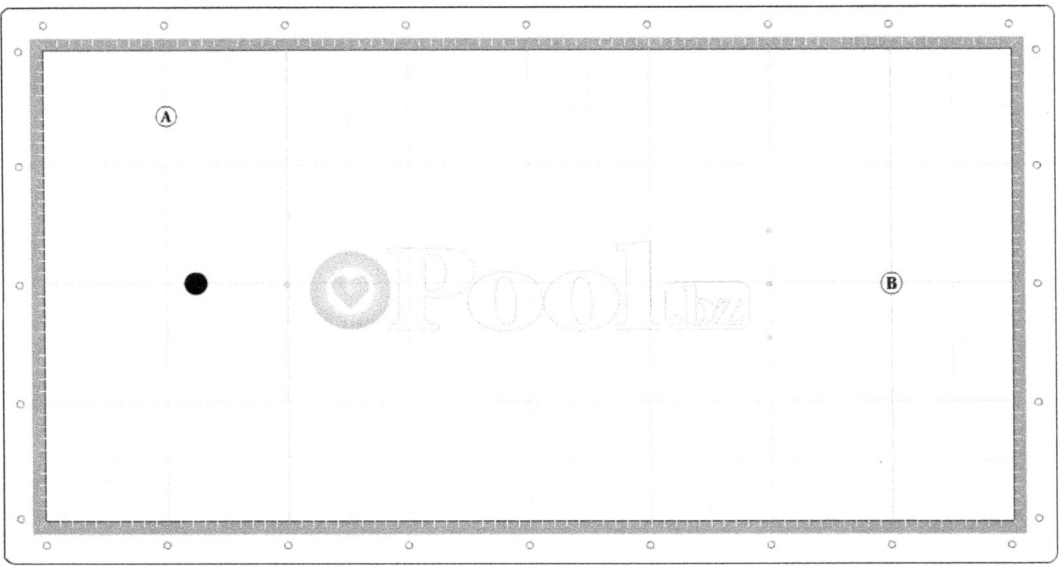

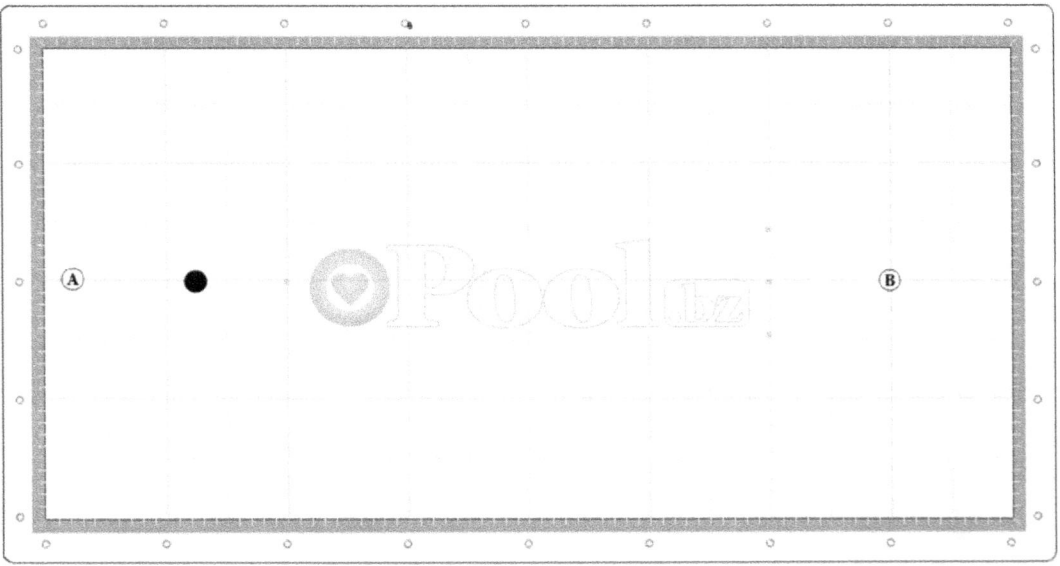

NOTASS:

Grupo 5, conjunto 12

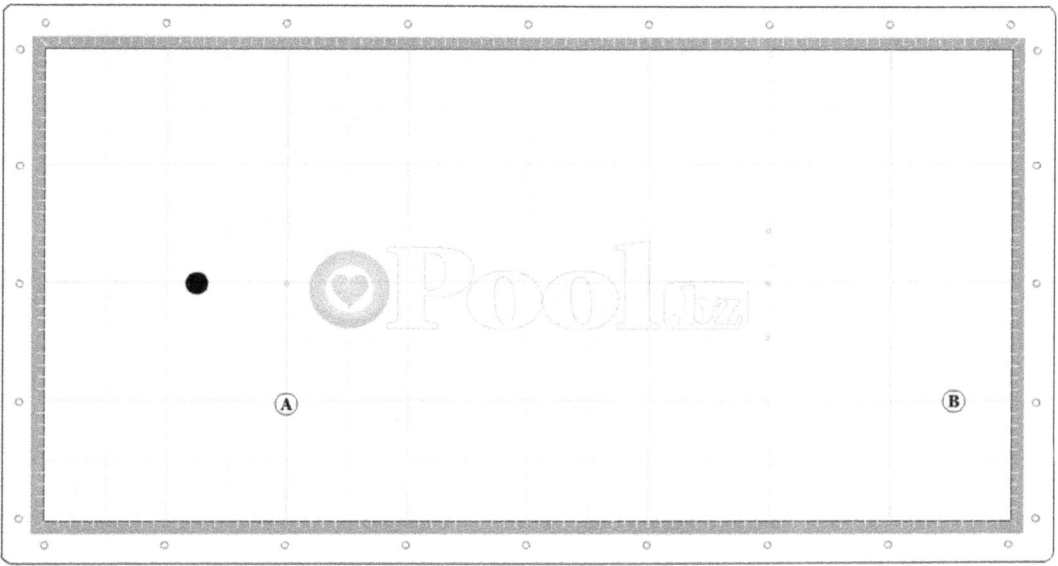

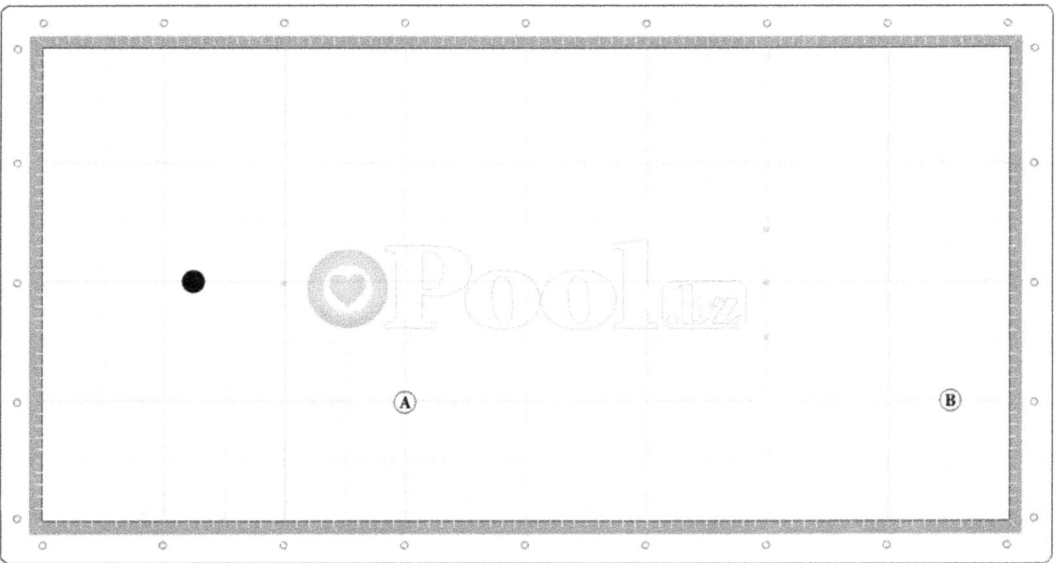

NOTASS:

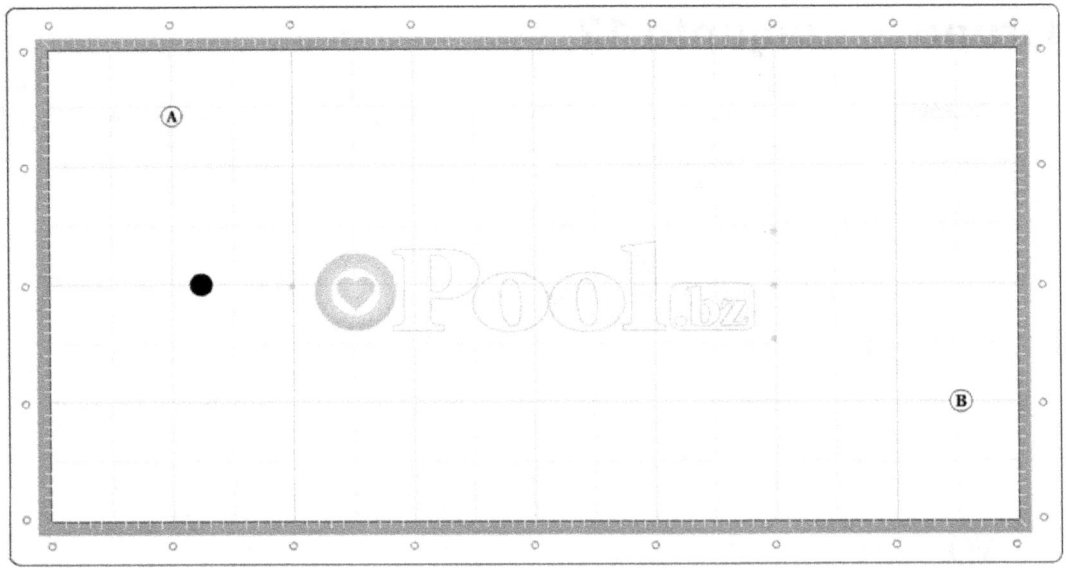

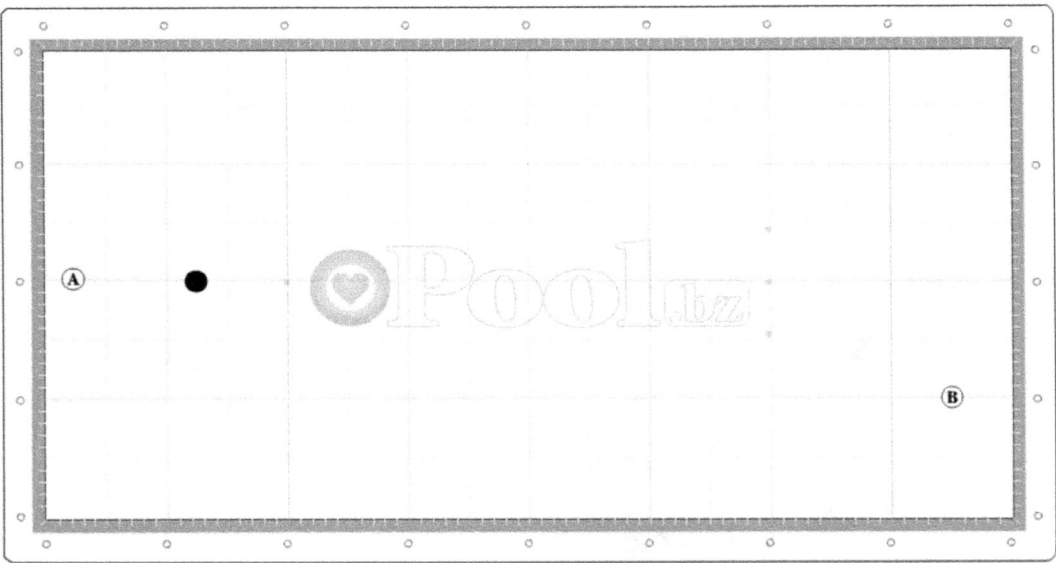

NOTASS:

GRUPO 6

Grupo 6, conjunto 1

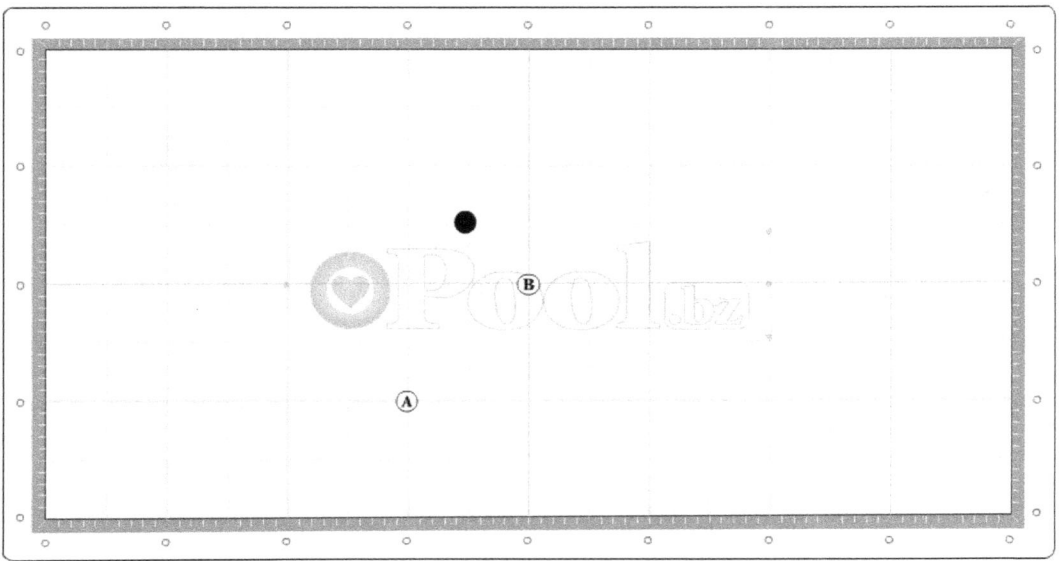

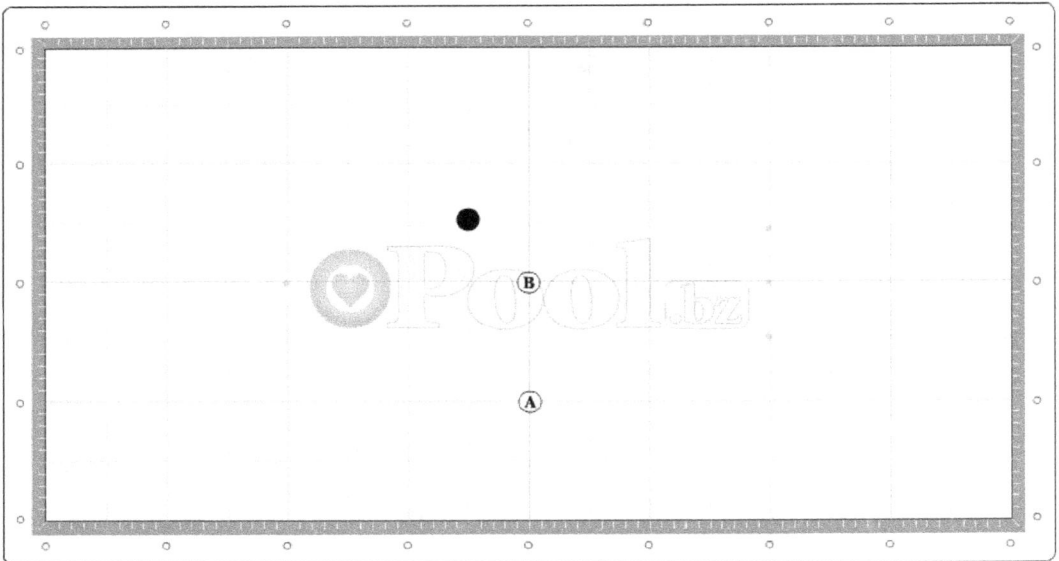

NOTASS:

Bilhar carambola: Mais enigmas e quebra-cabeças

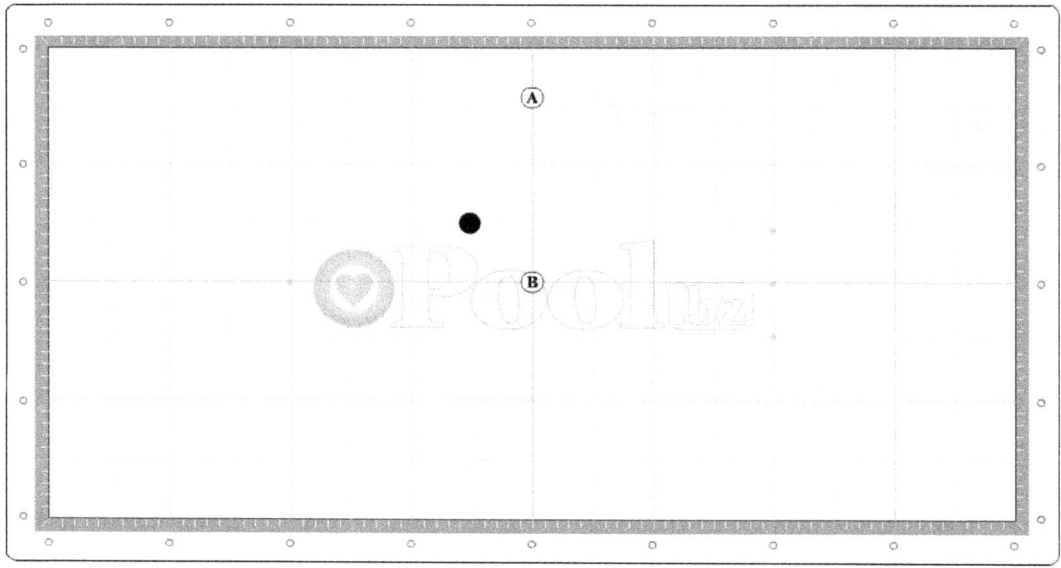

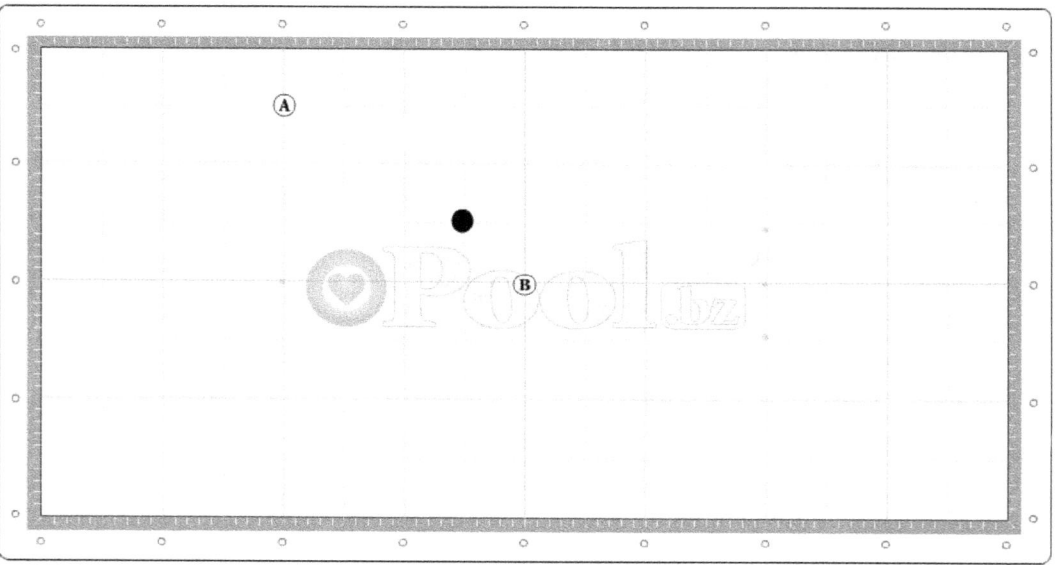

NOTASS:

Grupo 6, conjunto 2

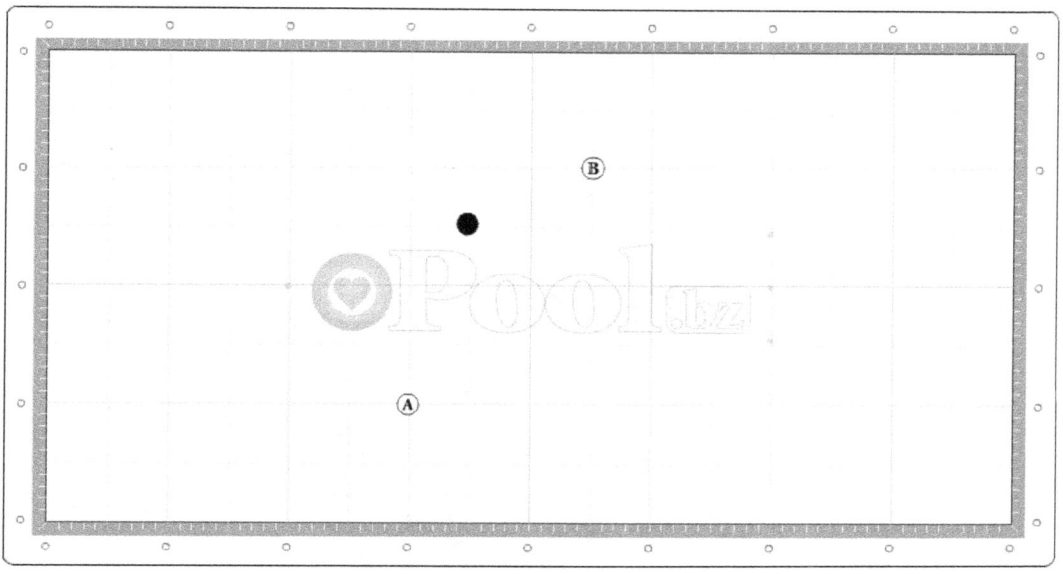

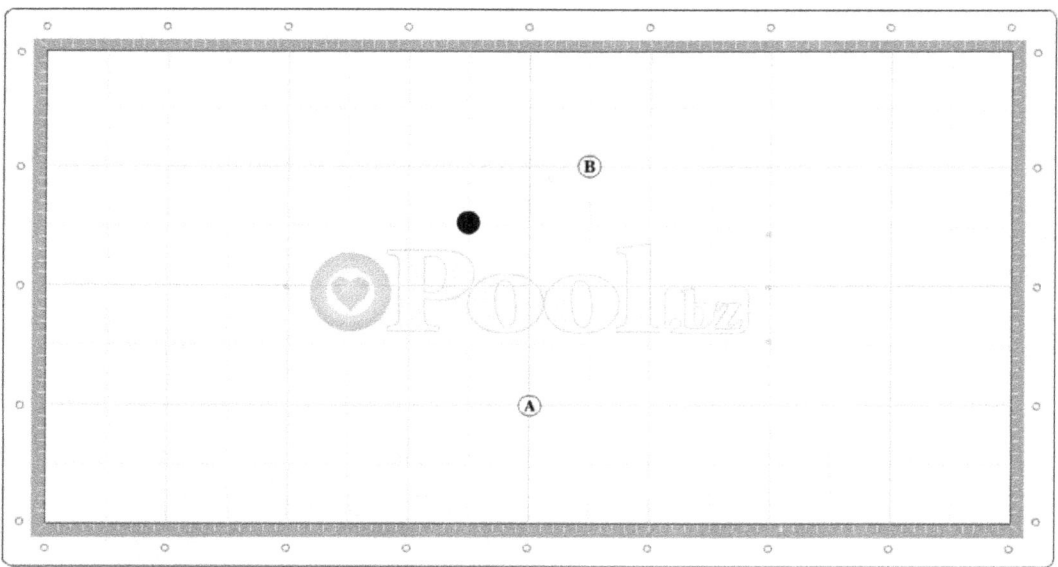

NOTASS:

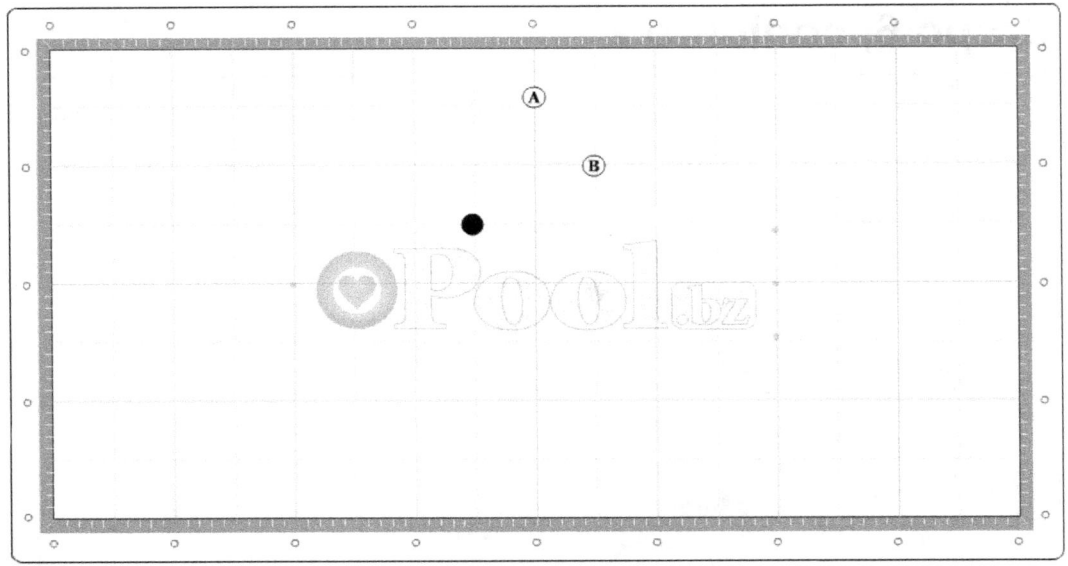

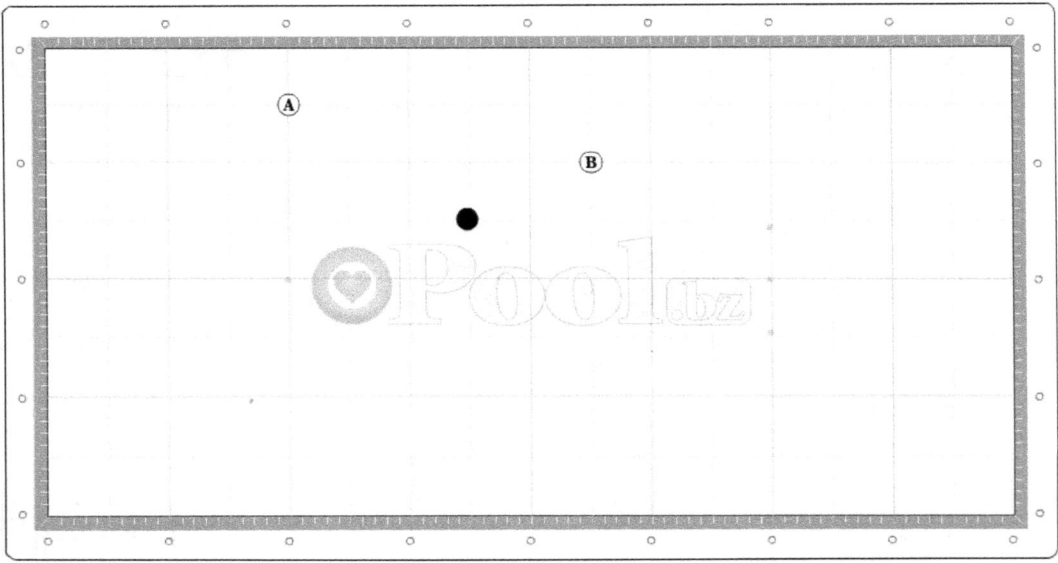

NOTASS:

Grupo 6, conjunto 3

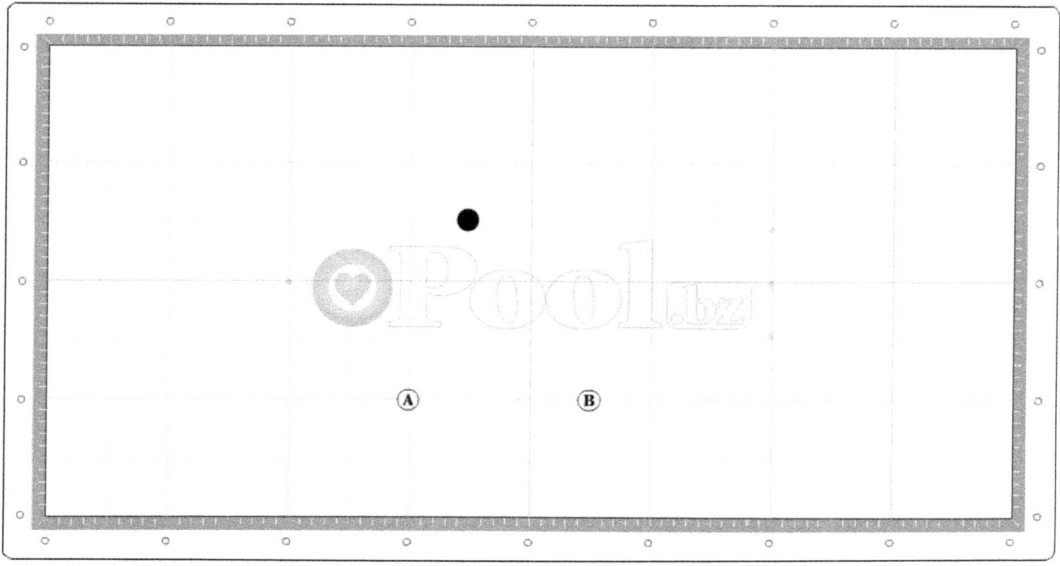

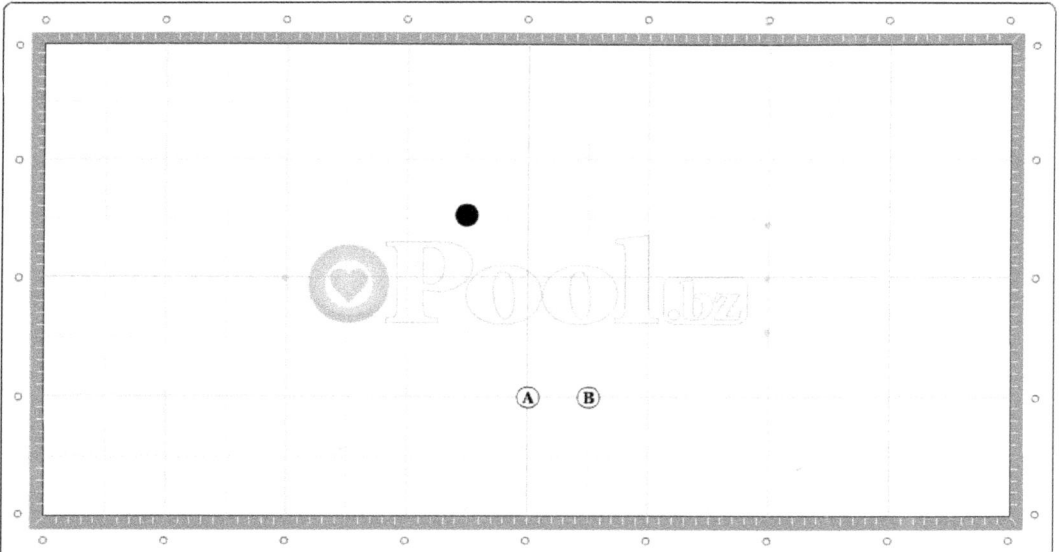

NOTASS:

Bilhar carambola: Mais enigmas e quebra-cabeças

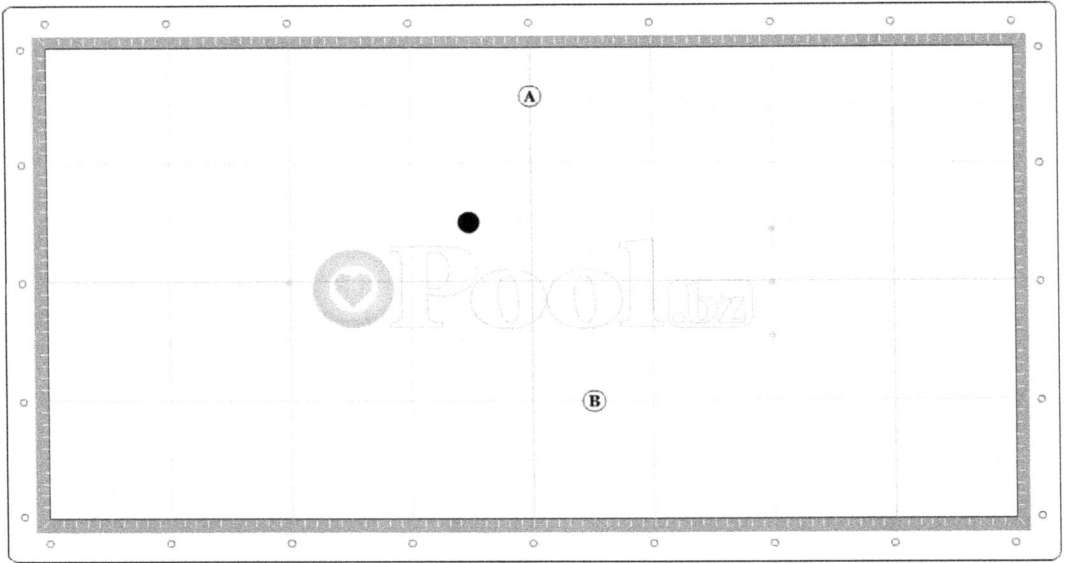

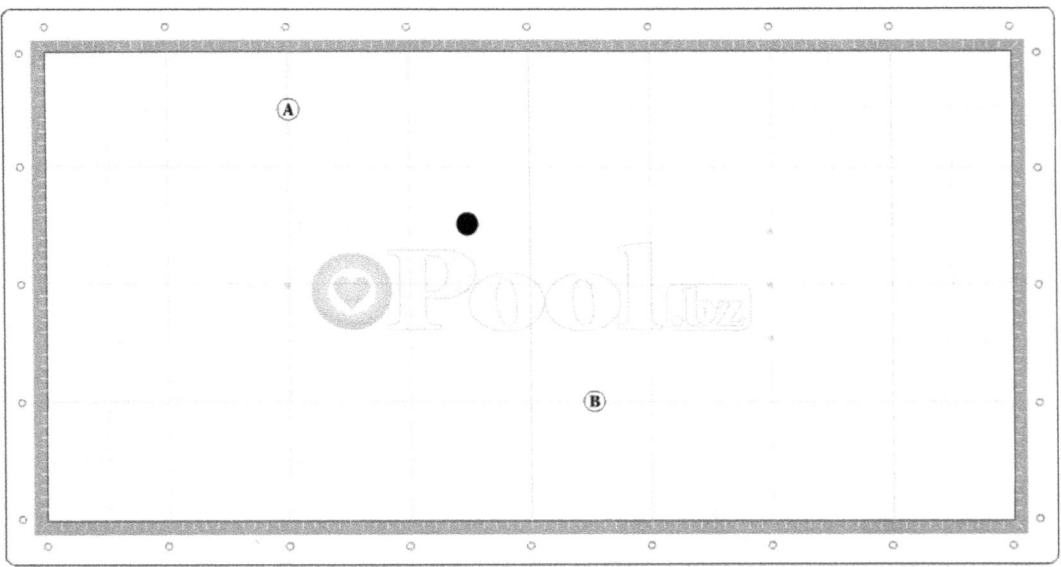

NOTASS:

Grupo 6, conjunto 4

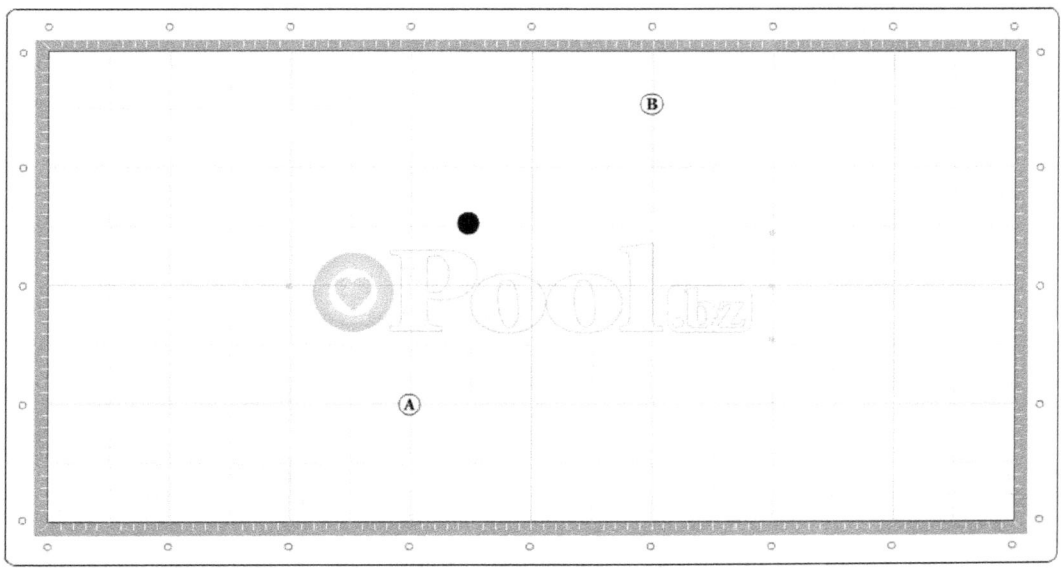

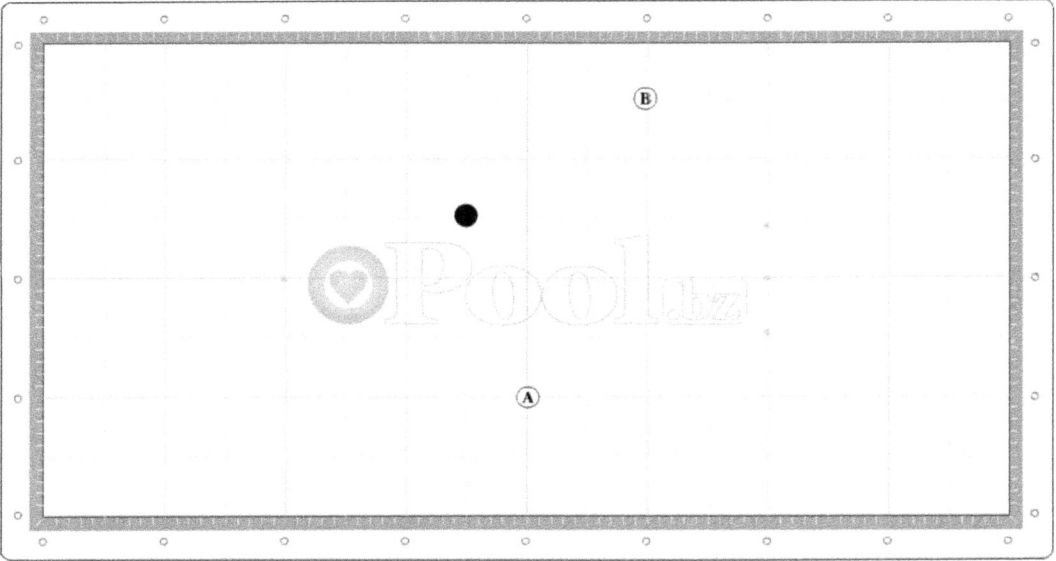

NOTASS:

Bilhar carambola: Mais enigmas e quebra-cabeças

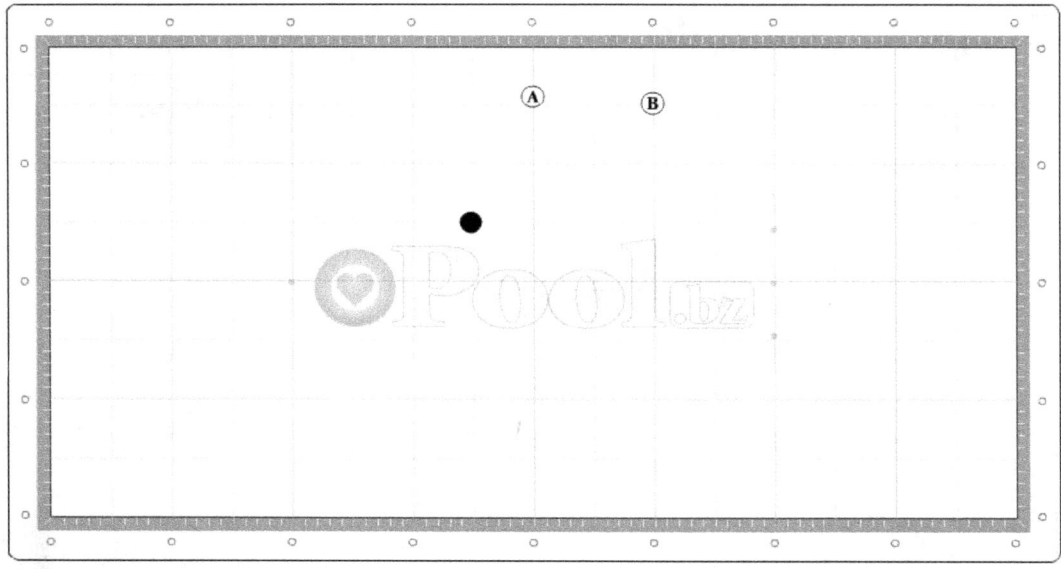

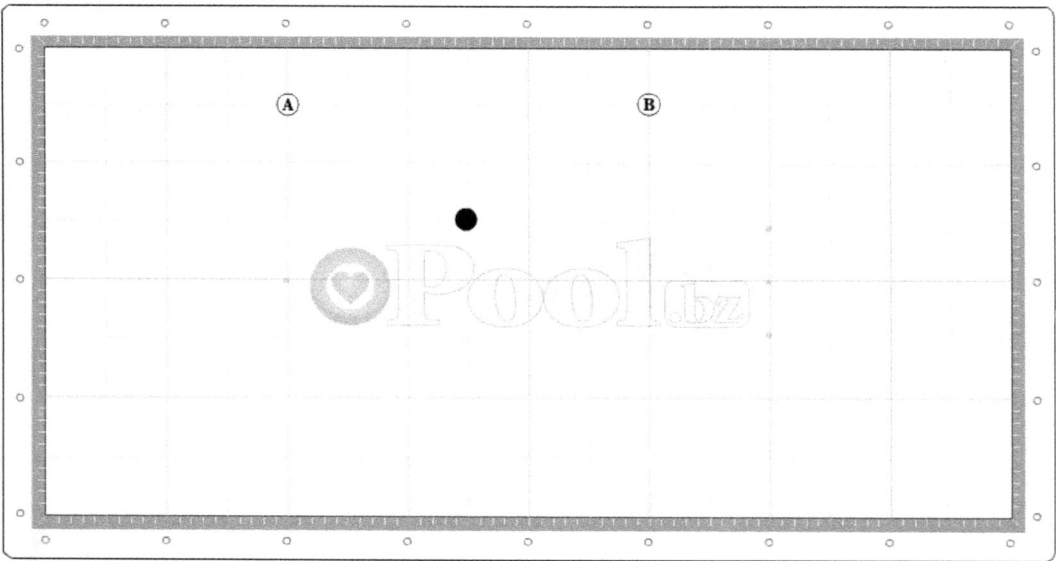

NOTASS:

Grupo 6, conjunto 5

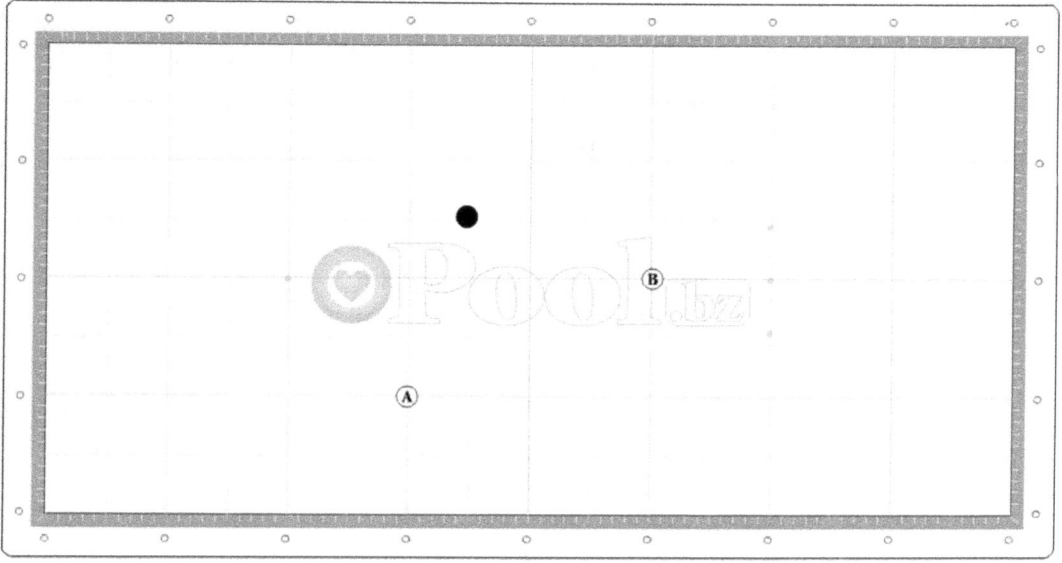

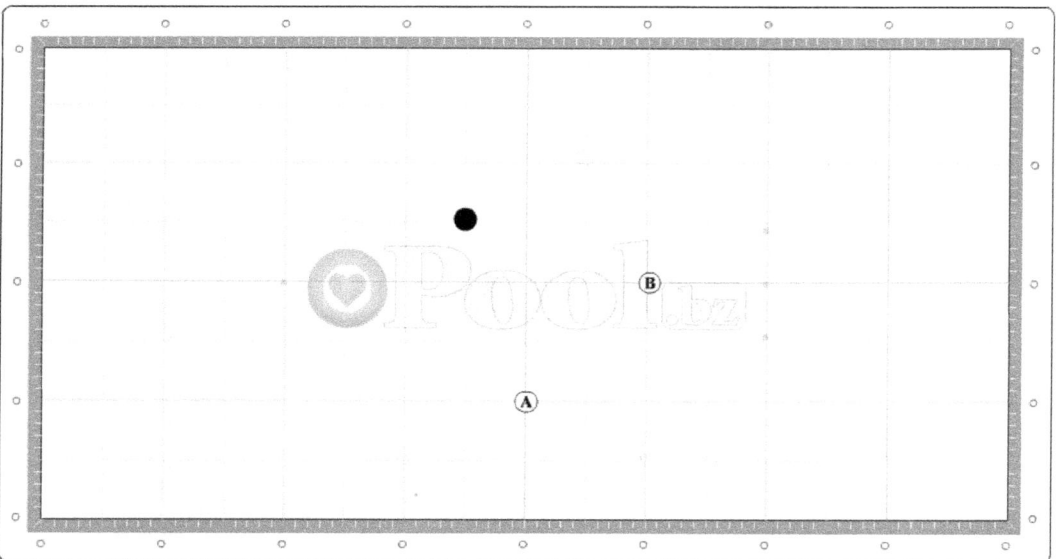

NOTASS:

Bilhar carambola: Mais enigmas e quebra-cabeças

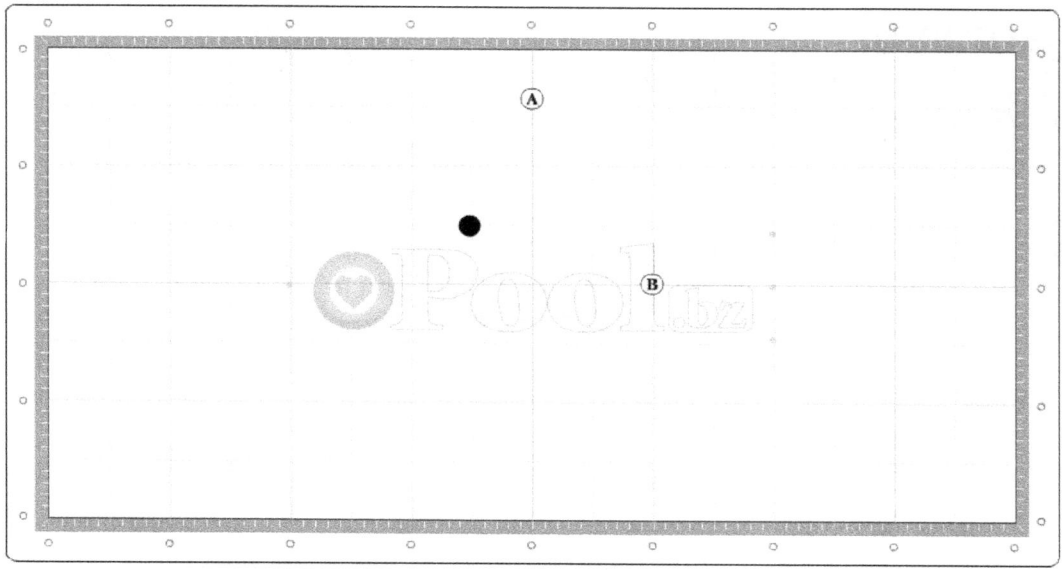

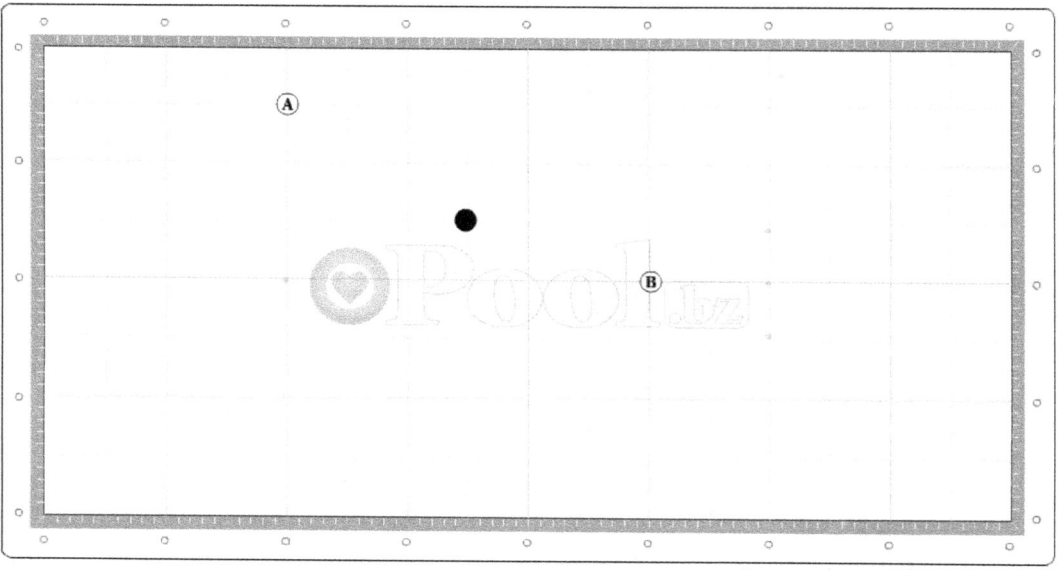

NOTASS:

Grupo 6, conjunto 6

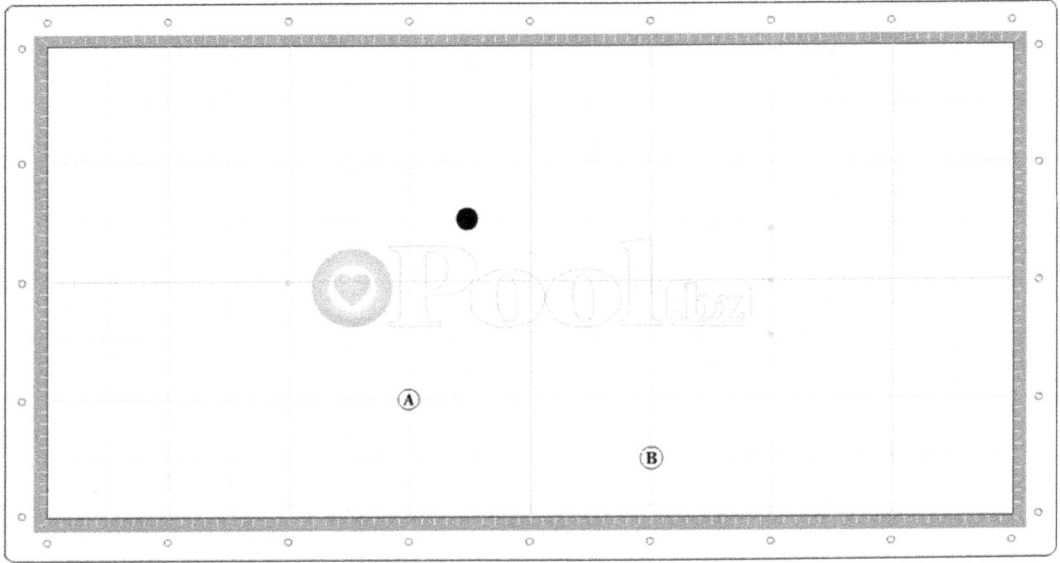

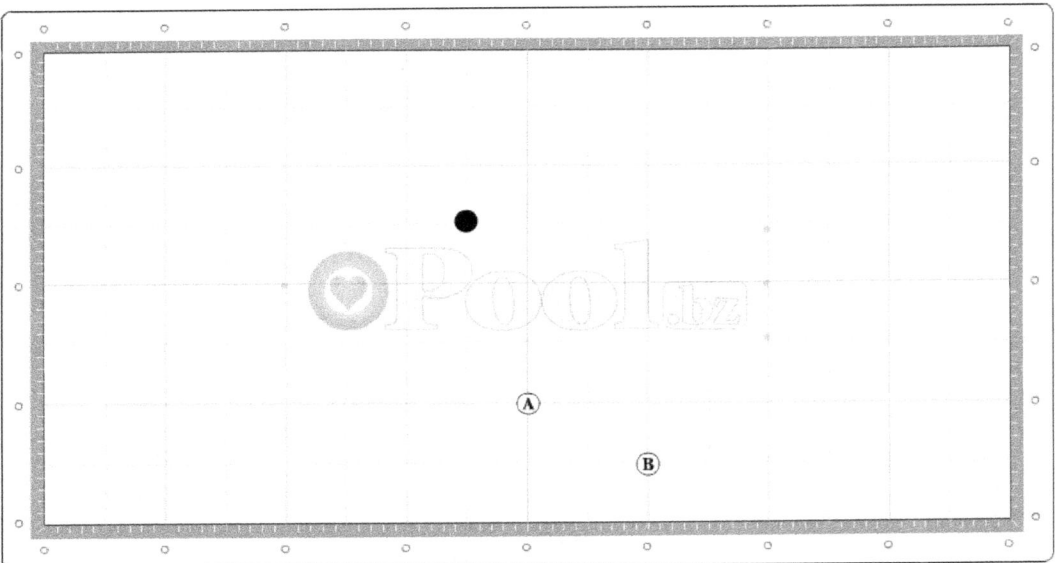

NOTASS:

Bilhar carambola: Mais enigmas e quebra-cabeças

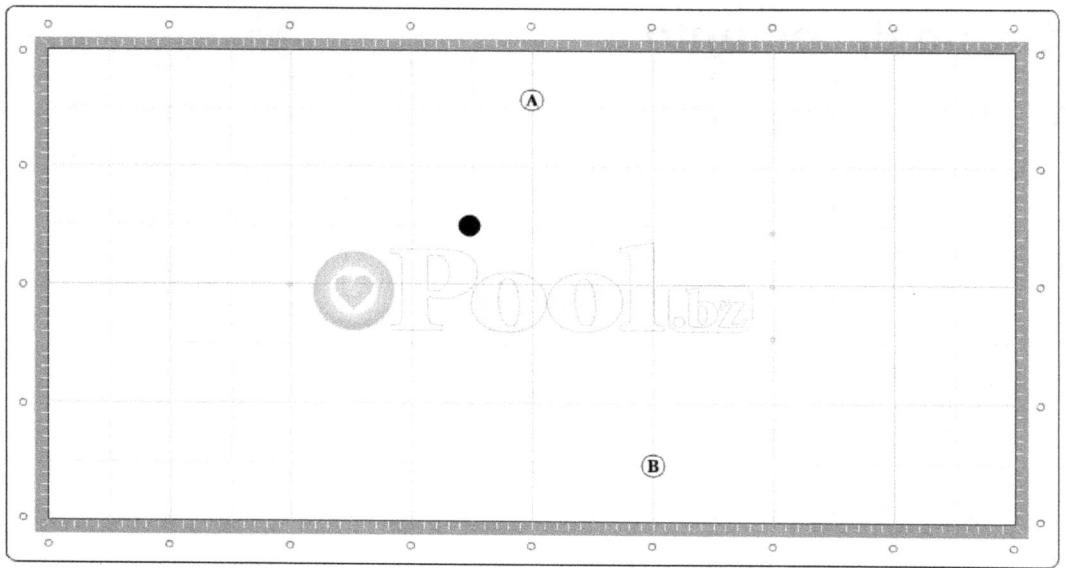

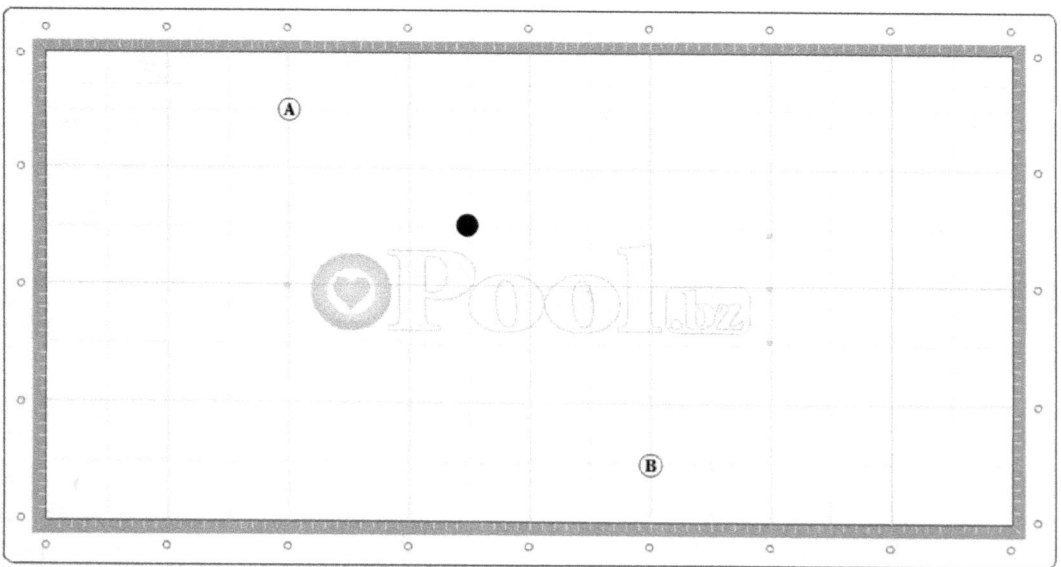

NOTASS:

Grupo 6, conjunto 7

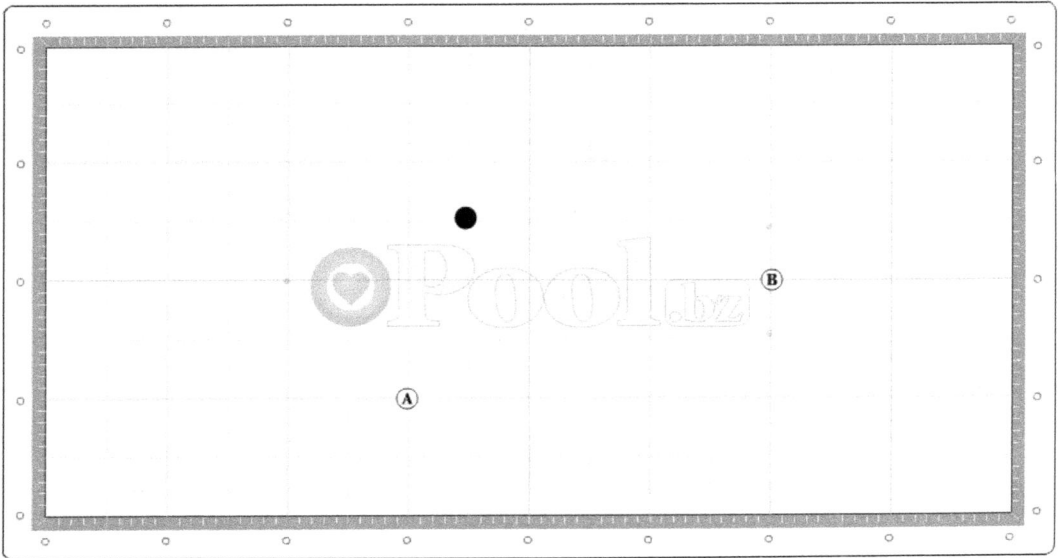

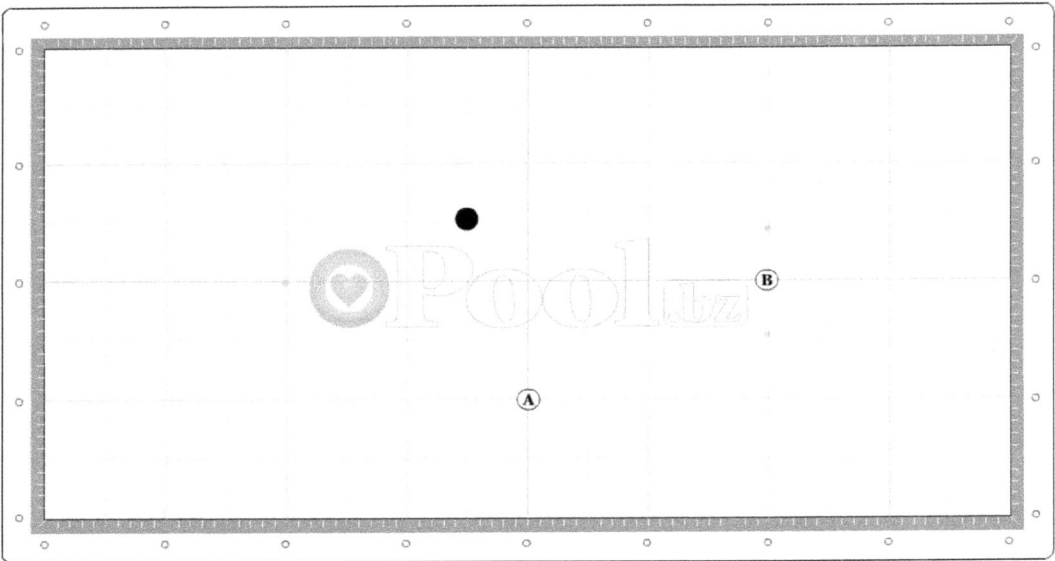

NOTASS:

Bilhar carambola: Mais enigmas e quebra-cabeças

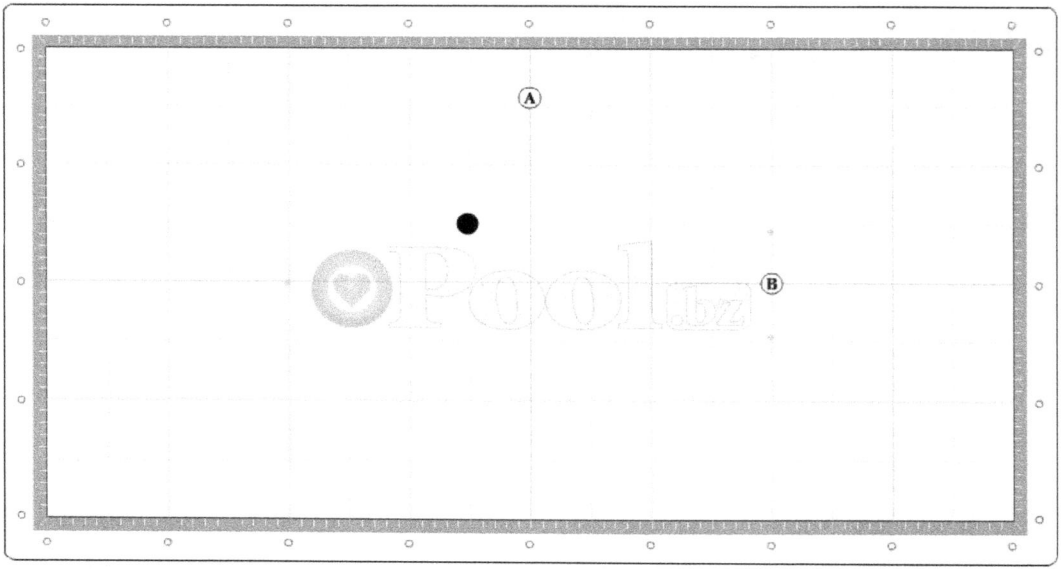

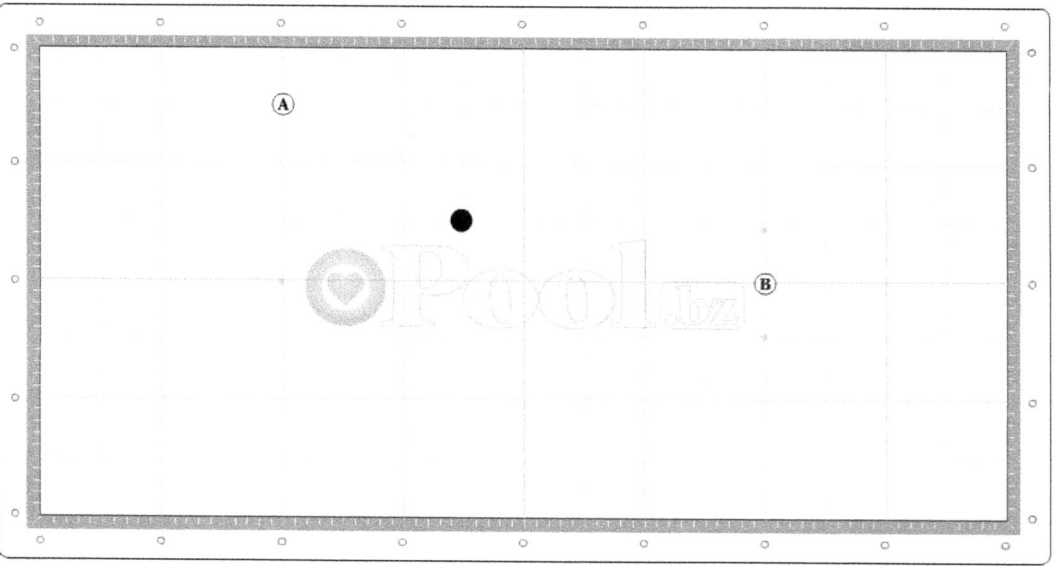

NOTASS:

Grupo 6, conjunto 8

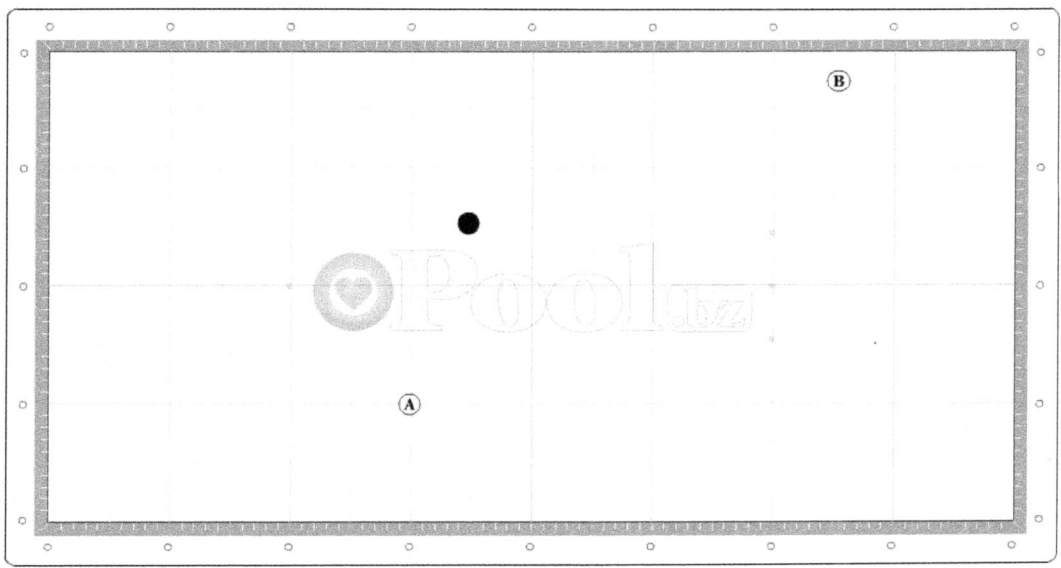

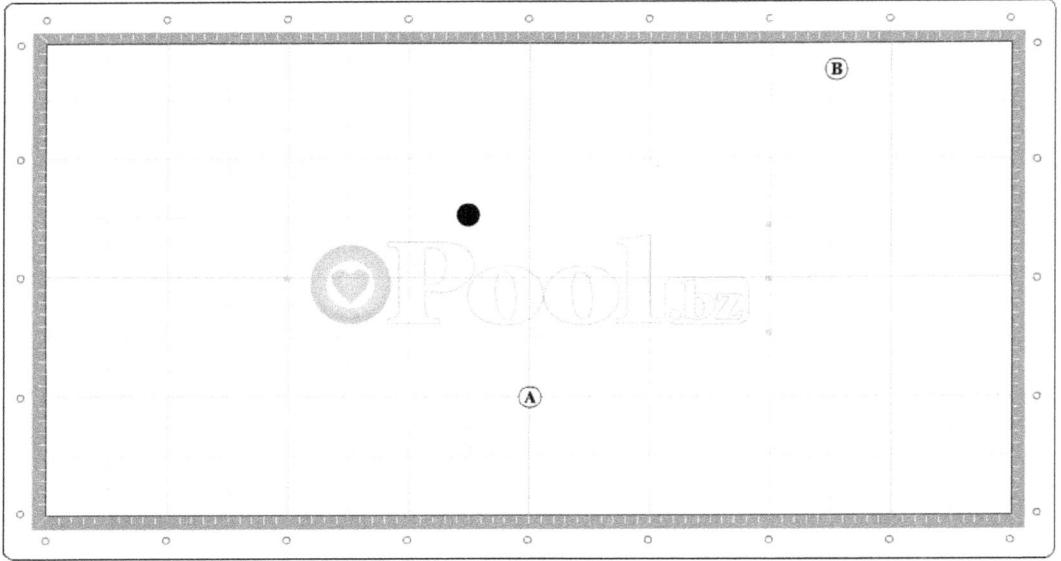

NOTAS:

Bilhar carambola: Mais enigmas e quebra-cabeças

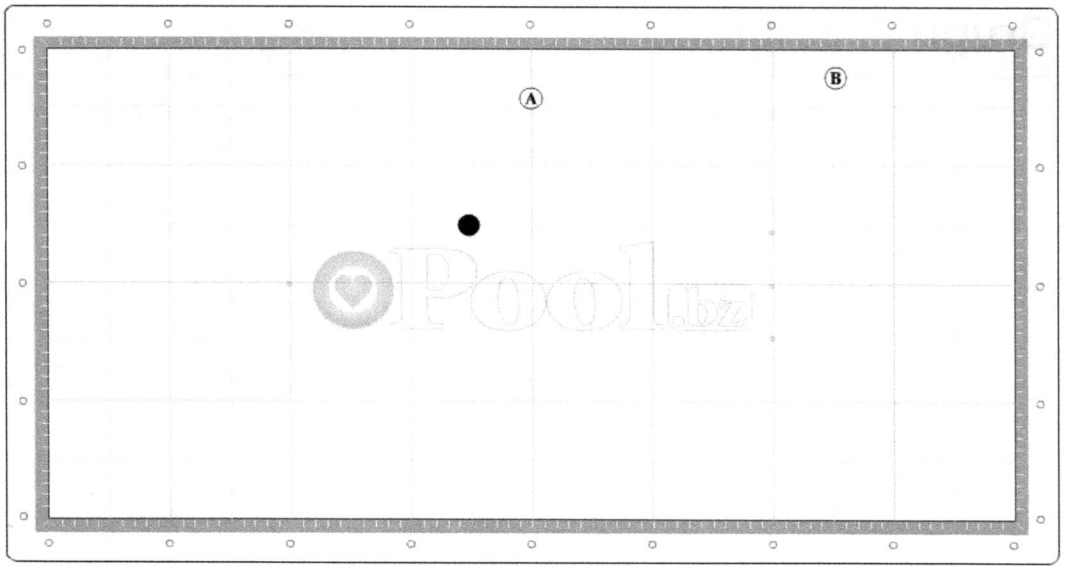

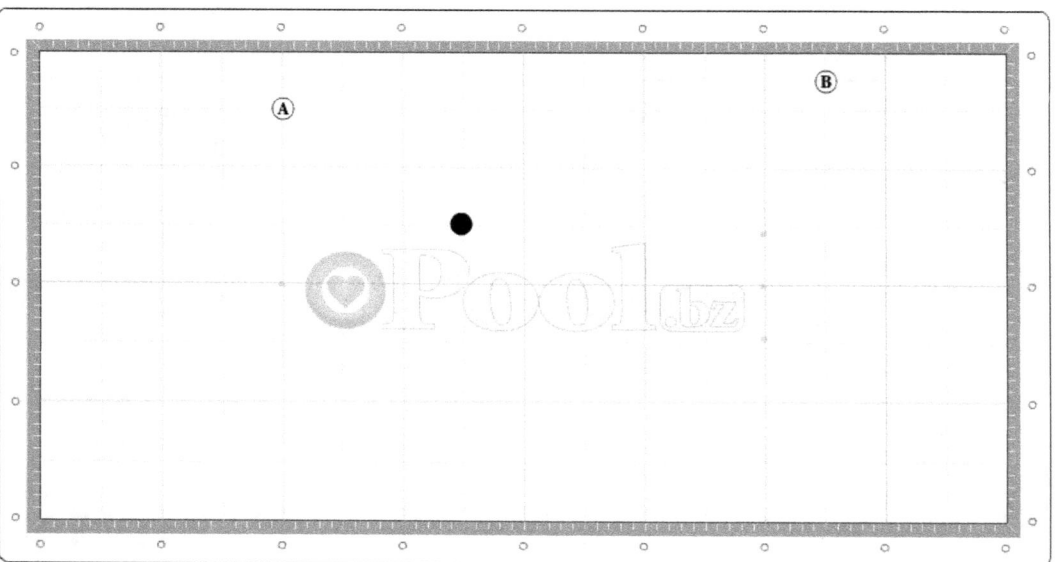

NOTASS:

Grupo 6, conjunto 9

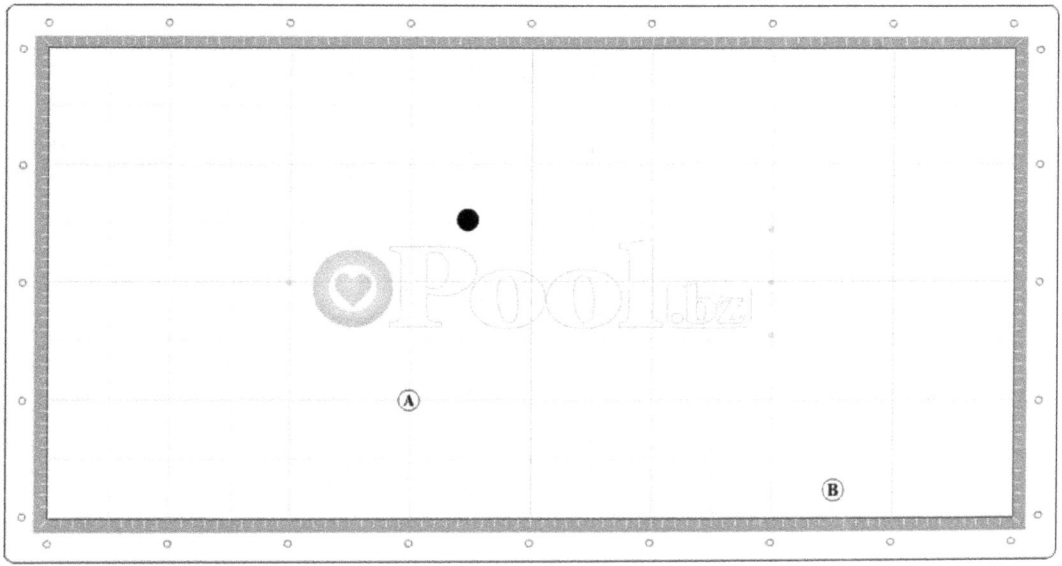

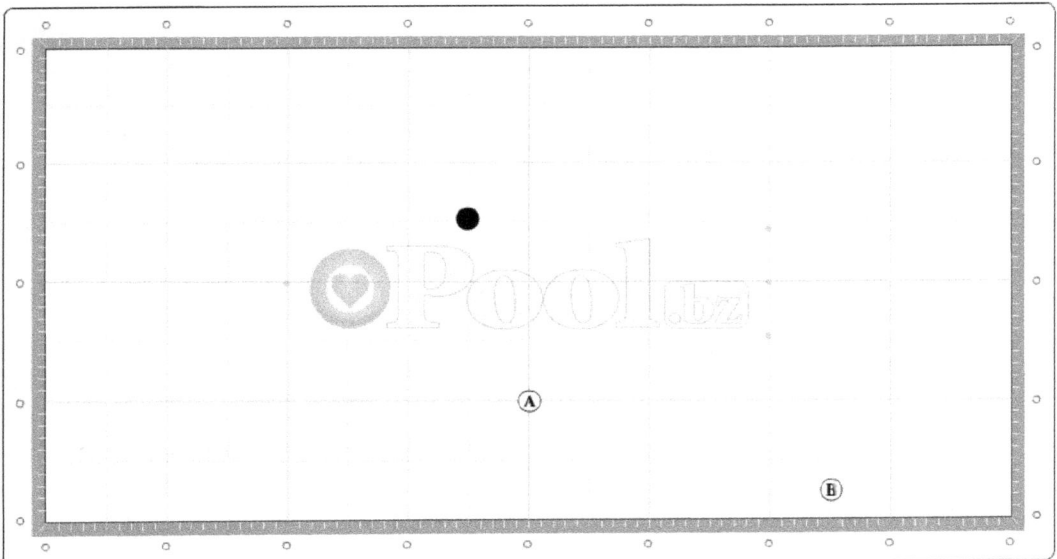

NOTASS:

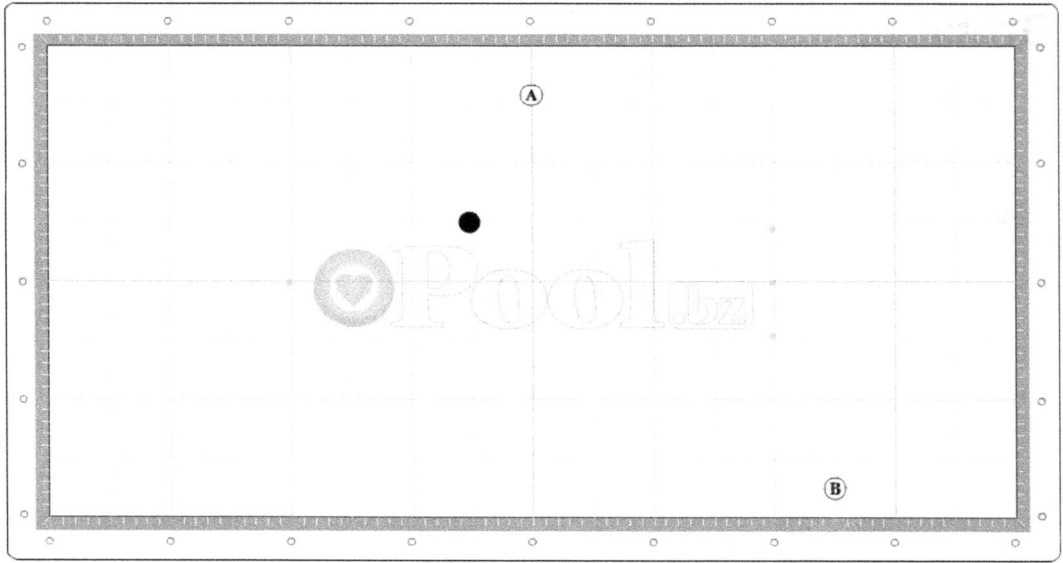

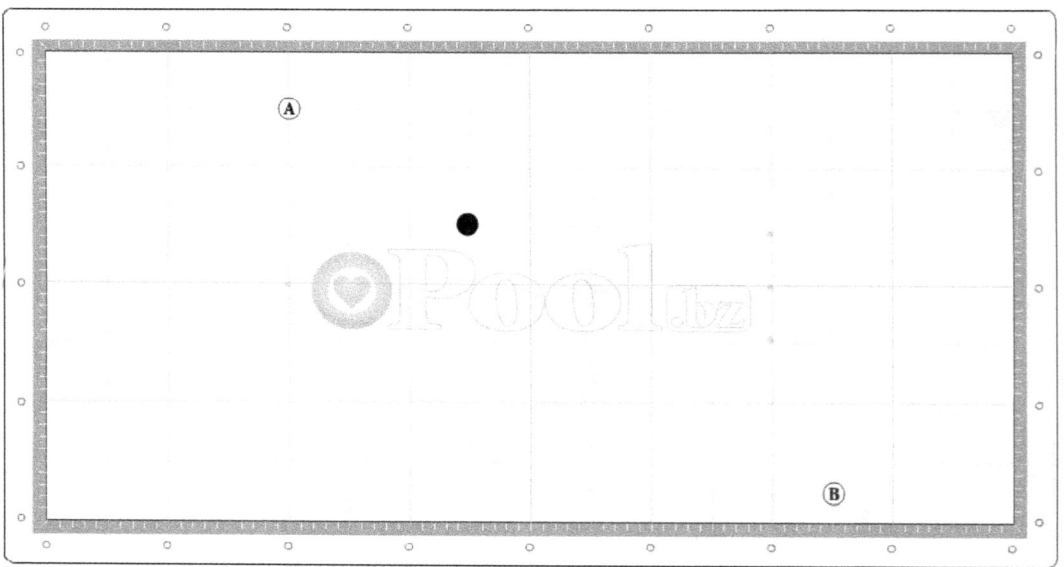

NOTASS:

Grupo 6, conjunto 10

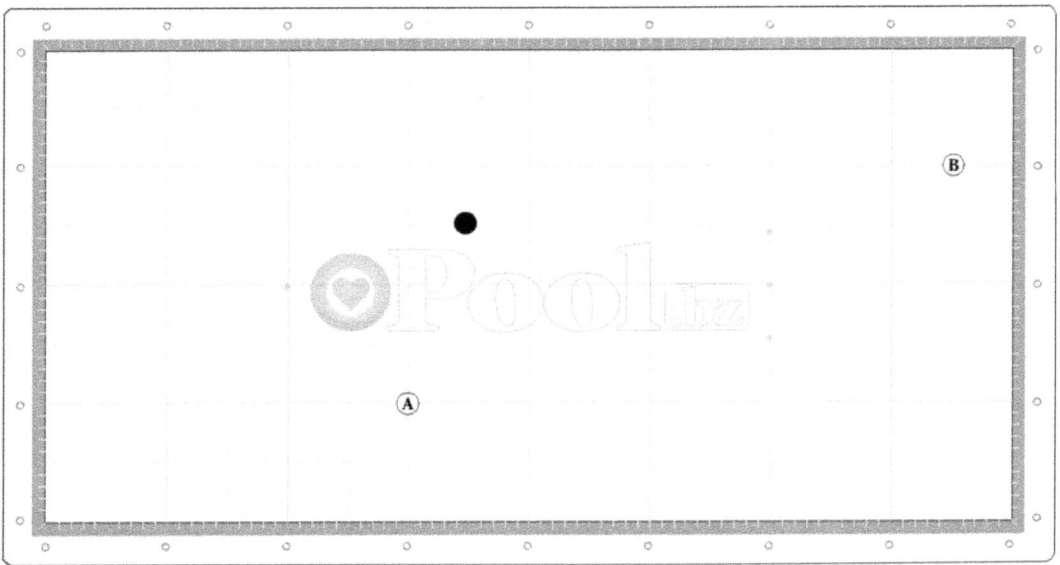

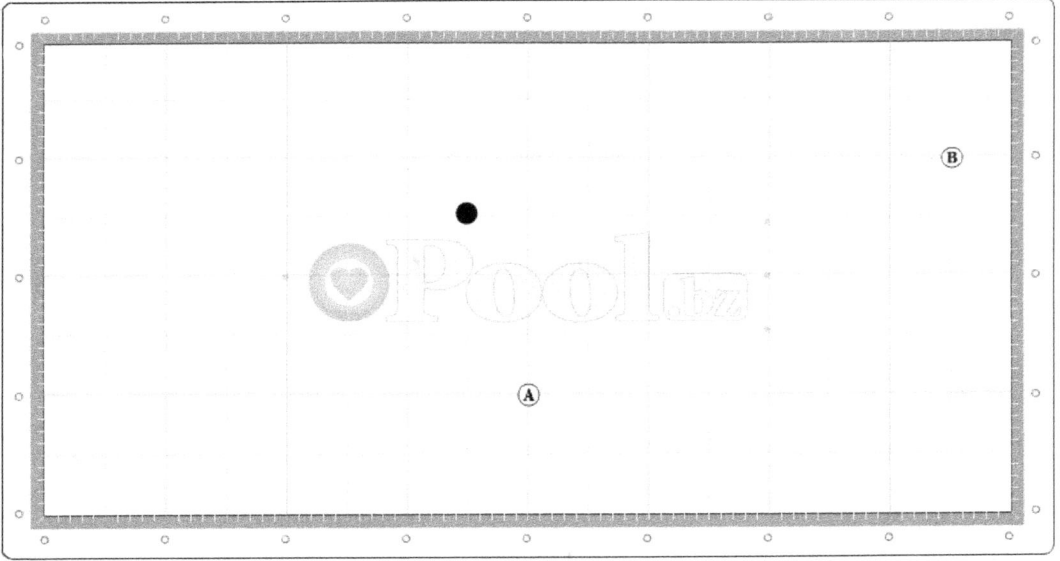

NOTASS:

Bilhar carambola: Mais enigmas e quebra-cabeças

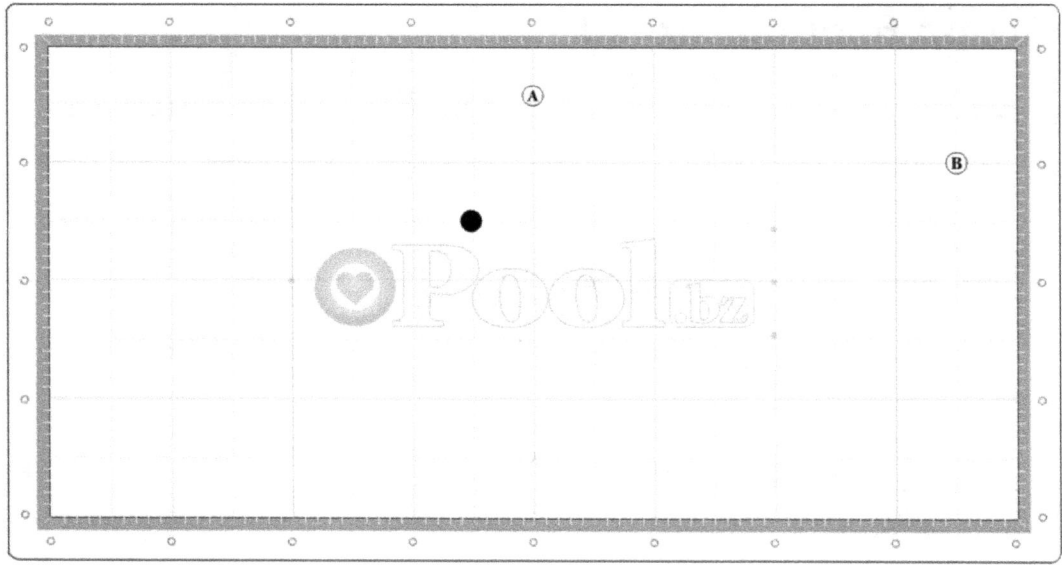

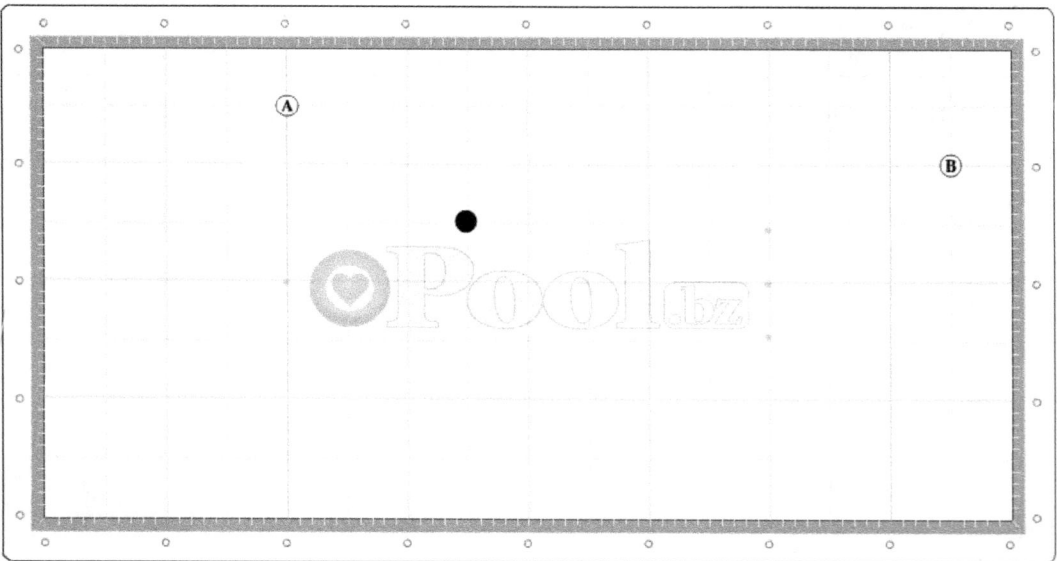

NOTASS:

144

Grupo 6, conjunto 11

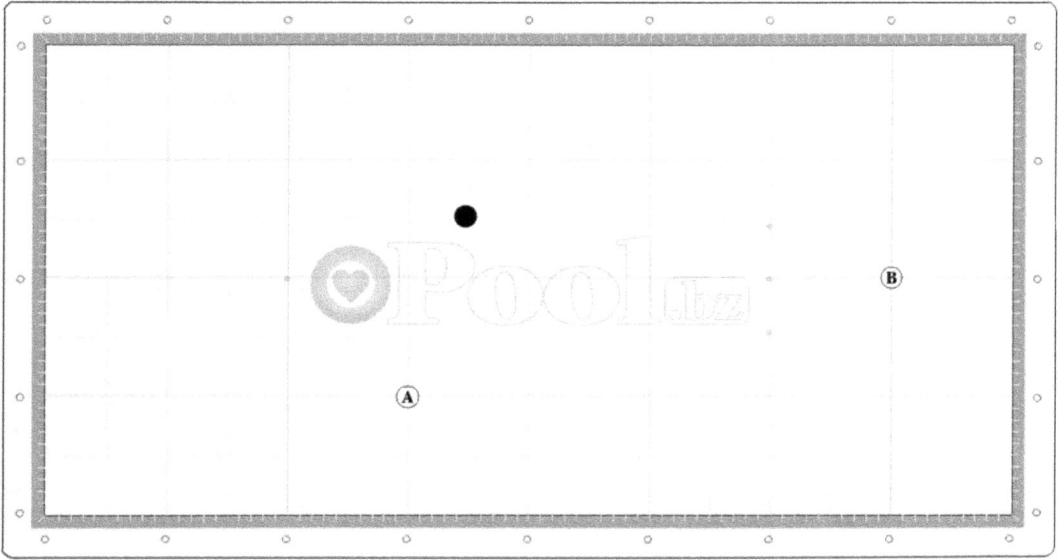

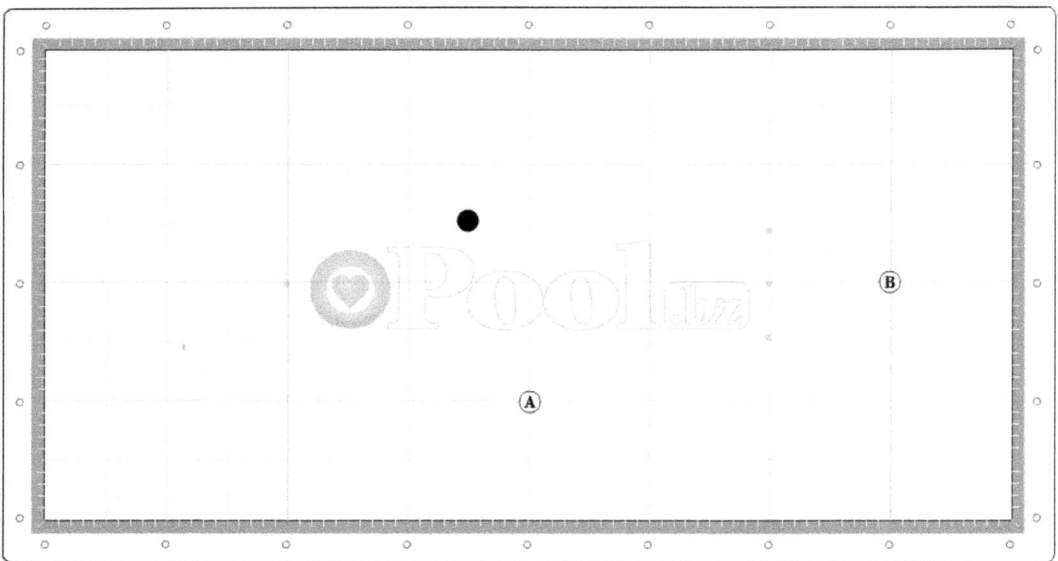

NOTASS:

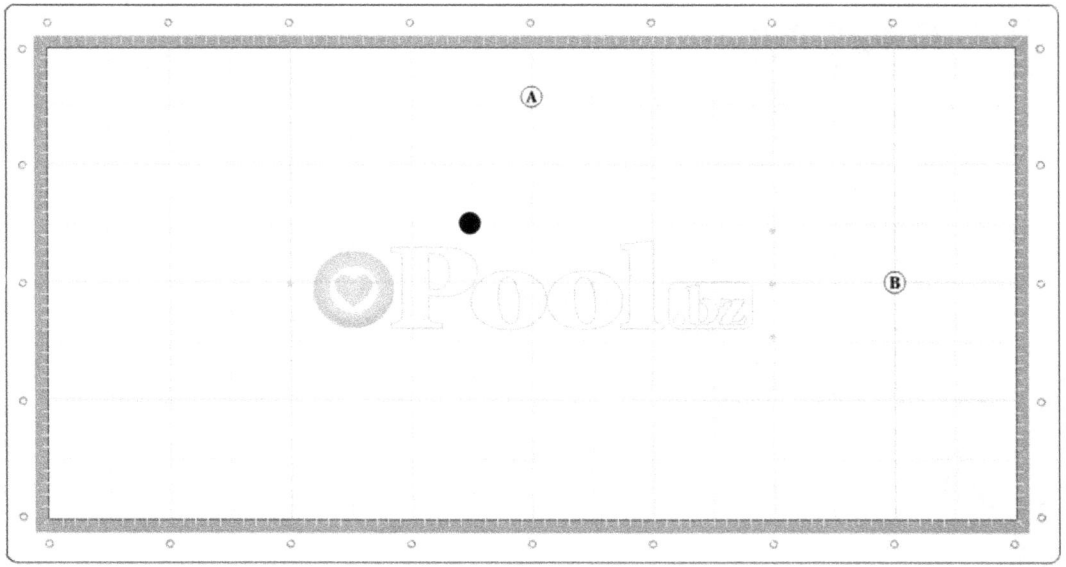

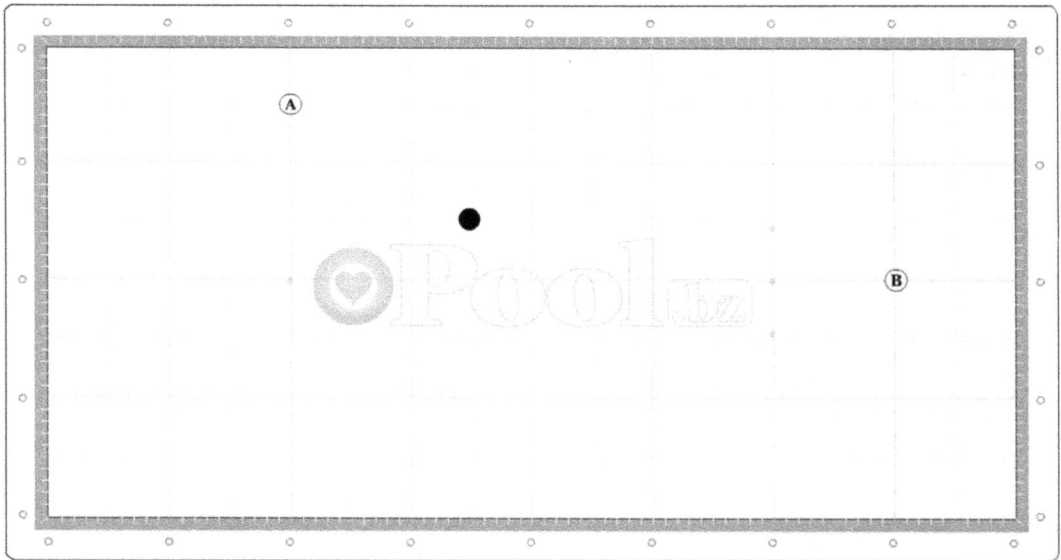

NOTASS:

Grupo 6, conjunto 12

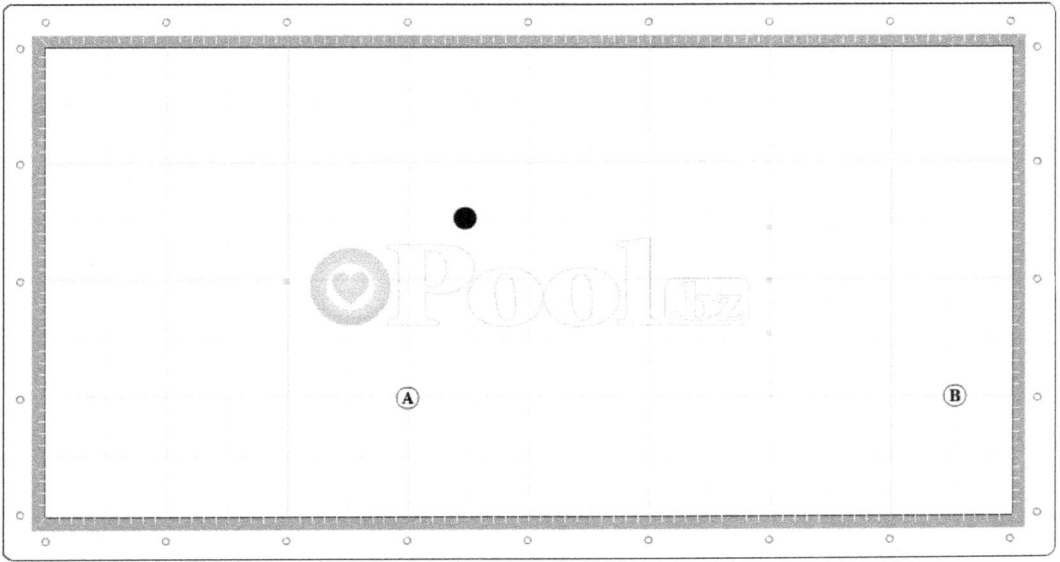

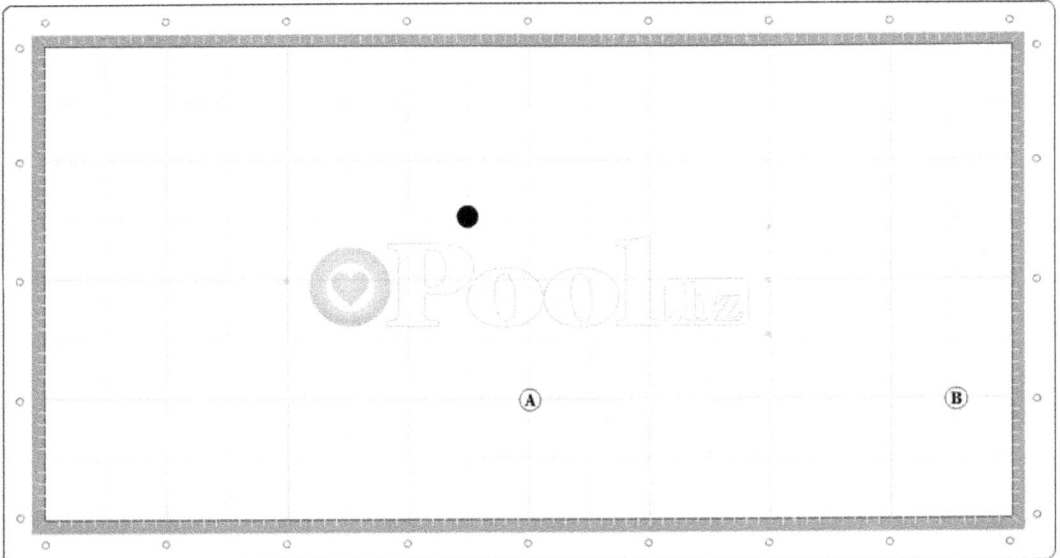

NOTASS:

Bilhar carambola: Mais enigmas e quebra-cabeças

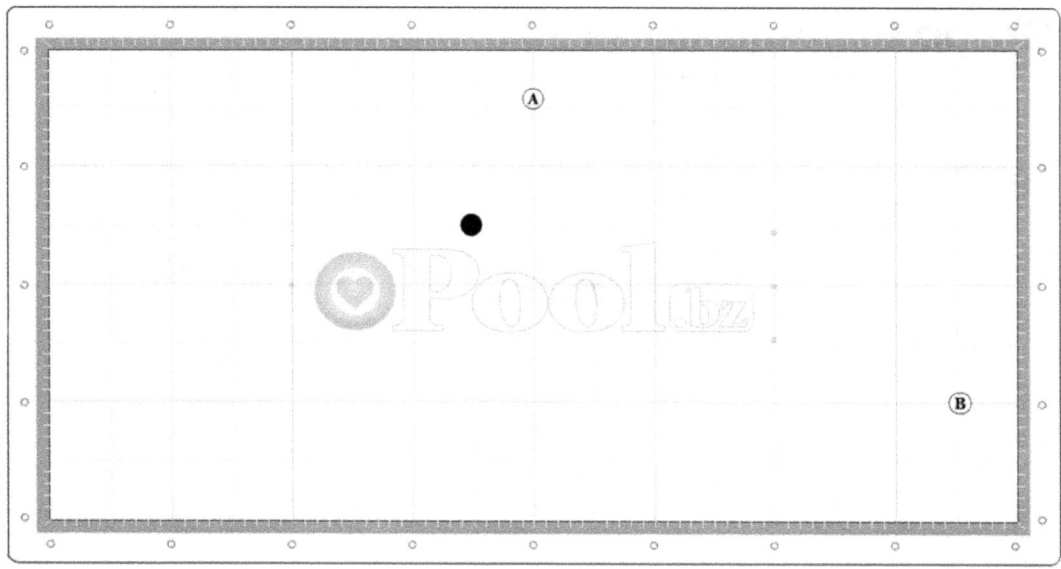

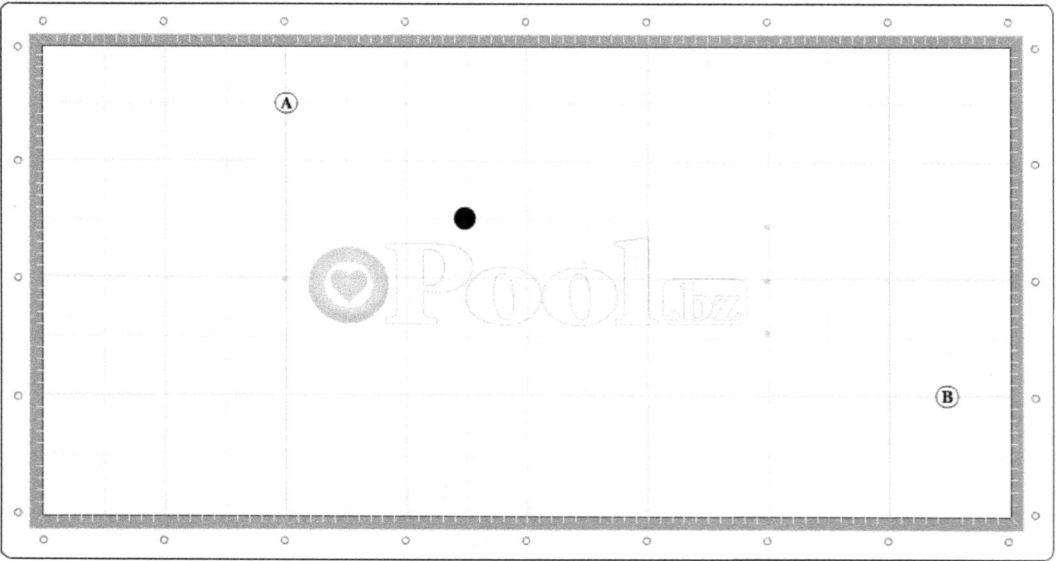

NOTASS:

Tabelas em branco

(Imprima para capturar e praticar layouts interessantes.)

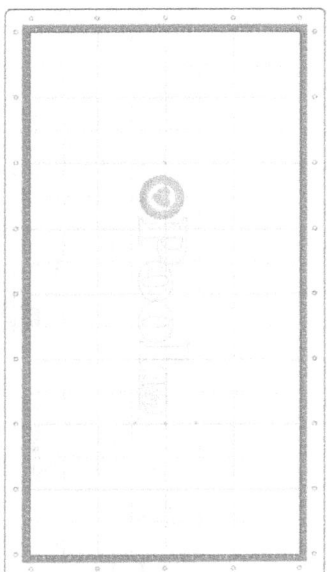

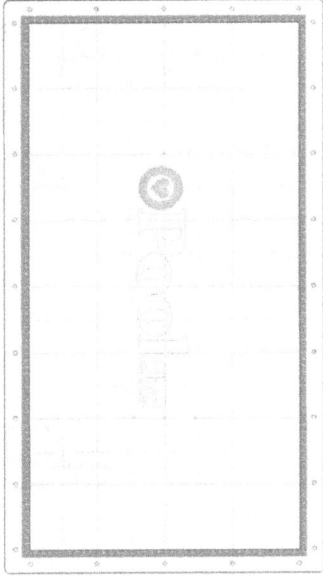
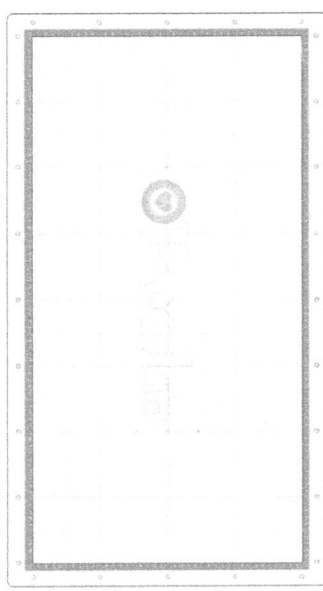

(Imprima para capturar e praticar layouts interessantes.)

  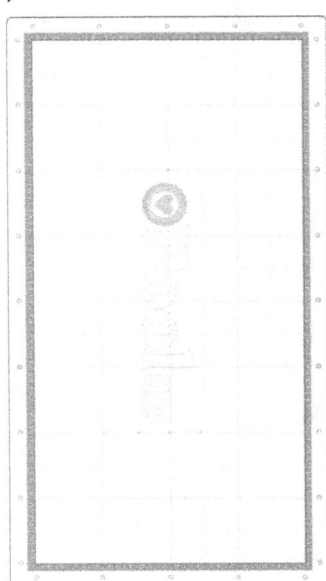

www.ingramcontent.com/pod-product-compliance
Lightning Source LLC
Chambersburg PA
CBHW081921170426
43200CB00014B/2788